19세기 영국 외무부 형성사

19세기 영국 외무부 형성사

1판 1쇄 펴낸날 2020년 10월 10일

지은이 김현수

책만듦이 김미정 책꾸밈이 이민현

펴낸곳 채륜 펴낸이 서채윤
신고 2007년 6월 25일(제2009-11호)
주소 서울시 광진구 자양로 214, 2층(구의동)
대표전화 1811.1488 팩스 02.6442.9442
E-mail book@chaeryun.com Homepage www.chaeryun.com

책값은 뒤표지에 있습니다.
ISBN 979-11-90131-06-3 93920

이 도서의 국립중앙도서관 출판예정도서목록(CIP)은 서지정보유통지원시스템 홈페이지(http://seoji.nl.go.
kr)와 국가자료종합목록 구축시스템(http://kolis-net.nl.go.kr)에서 이용하실 수 있습니다. (CIP제어번호 :
CIP2020036478)

 채륜(인문사회), 채륜서(문학), 띠움(예술)은 함께 자라는 나무입니다.
물과 햇빛이 되어주시면 편하게 쉴 수 있는 그늘을 만들어 드리겠습니다.

19세기
영국 외무부
형성사

김현수

채륜

건국 이후, 최근 몇 년 동안 평범한 국민들에게까지 외교의 중요성이 민감하게 와닿게 되는 시기가 없었던 것 같다. 그 중심에는 우리와 적대적으로 민감하게 얽힌 북한의 외교적 움직임이 이전과 달리 전개되면서 기존의 동맹체제인 한미일 3국과 북중러 3국의 구도의 변화가 감지되고 있는 것이 첫째이다. 둘째는 동북아의 동맹체제의 중심에 있던 미국과 중국 양자 간의 경제패권다툼으로 인해 우리를 포함한 기존의 동북아는 물론 전 세계 국가들의 외교질서가 흔들리고 있음이 그것이다. 마지막으로 일제강점기 이후의 역사적 빚을 청산하지 못한 일본 때문에 빚어진 한일 간의 경제전쟁과 지속되어 오던 독도 영유권분쟁, 뿐만 아니라 우리 공해상 경계구역에 수시로 침범하는 러시아나 중국 초계기 사건들이 그러하다.

이런 외교의 모습을 가만히 들여다보면 지난 19세기 말과 20세기 초에 서유럽과 동북아시아 사이에서 전개된 외교모습과 유사한 것을 자연스럽게 느끼게 된다. 역사 쪽(한국근현대사나 관계사) 학자들은 이미 20세기 후반부터 이를 염두에 두고 집중적으로 연구에 임했었다. 특히 당시 연구들은 외교문제가 발생 된 후에 전개된 국가 간의 관계 및 관련 외교성향 분석에는 충실하며 해결점을 찾으려하였다.

그렇다면 이런 분석을 전제로 19세기 말과 20세기 초에 초점을 맞추어야 할 대표적 국가를 지목한다면 어디였을까? 역사적 맥락을 따라가 보면, 당연히 제국으로 세계를 누비던 영국이었다. 당시 영국과 결부한 외교적 전개과정은 영국과 러시아의 각축英露角逐에서 찾아보기가 쉬웠다. 하지만 좀 더 살펴보면 러시아의 움직임은 허상에 불과하고 영국의 '제국화'가 외교적 문제를 만든 실질적 과정임을 알 수 있었다. 다시 말해서 영국이 제국을 완성하기 위하여 대립적인 유럽 국가들과 근동·중동·동아시아국가들과 사이에서 얽혀 만들어낸 외교적 전개가 실질적으로 더 컸단 의미이다.

영국 외교사를 주된 전공분야로 하고 연구하던 저자도 줄곧 19세기 영국의 움직임을 영러각축을 기본으로 하였고, 이를 넘어서 제국 외교로의 움직임에까지 연구의 영역을 넓혀왔다. 특히 영제국 시기인 19세기 후반은 동아시아와 밀접한 관계가 있으므로 이 지역에서 활동한 외교의 모습을 추적했는데, 이때 일관되게 영제국형 외교를 펼쳐낸 해리 S. 파크스란 외교인물을 주목하게 되었다.

저자는 파크스에 관해 수차례 연구를 진행한 결과, 영제국 외교를 현장에서 가장 체계적으로 정립시킨 인물이 그임을 확인하게 되었고 이를 『대영제국의 동아시아 주역, 해리 S. 파크스』에서 밝혔다. 하지만 파크스가 체계적으로 만든 영제국의 (동아시아에서의) 현장외교가 그의 사망과 함께 물거품처럼 사라졌고, 이 지역의 외교체제가 정체성을 잃고 흔들리기 시작한 역사의 모습을 대하며 그때까지의 연구에 대한 한계성을 느끼게 되었다. 이를 놓고 저자가 고민하던 중에 영제국 외교 문제는 현장외교 활동보다 본국의 외교행정추진에 더 관련이 있었지 않았을까 하는 부분을 새롭게 감지하였다.

저자는 감지된 점을 곧바로 확인하고자 하였고, 이를 실천하던 과정에서 새로운 연구의 틀을 잡게 되었다. 사실 외교관은 본국의 명령을 전제로 현장외교활동을 전개하는 것이 상식적이지만 19세기 영국의 경우는 독특했음을 발견했다. 외교관의 현장외교활동의 모습과 본국의 외교행정을 다루는 외무부의 진행방식이 다름을 보았기 때문이다. 이는 분명 비상식적이라 판단되었다. 여기서 영제국 외교의 세勢를 활발히 과시하던 시점에도 외교의 중심부인 외무부의 외교행정체제가 제대로 정립되지 못했던 것을 그동안 간과한 때문이 아닌가 하는 의구심을 갖게 되었다. 이런 의구심이 영제국 외무부의 형성과정을 세세히 알고자하는 연구의욕으로 발전하였으며 저자는 이 부분에 대하여 장기간 집중 연구를 하게 되었다.

본 책을 출간하려는 시점인 요즈음, 저자는 외교통상부the Foreign and Commonwealth Office의 초기모습인 외무부the Foreign Office가 어떻게 형성되었는지를 나름 확신할 수 있게 되었음을 밝힌다. 그리고 그동안의 연구물들을 정리하여• 관련 연구자들이나 이해하고자하는 독자들과 공유하여야 할 필요성으로까지 생각의 단계를 옮길 욕심을 갖게 되었다.

이 책은 구성상 크게 두 부部로 나누어서 살펴보았다.

1부에서 영국 외무부가 어떤 절차를 통하여 성립되었는가를 살펴보며, 동시에 성립된 외무부의 행정체제가 어떻게 확립되었는지 살펴보았다. 특히 입헌군주제란 독특한 정치체제하에 이전 왕정 시기처럼 왕의 명령을 따르는 외무부인지, 내각의 명령을 따르는 외무부인지에 대해 분명한 해답을 얻고자 하였다. 이런 과정 속에 자연스럽게 성숙·발전해가는

• 각 장의 연구물은 다음과 같다. 1장은 『영국연구』 22호, 2009; 2장은 『영국연구』 24호, 2010; 3장은 『영국연구』 27호, 2012; 4장은 『서양사론』 115호, 2012; 5장은 『영국연구』 31호, 2014; 6장은 『영국연구』 33호, 2015; 7장은 『영국연구』 29호, 2013; 8장은 『영국연구』 35호, 2016 그리고 에필로그는 『동양학』 67호, 2017.

외무부의 독자적 행정체제의 모습도 살펴보았다.

2부에서는 외무부를 실제로 움직이는 인물들, 대사, 공사 그리고 영사란 조직이 어떻게 생겨나고 정립되었는지를 살펴보았다. 특히 이들의 선출이 일방적인 임명이 아닌 시험제도를 통해서 선출될 때 진정 조직의 독립성이나 발전이 있었을 텐데, 과연 이런 선출시스템이 있는지도 눈여겨보았다.

마지막으로 에필로그를 통해서, 존재가 명확해진 외무부가 제국의 중심에서 어떻게 활동하였는지를 살펴볼 수 있는 '대對 중국 외교에 대한 외교정책'을 거시적으로 정리함으로 외무부란 수레를 굴리는 두 바퀴인 '체제'와 '활동', 모두를 독자에게 전달하려는 의도를 시도해보았다. 다시 말해서 외교 활동은 경제와 뗄 수 없는 중요한 관계가 있다. 이런 점을 염두에 두고 외무부가 정립한 자신의 체제 방식으로 이 부분을 어떻게 풀어나갔는지를 점검해 보았다. 영제국과 중국 사이의 경제외교관계를 들여다보면, 최근 몇 해 동안 전개된 한일외교, 미중외교, 심지어 북한의 외교적 움직임이 경제문제를 어떻게 풀어야하는지에 대한 힌트를 얻게 해 줄 수 있지 않을까 하는 기대를 해 본다.

출판을 준비 하던 중, 지난 연구과정을 되돌아볼 때 많은 생각이 머리를 스쳐갔다. 먼저 연구과정이 순탄하지만 않았던 점이 가장 떠오른다. 제대로 정립되어 있지 못한 1차 사료들을 발췌하고, 특히 생소한 외무부 조직 내 명칭의 파악 및 관련 인물들의 분석 등이 저자의 인내를 요구한 바가 컸었다. 하지만 이제 모든 것이 과거의 사실이 되었고, 뚜렷한 이해의 틀 속에 외무부의 모습이 정립되었다.

다음으로 이 책이 나오기까지 학문적 지혜뿐만 아니라 건강, 가족의 안녕이 밑받침이 되어야 했는데, 모든 상황이 긍정적으로 진행된 데에는 저자의 의지가 아니라 하나님의 은혜가 있었음을 밝히고 싶다. 하나님께 감사를 올려 드린다.

끝으로 인문학 학술서 출간을 흔쾌히 허락해주신 채륜 편집부에도 깊은 감사를 드린다.

2020년 9월

김 현 수

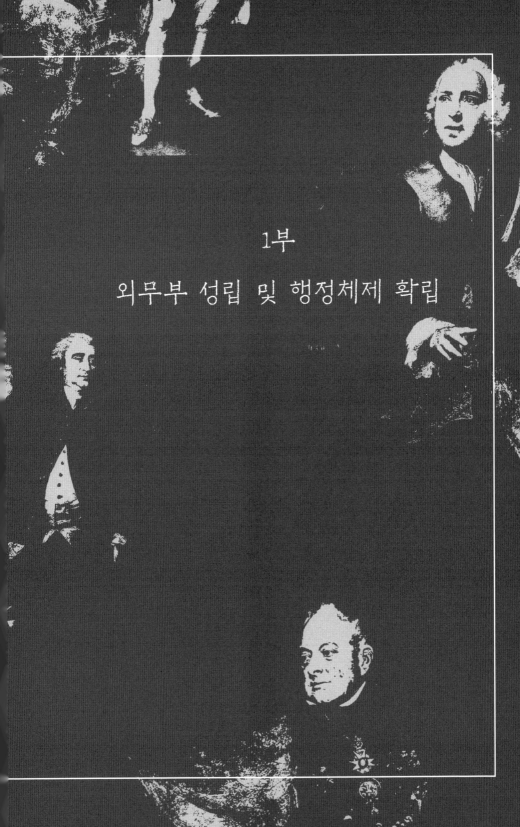

1부

외무부 성립 및 행정체제 확립

1장

외무부 탄생 전,
외교행정체제의 모습

유럽협조체제European Concert로 불리는 외교의 장을 열은 빈체제가 성립된 1815년 이후, 유럽에서는 국가들의 상호관계를 원만히 유지하기 위한 방법들이 형성되었다. 그중 대표적인 것이 각 국가들이 국내에 대외담당 직책을 만들어 외교적인 문제들을 다루는 데 전념할 수 있게 한다거나, 상시 존재하는 외교대표 직책을 두고 필요시 해당

밀라노 공국의 스포르차 대공(Ludovico Sforza)

국가에 파견하여 임무를 수행토록 하는 것이었다.

이미 15세기 후반 르네상스 시기에 이탈리아의 자치공국들에게서 이런 외교방법이 선을 보였었다. 밀라노 공국의 스포르차 대공Ludovico Sforza, duke of Milan이 합스부르크가의 맥시밀리언 1세와 프랑스의 샤를 8세 통치 사이에서 공국의 생존을 보호해줄 국가를 찾게 되었다. 그는 상주하면서 공국 특히 공소의 이익을 대변하는 외교관인 상주대사the resident Ambassador를 임명하여 파리, 신성로마제국 궁정은 물론 에스파냐와 런던에까지 보냈었던 것이 그 모습이다.[1] 하지만 이후 절대왕정기를 거치면서 상주대사의 모습은 왕 또는 공소의 대리적 위치를 벗어난 독자적인 외교직책으로 발돋움하지 못하고 정체停滯된 상태로 이어졌고, 외교 자체도 정체성政體性을 갖지 못한 상태에서 대외 문제가 국내 문제와 함께 다뤄지는 체제 안에 놓여 있었다.

영국에서도 헨리 7세 때인 1505년에 존 스타일J. Stile이 에스파냐의 페르디난트 아라곤Ferdinand of Aragon의 통치 시기에 최초의 상주대사로 파

---

1   Keith Hamilton & Richard Langhorne, *The Practice of Diplomacy: its Evolution, Theory and Administration* (London: Routledge, 1995), 36.

견되었고, 헨리 8세 때에 신성로마제국에 상주대사로 간 윙필드Sir Robert Wingfield 도 있었다.

이들로 인해 외교관의 확실한 흔적을 남기게 되었다.[2] 하지만 외교관 직책의 특색이 뚜렷이 등장하는 역사적 시기로는 1660년 국무부의 등장부터이다. 국무부는 국내외 문제를 함께 다루지만 세부적으로는 북잉글랜드와 스코틀랜드 그리

윙필드 집안 문장 (© Lobster-thermidor)

고 북유럽의 개신교 국가들과의 관계를 책임진 북 국무부state for northern department와 남 잉글랜드, 웨일즈, 북미, 그리고 가톨릭 국가들과 유럽 내 모슬렘 국가를 관장하는 남 국무부state for southern department가 있었다.[3] 이들 두 부서는 궁극에는 1782년에 대내외문제를 독자적으로 다루는 기관으로 분리되어 외무부Foreign Office(현재는 Foreign & Commonwealth office)와 내무부Home office가 되었다.

사실 영국은 나폴레옹전쟁을 거치면서 19세기 초에 유럽외교의 중심에 올라서게 되었고, 고립정책Isolation policy이란 외교용어를 정립하면서 유럽 내 확고한 영국식 외교적 위치를 갖추어 나갔는데, 외교정책을 집중

---

2   Garret Mattingly, *Renaissance Diplomacy* (New York: Dover Publication, 1955), 137-38.

3   고대영국왕실에선 군신간의 전달자로 존재한 비서관(clerk)이 튜더왕조 때 장관(secretary) 으로 발전하였다. 헨리 8세 때 장관은 대내외문제를 통괄적으로 관리하고 왕에게 건의하는 추밀원(the privy council)의 한 명뿐이었다. 왕정복고 후인 찰스 2세 때, 추밀원은 단지 왕실의 자문기관 이상의 역할을 하지 못하는 축소된 형태로 남았고, 추밀원의 이전 역할은 세분화되는 근대 내각(Cabinet)의 형태로 바뀌면서 1660~1782년까지 역할을 담당한 북 국무부서와 남 국무부서, 그리고 소속 장관들이 담당하였다. R. Brazier, *Ministers of the Crown* (Oxford University Press, 1997), 199, n. 109.

해서 다룬 그간의 관련 연구들이 이를 잘 대변해 주고 있다.[4] 그러나 19세기의 영국 외교를 좀 더 세밀히 분석하기 위해선 외교행정의 전환점이 된 1782년 전후를 기점으로 외교부서 또는 기관으로서의 외무부의 역할에 대해 집중적 분석 및 연구가 필요했다. 하지만 이 시기의 기존 연구들을 살펴보면, 정책을 다룬 글은 자세하게 분석되고 연구되어 있지만, 부서quarter나 부department or ministry 관련 내용은 개설적인 범위를 벗어나지 못하였고 그나마 집중하여 연구된 글들도 내용이 빈약하였다.[5]

한편, 외무부서가 아닌 외무부의 모습이 명확히 드러나는 1782년 이후를 체계적으로 분석하기 위해선, 적어도 18세기 초로부터 1782년까지의 외무부서의 형태가 어떠하였나를 먼저 점검하고 평가해 보는 것이 필요한 수순이라 보인다.

1861년에 의회 내 외교 분과 특별위원회The select Committee 소속이던 해먼드Edmund Hammond의 표현에 의하면 자신의 부친George Hammond은 국무차관under-secretary of state으로 있던 18세기 후반 외무부서의 역할에 대한 어떤 언급도 없었다고 한다.[6] 캐닝Canning, Rt. Hon. George의 조카이자 잘 알려진 외교관인 레드클리프Stratford Canning, 1st Viscount Stratford de Redcliffe도 "1807년에 첫 외교 임무를 수행할 때 나는 영국 내에 외교 전문가들이 없다는 것을 알았다"고 표현하면서, 그는 18세기에 외교에 대

---

4 H. Temperley and Lillian M. Pension, *Foundation of British Foreign Policy* (Cambridge University Press, 1938); C. Haword, *Britain and Casus Belli* (London: Athlone press, 1974); R. W. Satone-Watson, *Britain in Europe, 1789-1914*, vol. 1 & 2 (Cambridge University Press, 1955); A. Rothstein, *British Foreign Policy and its Critics, 1830-1950* (London: Lawlence and Wishart, 1969).

5 D. B. Horn, *The Diplomatic service, 1689-1789* (Oxford: Clarendon press, 1961); C. R. Middleton, *The Administration of British Foreign Policy, 1782-1846* (Duke university press, 1977).

6 *Report from the Select Committee on Diplomatic Salaries House of Common Session 1861*, vol. vi passim.

한 특별한 관심을 갖고 운영된 부서가 없었거나 있더라도 제 역할을 못한 결과로 판단했다.[7]

한편, 위의 언급들과 별도로 1771년에 조지 3세가 외무부 조직을 의회에 주장했었던 사실도 주목해보아야 한다.[8] 조지 3세의 주장 자체가 1782년 이전 외무부서에 대한 분석의 필요성에 대한 당위성을 보여주는 예라 할 수 있기 때문이다.

1689년에 영국에선 입헌군주제가 들어섰지만 왕의 권한이 약화되고 변화되던 시점은 사실상 18세기 초에 직면해서부터였다. 특히 15세기 이후, 왕에 의해 임명되고 자신의 임무를 행하던 기존의 외교관들도 18세기 초·중엽에 왕권의 약화에 비례하여 그들의 외교적 위치나 활동력도 변했다. 동시에 왕권의 약화에 반사이익을 얻게 되는 의회권한의 변화도 기존 외교관들의 변화를 유발했음에 틀림이 없다. 때문에 18세기의 외교부서의 실상을 규명해보는 것은 19세기 초반(구체적으로 1832년 1차 선거법 개정) 이후, 본격적으로 의회와 총리 중심의 정치가 열리던 때의 외교사를 연구함에 반드시 선행연구로 필요하다는 논리적 타당성을 갖게 만든다.

정치적 입지변화

프랑스에서 왕과 외교관이 직접 서신을 왕래하던 것이 절대왕정이 지속된 18세기 말까지였지만 영국에선 17세기 초중반까지였다. 영국은 1689년에 권리장전을 통해 입헌군주제가 성립된 이후엔 외교정책 성립

---

7   Horn, *The diplomatic service*, 12.

8   George III Corresp.: The Correspondence of King George the Third from 1760 to December 1783, ed. sir John Fortescure, vol. 2 (London, 1927-8), 205.

이 원칙적으로 군주와 그의 가장 영향력 있는 조력자들의 토론을 거쳐 명시되고[9] 이를 의회가 승인하는 방식으로 전개되었다. 그리고 1660년에 이미 형성된 남북 국무장관들secretaries of state을 통해 각 외교관들에게 훈령되고, 얻어진 결과들도 장관들을 통해 규칙적으로 왕이나 의회에 전해지는 방식으로 외교는 진행되었다.

1689년에 북 국무장관이던 버논James vernon이 파리주재 외교관으로 가 있던 프라이어Matthew Prior에게 편지를 쓰길,

> 나는 파리대사로 가 계신 포틀랜드 백작에게 세세하게 보고서를 작
> 성해서 보내는 당신의 방식을 잘 알고 있습니다. 내가 당신에 언급하
> 고자하는 바는, 백작은 보고된 내용 중 긴급한 사항의 경우엔 직접
> 왕께(윌리엄 3세) 전달하기도 합니다만, 대부분 내용들은 다시 나에게
> 보여주고 함께 상의하고 있다는 사실입니다.[10]

버논의 편지에서 보면, 권리장전 이후부터는 '왕에게 직접 보고하는 외교관 체제'가 해당 부서에 보고되는 방식과 겹쳐 운행되고 있음이 확인된다. 이런 변화는 왕권이 약화된 입헌군주제의 영향이 외교 분야에서도 그대로 적용되고 있음을 말해준다.

한편 버논의 편지를 통해 국무장관은 외교문제를 총괄적으로 다루기보다 단지 수동적으로 보고 받는 자의 입장을 벗어나지 못하고 있음도 확인할 수 있다. 이는 왕의 권한이 약화된 정치적 공간에 혹여 다른 강력 정치세력이 스며들면 외교권도 새로운 세력들에게 의해 다뤄질 수 있다는

---

9 윌리엄 3세 때는 뚜렷이 형성되지 못했지만 18세기에 접어들면서 모습을 드러낸 내각을 의미한다.

10 Historical Manuscripts Commission (H. M. C.) *Bath* MSS, vol. 2, 237.

의미이기도하다. 이런 점을 우려한 듯, 1701년에 상원에서는 국내외 모든 중요문제를 함께 다룰 신뢰할 수 있는 기구를 만들 것을 왕에게 건의하였다.[11] 하지만 건의는 받아들여지지 않았고, 이미 우려한 점들이 실제 사례로 등장 되었을 뿐이다.

앤 여왕 초기, 국무장관들을 거쳐 보고되던 외교방식이 무시되는 경우들이 발생하였는데, 내각의 핵심인물이자 군 통수권을 쥐고 있던 말버러 공작Duke of Marlborough은 그의 긴급한 훈령들을 베를린 주재 외교관으로 있는 라비 남작Baron Raby(1703~1711년)에게 직접 보낸 사례나[12] 다른 인물로 총리의 위치Lord High Treasure에 있던 고돌핀 경Sidney Godolphin, 1st Earl of Godolphin이 베니스 주재 영국대사인 맨체스터 공작Charles Montagu, 1st Duke of Manchester에게 왕 이름으로 자신이 훈령을 보낸 사례가 그 경우이다.[13]

이런 상황을 주시한 추밀원the Privy Council 서기관인 스태년Abraham Stanyan이 왕에게 외교문제를 왕에게 바로 건의할 수 있는 임시위원회를 구성하고, 적어도 외국에서 7년 이상 거주한 경험이 있는 자를 전문 외교관으로 위원회에 두어야 한다는 것을 제안하였다.[14] 당시 말버러나 고돌핀은 한발 물러선 듯 보였으나, 국무장관들 중에 한 명을 자기편으로 끌어들여 자신들의 생각을 관철시키거나, 정치적으로 전면에 나서지 않았던 동료 정치가를 활용하여 뜻을 주입시키는 방식들을 계속 시행하였다. 이렇듯 외교전달 체제가 특정인들에 의한 문제를 안고 있었지만, 정계政界

11 16 Journals of the House of Lords, *under date 20 Mar. 1701, quoted Ogg, England in the reigns of James II and William III* (London, n.d.) 497-98.

12 Horn, *The diplomatic service*, 4.

13 Christian Cole, *Historical and Political Memoirs containing letters written by Sovereign princess, State ministers, Admirals, and general Officers etc. from almost all the Courts of Europe, 1697-1708* (London, 1735), 473, 478-79.

14 M Meier, *Die diplomatische Vertretung Englands in der Schweizim 18*, Jahrhundret, 11-12, Horn, *The Diplomatic service*, p. 2에서 재인용.

에서는 외무부서의 정치입지를 변화시킬 필요성을 인지하지 못하고 있었다. 오히려 외교문제는 국무부 산하에서 지속적이면서도 집중적으로 다루고 있었을 뿐이다. 하지만 1710년을 기점으로 말버러와 고돌핀의 정치적 영향력이 약화되었고 1714년에 하노버 왕조가 들어서서 조지 1세가 왕위를 이어받

스태년(Abraham Stanyan) 초상

자 외무부서의 정치적 입지가 다시 변화될 가능성이 엿보이게 되었다.

조지 1세 때, 파리 주재 상주대사인 프라이어는 새 왕조인 하노버의 정체성을 유럽대륙에 알리기 위한 자신의 외교적 노력을 왕에게 수차례 보고한 사례가 있었다. 사실 프라이어의 외교적 행위는 자신의 의지보다 왕의 요구에 의해 행한 것으로 심증이 가지만 물적 증거가 보이지 않았다.

조지 2세 때의 왕과 외교관 사이의 상황도 여전히 왕 쪽으로 치우쳐 있는 듯하다. 1727년에 영국과 오스트리아가 루이 14세의 프랑스와 외교적 균형을 맞추기 위해 동맹Anglo-Austrian Alliance을 체결할 시, 왕이 빈 주재 영국 상주대사에게 직접 자신의 의견을 전달하였다. 이 사실이 총리 월폴R. Walpole에게 포착되었다. 월폴은 "영국 외교를 독일의 시각에서 움직이게 하려는 것 아닌가"라고 왕에 대한 간접적인 비판을 하면서 왕이 외교에 참여한 것을 입헌군주제를 부정하고 (절대)왕권으로의 회귀 수순이라고 의구심 갖고 보았다.[15]

왕권의 외교적 입지 회복에 대한 분위기는 조지 2세의 치세 중인

---

15 R. Sedgwick, ed., *Hervey Memoirs: Some materials towards Memoirs of the Reign of King George II by John Lord Hervey...*, vol. 2 (London, 1931), 393-94.

1754~1756년에 총리로 있던 뉴캐슬 공작Duke of Newcastle의 경우에서도 확인된다. 뉴캐슬 경은 자신의 행동에 대해 신중을 기하면서 해외에 있는 영국 외교관들에게 영향력 있는 표현을 가끔씩 하곤 했다. 그가 7년전쟁 중인 1756년에 베를린에 있던 미셸Andrew Mitchell에게 보낸 글을 보면,

> 내가 당신에게 표현했던 지적들은 현지 외교를 수행함에 있어 많은 도움이 되리라고 봅니다. 그러나 당신이 내가 지적한 내용을 활용하든 안하든, 그것은 나로선 개의치 않겠습니다. 내가 부탁하는 것은 이곳에서 지적한 내용을 당신만 참고하고 다른 사람에게는 알리지 말기를 바란다는 것입니다. 특히 내가 당신에게 보낸 이런 내용을 폐하께서 아신다면 무척 불편해하실 것입니다. 폐하는 자신을 통해서 외교가 진행되어야 한다고 생각하시기 때문입니다. 때문에 나는 당신의 명예를 믿고, 또 친밀감을 갖고 부탁하는 바입니다.[16]

더군다나 이 시기의 외교관들은 여전히 자신들의 임명이 왕의 추천에 이뤄지고 있음을 언급하면서, 외교업무에 있어 최상의 목표는 왕실의 뜻을 받드는 것으로 인식하고 있다는 점이다. 1760년대에 헤이그에 대리공사로 체재하던 해리스Sir James Harris, 1st Earl of Malmesbury가 국무장관에게 보낸 글을 주목해보면 이를 알 수 있다.

> 일부 내각의 각료들이 (하원)의원들과 너무 밀접해져 있어 쉽게 지나칠 외교문제들도 지나치게 관여하고 직접 풀어보려는 경향들이 있다. 사실 외교문제가 발생하면 왕의 추천으로 파견되어있는 관련 현

16 B.M. Add. MS 32866, F.O. 98.

지 외교관들을 통해 해결해야지, 장관들이나 의원들과 친분 있는 몇 사람들의 로비로 해결하려면 안 된다고 본다. 이런 생각은 나의 오랜 경험에서 터득된 바이지만 현실적으로 언급해본 적은 없다. 때문에 지금의 나의 표현은 무척 용기를 낸 결과임을 이해해주기 바란다.[17]

결국 이즈음의 외무 관련 부서의 정치적 입지를 보면 왕권 쪽으로 회귀할 것인지, 아니면 의회 쪽을 사수할 것인지의 변화의 갈림길에서 왕권 쪽으로 기우는 듯 보인다.

이런 상황에서 외무 관련 부서가 확실한 변화를 추구하려면 남북 국무장관들이 외교 관련 일을 보고하고 전달만 해주는 수동적 역할을 넘어서 독자적인 자신의 뜻을 담은 정책을 능동적으로 제시하는 역할을 보여주면 된다. 18세기 중엽에 이르기까지 의회와 왕권의 정치적 입지는 외교와 관련되어 있음이 뚜렷이 보이지만, 정작 능동적으로 외무 관련 부서의 정치적 입지를 세울 수 있는 국무장관들의 움직임은 여전히 약함을 알 수 있다. 그렇다면 왜 이들의 움직임이 이렇듯 약한 것인가?

런던에는 각국의 왕실을 대표하는 외교관들이 상주하고 있었다. 때문에 이들과 가장 가까이 위치해 있으면서 외교 관련내용의 전달자 역할을 하는 남북 국무장관들이 자신의 위치를 잘 이용하여 상주 외교관들과 접촉하고 어떤 정책을 도출한다면 그들의 외교적 입지는 달라졌을 것이며, 그가 속한 외무부서의 정치입지도 확연히 달라졌을 것이다.

그러나 국무장관들이 외교의 정책 결정자가 될 수 없는 현실적 이유가 있었다. 예로 오스트리아 왕위계승전(1740~1748년) 때 국무장관이던 카틀릿John Carteret, 2nd Earl Granville이 런던 주재 프러시아 대사와 협상한 경

---

17 Third Earl of Malmesbury, ed., *Malmesbury Diaries: Diaries and correspondence of James Harris, First Earl of malmesbury*, vol. 2 (London, 1844), 112-13.

우를 주목해 볼 수 있다. 그는 프러시아 대사에게 "영국이 프랑스와 전쟁을 치를 동안, 밀수품을 운반하다 걸리는 경우만 아니라면 교역에 있어 프러시아 함선들로부터 방해를 받고 싶지 않다. 이를 위해선 쌍방 간에 합의된 문서로 남기는 것이 우선순위이겠지만, 사정상 대사께서 프리드리히 2세로부터 구두로라도 방해받지 않는 교역의 허락을 받아낼 수 있겠는가"라는 내용이었다.[18] 대사로부터 카틀릿의 제안을 보고받은 프리드리히가 협상의 가능성을 내비치고 다시 접촉을 해왔다. 이 접촉은 새로 국무장관으로 임명된 베드포드 경John Russell, 4th Duke of Bedford이 대하였다. 당시 베드포드는 선임자인 카틀릿의 협상 내용을 전혀 인식하고 있지 못한 상황이었기에 접촉 결과는 무척 어색했다. 다행히 베드포드는 베를린 주재 영국대사를 통해 "국무장관의 임무는 법을 준수하고 그 안에서 좋은 결과를 찾아 지원해주는 역할이다. 그러므로 국무장관의 임무가 정책을 결정하는 것으로 생각했다면 잘못 판단된 결과이다. 혹여 이번 사태로 문제가 발생했다면 그 손해에 대한 배상을 하겠다"는 취지의 글을 프러시아 왕실에 전달함으로 이 사태를 수습하였다.[19] 결국 국무장관은 그의 임무가 전달자란 제한적 역할이란 점과 그런 상황에서 임기마저 잦은 변동이 있게 될 때 자신의 뜻을 관철하기가 쉽지 않다는 것을 카틀릿 사태에서 확인하게 해주었다.

이렇듯 왕권이나 정치 권력자들의 전유물인 듯 보이는 외무 관련 부서의 현실과 이런 부서를 독자적으로 이끌어 나갈 국무장관들의 한계성 때문에 영국 내 외무부의 독자적 입지를 세울 정치적 변화가 있을지 모호하다고 할 수가 있다. 여기서 정치적 변화라면 앞서 언급했듯이 1782년 외

18 Ernest Mason Satow, Sir, *The Silesian Loan and Frederick the Great* (Oxford: Clarendon Press, 1915), 12-13.

19 *Ibid.*, 233-34.

무부의 출범을 말한다.

아이러니하게도 1782년 외무부를 출범시킨 왕은 절대왕권 복귀를 누구보다 갈망한 조지 3세였다. 조지왕의 왕권강화 우려가 1770년대에 시작된 미 독립전쟁과 함께 두드러졌다. 하지만 왕이 지지하던 총리 노스 경 Frederick North, Lord North의 1782년 사임과 이듬해에 미국 독립 성취는 그의 왕권 강화란 의욕을 단절시킨 단적 사례가 되었다.[20] 여기서 주목해볼 것은 조지 3세의 왕권강화 의도가 꺾인 1782년에 유독 외무부가 독자적으로 형성되었다는 것은 어떤 이유인가 하는 점이다.

먼저 당시 외교에 대한 인식을 점검할 필요가 있다. 주목되는 부분은 앞서 언급된 카틀릿의 예이다. 카틀릿사건 이후에 해외 주둔 외교관들이 이론적일 뿐 아니라 실질적인 방안을 영국 정부에 제시하였다. 정리해보면 국무장관이 외교문제를 영국(런던) 내 타국 외교관들과 접촉하여 풀려면 이미 언급된 카틀릿 사례처럼 실패하기 쉽다. 외교문제를 제시한 이는 국무장관인데 국무장관직을 내려놓으면 진행하던 외교문제도 연속성을 잃고 사장死藏되기 쉽기 때문이다. 하지만 외교문제가 발생한 현지 주둔 자국외교관이 본국 외교수장인 국무장관과 접촉하여 문제를 풀려고 한다면 성공할 가능성이 높다는 것이다. 이때는 국무장관이 바뀌더라도 현장에서 추진하던 외교관 중심으로 문제 해결을 향한 과정이 지속적으로 진행될 것이기 때문이다.[21] 결국 외무부의 정치 입지를 변화시킬 수 있는 논리적 가능성이 현장 외교관들에 의해 정가에 인식되기 시작하였다.

하지만 실절적인 인식변화는 의외의 경우였다. 앞선 언급처럼 남북 국무장관들의 역할에 독자성을 줄 수 있으나 그들은 국내 문제와 국제문제

---

20 Peter Whiteley, *Lord North: The Prime Minister who lost America* (Cambridge University Press, 1996) 참조.

21 Horn, *The Diplomatic service*, 6.

를 함께 다루다 보니 정작 대외 문제를 중점적으로 다루어야 하는 시점에 소홀한 부분이 자주 발생하였다.

뿐만 아니라 18세기 중·후엽에 언어소통 문제 역시 대외 문제를 다룰 때 큰 과제이자 걸림돌이 되었다. 이를 가장 피부에 와닿게 느낀 인물이 조지 3세였다.

조지는 미국 식민지문제가 표면화되던 1771년에 민감하게 접촉해야 할 관련국가가 프랑스임을 감지하였다. 그리고 새롭게 서폭크 경Henry Howard, 12th Earl of Suffolk을 국무장관으로 임명하여 프랑스 관계를 잘 다루도록 하였다. 그러나 서폭크 경은 왕에게 자신이 프랑스어를 능숙하게 못한다는 사실을 솔직하게 고백하였다. 이에 왕은 외국어(프랑스어)를 제대로 관리하여 국무장관의 외교력을 높일 수 있는 독자적인 부서가 반드시 필요함을 깨닫고 총리인 노스 경에게 자신의 의견을 제시하였다. 조지는 프랑스 관련 문제를 북 국무부가 다루고 있으므로 언어를 담당하면서 외교를 책임지는 외무전담 독자적 부서를 그곳으로 하고 남 국무부를 국내 문제 전담 지역 부서로 하면 어떨지 타전하였다. 노스 경은 이에 적극 찬성하고 왕의 의도대로 진행하기로 했다.[22] 이로써 조지 3세 때 독자적 외무부의 필요성이 우연찮게 인식되어진 것이 확인된다.

하지만 여전히 의문점이 남는다. 노스 내각이 미 독립전에 집중하느라 내적 부서 변경이 상당기간 어려웠던 것은 쉽게 이해되는데 총리가 사직한 1782년 그해가 외무부 창설의 해가 된 이유는 '무엇인가'라는 부분이다.

최초로 책임내각의 의미가 담긴 노스 총리의 사임 이후, 영국 정치사에선 1783~1835년 사이에 내각의 실질적 발전이 휘그당과 토리당으로

---

22 *George III Corresp.*, vol. 2, 205-206.

정권이 번갈아가면서 진행되었다.[23] 이런 정치적 환경을 통해 토리 출신의 노스 내각 해체 이후, 새로 정치적 힘을 얻게 된 휘그당에서 내각 기능의 다양성이 추진하게 되었고 과정 중에 이미 필요성이 주장된 외무부의 독립이 전격적으로 결정된 것으로 확인된다. 1782년에 최초의 외무부 장관직은 휘그당의 개혁중심에 있던 폭스였다는 점이 이를 잘 말해준다.[24] 부서部署를 넘어 독자기관인 부部로의 정치적 변화가 정점에 도달한 때가 이때였던 것이다.

한편, 행정적으로 조건이 맞지 않는다면 이런 정치적 분위기가 결코 외무부 성립에 도움을 주지 못했을 것이다. 때문에 외무부서의 행정적 입지의 변화도 알아볼 필요가 있다. 당시 외무 관련 비용처리coat가 정상적인지, 외무부서 관련 인원들의 채용recruitment 기준이나 당사자들이 자신들의 직책에 대하여 어떻게 생각하는지, 해당 외교관들의 임무duty가 무엇인지를 주목해보아야 할 것이다. 세 분야 외에도 교육education과 훈련training 정도, 의식ceremonial과 특권privilege 등도 생각해 볼 수 있지만, 이들은 외무부가 초기형태라도 갖추어졌을 때에 살펴보면 의미가 배가倍加될 수 있다고 판단되어 분석대상에서 제하였다.

행정적 입지변화

비용처리

18세기 초에는 외무 관련 실질적 비용처리에 관한 공식적인 평가지표

---

23 Arthur Aspinall, "The Cabinet Council, 1783-1835," *Proceedings of the British Academy*, vol. 38 (London, 1952), 145-252.

24 H.M.C. Bath Mss, vol. 3, 118.

가 아예 없었다. 그나마 평가되는 부분은 런던에 체류 중인 타국외교관들과 왕이 파견하는 영국 외교관들에 불규칙적으로 지불되었던 활동비 정도인데 이도 들쑥날쑥하여서 평가하기에는 한계가 있다. 또 조지 3세 통치 전반기까지는 외교 관련에 대한 비용처리는 여전히 왕의 개인적 소관이었지 의회에 의해 결정되는 것이 아니었다. 때문에 왕의 의지에 따라 외교문제를 늘리거나 줄이면서 이에 비례하여 외무 관련 활동비도 결정되었다.[25] 이런 점으로 보면, 1782년에 독자적인 외무부가 들어서기까진 비용처리에 있어서 행정적인 체계가 갖추어 지지 못한 것으로 판단된다.

하지만 당시 왕이 지불하던 불확실한 외교 관련 비용처리에도 일정한 원칙이 있었다. 먼저 왕은 중요하다고 판단한 국가나 지역에서 온 외교관에게 외교적인 힘을 실어주어야 할 때에는 경미한 역할을 하는 외교 지역에 지불되던 경비를 돌려 사용하는 방식을 취하였다. 예로 앤 여왕 때 베네치아에서 온 대사에게는 외교의 원활함을 위해 800파운드 정도의 다이아몬드가 박힌 자신의 초상을 선물했는데, 같은 시기에 여타 이탈리아 공국들에서 온 2명의 대사들에겐 각각 300파운드 정도의 가치가 있는 반지를 선물하였다.[26] 심지어 현찰로 지불하는 방식도 마련되어 있었는데, 정도에 따라 200파운드, 300파운드, 1,000파운드로 정해져 있었다.[27] 이 부분에서 보면 행정적인 체계가 잡혀 있지 않지만 외무 행정의 원칙은 세워져 있다는 점을 볼 때 행정적 입지변화의 가능성을 타진할 수가 있다.

다음으로, 왕들이 외교 및 영사 관련으로 사용한 각 비용에 대한 처리 경우도 다양하고 불규칙해서 평가를 내리기 쉽지 않다. 하지만 왕들의 통

---

25 C. T. B(Calendar of Treasury Books), xiii.

26 *Ibid.*, 63.

27 *Ibid.*, xx, 236, 678, 768.

치 시기의 전반을 놓고 본다면 평균적으로 왕이 부담한 외교 및 영사 관련 총비용은 규칙적으로 향상되고 있음이 확인된다.

시기별 외교 및 영사 관련 비용[28]

통치 시기	금액(£)
William III and Mary II (1689~1702)	32,063
Anne (1702~1714)	57,390
George I (1714~1727)	67,539
George II (1727~1760)	62,430
George III (1760~1789~)	79,939

표를 보면, 윌리엄 통치 때보다 앤 통치 때 관련 비용이 높은 것은 에스파냐 왕위계승전(1700~1714년)으로 프랑스와 장기적인 대립을 하면서 필요했던 외교적 비용임이 쉽게 이해된다. 하지만 조지 1세 때 외교 관련 비용이 오른 것엔 의문이 든다. 사실 외교적인 역량이 절실한 오스트리아 왕위계승전(1740~1748년)과 7년전쟁(1756~1763년)은 모두 조지 2세의 재임 시에 관여되어 있었기에 비용이 상승할 수 있지만 조지 1세 때는 외교적인 역할이 그리 요구되는 사항들이 없다. 그렇다면 조지 1세 때의 외교 관련 비용의 주요인은 무엇인가? 조지는 필요한 인물과 활동에 적절한 임금을 주는 것이 아니라 크게 활용도가 없는 지역이나 능력이 부족한 인물인데도 왕이 스스로의 판단에 의해 비용을 지불한다는 것에 이유가 있었다. 즉 조지왕은 통치초기에 고향인 하노버에도 독자적인 외교라인을 갖

---

28 Horn, *The Diplomatic service*, 81.

고 이곳 외교관들에게 경비를 지불하고 있었다.[29] 결국 외교비용 지출이 이중이 되면서 이전보다 월등히 상승하는 요인이 된 것이다. 때문에 1725년 예산평가를 하던 경제학자들 사이에 이런 하노버 외교관 관련 비용에 대해 조심스레 불만을 토로하였고, 총리이던 월폴이 의회의원이던 타운센드Charles Townshend, 3rd Viscount Townshend에게 보낸 편지에서도 관련하여 불만을 수차례 표현했다.[30] 특히 표에서 조지 3세 때에 외교비용이 최고치를 보이는 것은 당연히 미 독립전쟁과 관련 있음을 예상할 수 있다. 여기서 외교에 대한 왕의 실재적이고 현실적인 관심자체가 비용 상승의 주원인이란 점이 확인된다.

결국 앞의 표에서는 외교의 중요성과 비용처리가 비례하여 진행되고 있음이 읽혀진다. 다시 말해서 비용처리 부분을 통해 행정적으로도 18세기 후반에 외무부의 등장이 요구되고 있다는 점이 확인된 것이다.

관련하여 좀 더 명확히 해보면 1764년에 총리 조지 그렌빌G. Grenville이 추진하던 외교관들의 활동비 지불체계의 개혁을 지적해 볼 수 있다. 당시에 적어도 개혁의 대상자들 중 한 명이 쓴 글에는, "총리가 왕의 봉사자들인, 특히 외국에서 활동하는 우리들에게 어떤 법률상의 지위를 보존해줄 것이다. 내 생각엔 활동비가 규칙적으로 지불되는 것이 그것이라 본다."[31] 여기서 한정적이지만 영국 외무 관련 부서가 비용 지불체계를 통한 행정적 입지의 변화를 분명하게 꾀하고 있으며 곧 이뤄질 1782년의 외무부의 기관 출범과의 연관성도 추론케 된다.

---

29 그는 하노버리언 특별외교관들은 아우구스부르크, 브레멘 비엔나, 라티스본, 프랑크푸르트, 함부르크, 뤼베크, 팔레스타인, 베를린 등에 두었다. 이외에 덴마크와 프랑스, 오스트리아, 네덜란드, 러시아, 베니스 등에도 하노버리언 대표자를 보내어 영국을 위해 보내는 외교관들과는 구별시켜놓았다; Horn, *The Diplomatic Service*, 11.

30 William Coxe, *Memoirs of Horatio, Lord Walpole, selected from the Correspondence and Paper*, vol. 2 (London, 1808), 473.

31 *H.M.C. Report XII, App.9* (Aitken MSS), 342.

채용

18세기 영국에선 외교관이 되는 일엔 관심도 없고, 혹여 관심이 있다 하더라도 실제적인 이득이 거의 없다는 판단을 하고 있었기에 전혀 매력 있는 분야나 직업이 아니었다. 외국에 대한 동경憧憬을 먼저 떠올렸다면 차라리 그랜드 투어Grand Tour가 다양한 경험을 주기에 충분하였다.[32] 한 편, 외교관이 얼마나 매력이 없었는지를 단적으로 보여주는 예로 로크J. Locke의 경우를 들 수 있다. 그는 브란덴부르크 왕실에 관여된 일로 그곳에 잠깐 체류한 적이 있었는데, 이후 그에게 동일한 체류기회가 주어졌을 때 단호히 거절한 사례가 있다.[33] 결국 외교관으로 장기 체류할 때 문제점은 향토 음식에 대한 불편함, 종교적인 문제, 그리고 생필품 확보 등이었다. 때문에 외교관을 많이 모집하고 적절한 지역에 확산시키려면 위의 문제점들, 즉 집약하여 '관심과 이익의 부재'란 문제를 넘어서는 무엇인가가 필요하였다.

앤 여왕 말기인 1711년부터 총리의 위치First Lord of the Treasury에 있던 옥스퍼드 백작Robert Harley, 1st Earl of Oxford and Earl Mortimer이 에스파냐 왕위계승전을 끝낼 조약을 체결하는 문제에 직면하여, 이를 해결할 임무를 띤 특사로 1712년에 볼링브로크 경Henry St John, 1st Viscount Bolingbroke으로 결정했다. 그때 옥스퍼드는 남작 직위에 있던 볼링브로크에게 자작Viscount의 작위를 갖도록 주선하였다. 옥스퍼드 경의 이런 조처는 "평화회담을 성공적으로 다루기 위해선 말 재주나 중요한 회담 자료만으로 되는 것은 아니다. 회담을 주도할 직분의 존재 여부도 큰 의미가 있다"[34]는 것을 염두에 둔 것이다.

---

32 설혜심, 『그랜드투어』, 웅진 지식하우스, 2013.

33 Maurice Cranston, *John Locke* (London: Longmans, 1957), 81-85.

34 H.M.V. Portland, Mss. v. 467.

파젯(Henry Paget, 1st Earl of Uxbridge)

옥스퍼드의 결정은 외교관으로 임명 받게 될 인물들에게 어떤 기대를 갖게 해준 것이 틀림없다. 1714년에 조지 1세를 차기 왕으로 모셔올 임무를 맡은 하노버 특사이던 파젯H. Paget의 경우에서 이를 발견하게 된다. 파젯의 집안은 남작Baron직위를 가지고 있었는데, 그가 특사로 가기 전에 왕을 모셔올 자격으로는 백작의 위치가 걸맞기에 자신을 상위 작위인 백작으로 승격시켜줄 것을 앤 여왕에게 요청하였다. 당시 여왕은 임무를 마치고 돌아오면 작위를 수여하겠다고 했지만 그는 작위가 먼저라고 자신의 뜻을 관철시키려하였다. 그 즈음에 앤 여왕이 서거하면서 조지 1세가 등극하여야 할 상황이 급속히 진행되면서 궁극에는 그가 정치적 수혜를 입게 되었다. 즉 조지 1세가 등극하면서 그는 파젯의 노력을 인정하여 백작 작위Earl of Uxbridge를 수여하고 이어 추밀원에 소속되게 해주었기 때문이다.[35]

---

35 *Memoranda on the Peerage by the second earl of Oxford in Notes and Queries*, 2nd series, I, 326.

물론 파젯처럼 작위를 받는 경우는 외교관들에겐 매력적이고 이상향이겠지만 기회가 흔하지 않다는 의식을 대다수 임명 받는 외교관들이 갖고 있었다. 때문에 그들은 좀 더 실질적인 내용이 보이지 않는다면 외교관 직책에 관심을 보이지 않았으며 채용에도 어려움이 따를 수밖에 없었다. 이런 상황에서 주목되는 부분은 1742년에 남 국무장관이던 뉴캐슬 공작과 1741년에 오스트리아 대사로 부임해있던 포터Sir James Porter 사이에 오고간 대화이다. 포터는 자신의 친구이며 빈 대사로 있는 토머스 로빈슨Sir Thomas Robinson의 외교적 활약(마리아 테리지아 여제와 프리드리히 2세 사이에 평화를 유도)에 대해 훈장보다 포상금으로 매년 1천 파운드를 추가금으로 줄 수 없는지를 물어왔다. 뉴캐슬이 그 이유를 묻자, 포터는 "로빈슨은 부인과 어린 자녀들이 있으므로 실질적으로 행복감을 느낄 수 있는 금액을 수여하는 게 바람직하다"고 표현하였다. 이어서 포터는 "외교관들이 해외에서 임무를 마치고 돌아오면, 일부는 아니지만 자국에서 직장이 없어 힘들어하는 것이 대다수의 현실인 만큼 포상금이 갖는 의미는 클 것"이란 주장도 곁들였다.[36] 포터의 제안은 이미 임무를 수행하던 외교관들에게 미래를 설계할 수 있는 희망적인 사례가 되었다.

비슷한 시기에 오스트리아 황실(1742~1743년)과 베를린(1746~1748년)에 대사직을 하면서 많은 탁월한 공적을 낸 빌리어Thomas Villiers, 1st Earl of Clarendon의 외교관직에 대한 생각이 그의 친구이자 국무장관인 베드포드에 의해 전해졌다. "개인적으로 나의 가장 원하는 것은 해외에서 최선을 다하여 왕과 국가의 일을 행할 수 있도록, 먼저 국내의 공적公的 자리를 미리 보장 받았으면 좋겠다."[37] 그리고 빌리어는 자신의 이런 생각을

---

36 George Larpent, *Turkey: its History and Progress from the Journals and Correspondence of sir James Porter*, vol. 1 (London, 1859), 464-65.

37 Correspondence of John, Fourth Duke of Bedford, selected from the Originals at

궁극에는 현실로 실천했다. 즉 외교관 임무가 끝난 후의 국내의 공적 자리가 무엇인지 확인되지 않으면 외교관직을 받아들이지 않았다.[38] 빌리어의 행위는 대다수의 외교관들에게 '관심과 이익의 부재'란 부분을 충분히 해소시킬 수 있는 현실적인 대안이자 외무부의 입지에 있어 이전과 다른 변화를 이끌어내기에도 충분해 보인다. 또 7년전쟁 기간에 베를린 주재 외교관으로 있던 미셸이 1764년에 영국으로 돌아왔다. 그리고 2년 뒤에 다시 베를린으로 돌아가 사망하던 1771년까지 그곳에 있었는데, 이 기간 동안 매년 500파운드를 정부로부터 연금씩으로 추가지원을 받았다.[39] 이는 앞선 포터의 제안이 현실화된 모습으로 외무부의 행정적 입지에 있어서도 또 다른 힘을 실어주는 내용이 되었다. 채용 부분에서의 행정적인 입지를 세운 사례들이 중첩되면서 1782년의 외무부의 출범을 더욱 명확히 만들었음엔 틀림이 없다.

그러나 '과연 도움이 된 것인가'에 대해서는 의문점이 여전히 보인다. 그동안 외교관 직책이 그리 매력적이지 못하다보니 전문가가 부재했다는 점이 그것이다. 1689년에서 1789년 사이에 파리에 주재했던 영국 외교관들 9명을 살펴보면, 과거에 외교경험이 전혀 없이 부임한 외교관들이 7명이고 나머지 두 명도 약간의 경험만 있었다.[40] 이 문제는 우선 외교관 채용에 급급한 현실이지만 이어서 풀어야 될 행정적인 분야의 숙제임을 보여준다.

Woburn Abbey with an Introduction by Lord John Russell, vol. 1 (London, 1842-6), 127.

38 Coxe, *Memoirs of Lord Walpole*, vol. 2, 304.

39 Andrew Bisset, ed, *Memoirs and papers of Sir Andrew Mitchell, K. B.* vol. 2, (London: Champman and Hall, 1850), 359.

40 S. T. Bindoff, *The Unreformed Diplomatic Service, 1812-60*, in Trans. R. Hist. Soc., 4th series, xviii. 160.

임무

외교관의 임무를 잘 표현해주는 팸플릿, "Observations of the Office of an Ambassador"을 인용해보면,

> 전통적으로 국가 사이에 메신저 역할만 하는 것이 외교관의 역할인
> 만큼, 지혜롭고 사려 깊은 대사라면 어떤 사건에 대하여 자신이 너무
> 깊숙이 관여하지 않을 것이다. 그러므로 외교적 중재 상황이 있을 때
> 대사는 굳이 성공을 위해 그 사건에 집착하지 않는다.[41]

위의 내용은 18세기 외교관의 임무가 얼마나 제한적일 수밖에 없는가를 잘 보여주고 있다. 동시에 외무부 성립에 악재가 되고 있었다. 사실 현장에서 활동하는 외교관이라면 자국과 상대국의 생각을 전달해주는 것은 당연한 이치이며, 필요에 따라선 좀 더 나은 관계를 유도하는 역할을 할 필요를 느낄 것이다 이런 욕구를 마다하고 전달자 역할만 한다는 것은 그리 쉬운 일이 아닌데 그들은 이런 위치를 (어쩔 수 없이) 지킬 수밖에 없었다. 이런 제한된 자신들의 위치에 대한 불만은 팸플릿 표현에서 "정직한 외교관이라면 현실 사건에 관여하지 않는 것을 사려 깊은 행동으로 여기지 않을 것이며, 일부 외교관들은 이 점을 스스로 주변에 토로하곤 했다"로 확인 할 수 있다.[42]

한편, 외교관들의 임무 중 외무부 성립에 악재가 되는 또 다른 형태는 국가 차원에서 책임을 지지 않아도 될 왕의 개인 업무와 상당수 연관되어 있음이다. 1747~1750년 사이에 드레스덴에 특사로 가 있던 윌리엄스

---

41 Pamphlet attached to *An Essay on the Education of a young British Nobleman* (1730) in the Heatley Collection of Edinburgh University Library, 56.

42 *Ibid.*, 51-52.

Charles Hanbury Williams의 주된 임무는 작센 선거후에게 가서 조지 2세 개인용도의 대출을 받아와야 하는 일이었다. 또 리스본 주재 버넷Bunett 영사의 경우는 왕실 부엌에 필요한 특용작물과 그 씨앗을 구하는 일이었다.[43] 재미있는 사실은 조지 2세가 버넷에게 수박과 오이 씨앗도 구할 수 있는지를 직접 타전하기도 했는데[44] 이유는 캐롤라인 왕비가 기침으로 고생하는데 수박과 오이가 좋

윌리엄스(Charles Hanbury Williams)

다는 말을 들었기 때문이었다.[45] 조지 3세 때도 요크Sir Joseph Yorke를 왕의 개인 용도를 위해 덴마크에 특사로 보냈다. 당시 그의 파견 목적은 덴마크로 추방당한 조지의 여동생에게 그녀의 자녀들이 잘 있다는 소식을 전해주려는 것이었다.[46] 이렇듯 제한적이며 개인임무에 활용되는 외교관들의 위치만 보면 외무부의 필요성에 분명 역행하는 듯 보인다. 하지만 이들의 임무에도 변화의 조짐이 읽혀지는 곳이 있다.

18세기엔 일정한 기간이 지나면 외교문제를 총괄적으로 담당하던 국무장관들이 임기를 채우고 이동을 한다. 이때 공식적 편지들official letters은 다음 책임자들에게 전달되기 위해 일정한 기간 동안 보관되게 되는데 이를 위해 1838년부터 설립된 국립 자료보관소Public Record Office와 비슷

---

43 S. P. (State Papers Foreign at P.R.O.), 31, 89.

44 S. P., 89, 91, dispatch of 8 Dec. 1729.

45 S. P., 36, 89.

46 *George III corresp.*, vol. 1, 207-209.

한 역할을 하는 부서가 조지 3세 때에 만들어졌다. 이곳은 주로 외교 관련의 특별한 기록물들인 지중해 통과권리자료, 왕실 결혼자료, 해군 승리기록자료, 수출과 수입 관련 자료 등 을 정기적으로 보관하였다.[47] 이곳 자료들은 국무장관들이 새로 부임해 올 때마다 업무 파악을 위해 활용하는데, 결과적으로 외교 관련 임무가 전달의 상태를 넘어서 응용하고 정책을 고안하는 역할로 나갈 행정적 입지를 구축한 것이며, 1782년의 외무부의 성립에 촉진 효과를 준 것이었다.

---

47 Horn, *The Diplomatic service*, 189.

2장

정부기관으로서의
외무부 정체성 확립

이제 1872년에 세워진 외무부를 좀 더 집중적으로 살펴보자. 외무부 목록The Foreign Office Lists에 의하면 1782년 3월 27일에 최초의 외무장관직 Foreign Secretary을 맡은 휘그당 내 개혁중심에 있던 폭스 Charles James Fox때 외무부가 성립된 것으로 보고 있다.[1]

폭스(Charles James Fox)

1782년 3월 27일, 폭스는 외무장관으로 자신을 알리는 공문을 런던 주재 외국 대사들이 회람토록 했으며 이틀 뒤에 그는 국외에 있는 영국 외교 대표들에게도 외무장관 명의로 된 첫 공문을 회람토록 했다.

> 스토먼트 자작Lord Viscount Syormont의 사임 후, 폐하께서 남북 국무부에서 다루던 국내 문제나 식민지관련 문제는 내무부장관직을 맡게 된 셸번 백작the earl of Shelburne에 전적으로 담당케 하시고, 외교문제는 나에게 일임하셨다. 나는 규칙적으로 폐하를 뵈면서 여러분들이 보내온 외교관련 공문들을 전달하고, 이와 관련하여 왕의 하달이 있으면 여러분들께 즉시 되 알리는 중간자 역할을 충실히 할 것이다.[2]

---

1   H. M. C. Bath Mss, vol. 3, 118.
2   State Paper, 110/83, 102.

당시 폭스가 왕으로 부터 외무장관직을 임명 받았다면 반드시 있어야 할 추밀원 기록the Privy Council Register을 찾을 수가 없기에 회람된 위 공문을 외무부가 단독기관이 되었다는 유일한 기록으로 보고 있다.[3]

외무부에 대한 처음 호칭은 폭스가 임무를 수행하던 당시엔 'Mr Fox's Office'라 불렸고, 이후 1807년에 'Foreign Office'라 칭하다가[4] 'Department for Foreign Affairs'란 명칭을 1810년에야 정식으로 사용하였다.[5]

외무부 정립 이후의 첫 10년(1782~1792년)

초기 외무부 기록을 훑어보면, 몇 가지 의문점과 동시에 분석의 필요성이 보인다. 첫째 1786년의 외무장관의 임무를 보면 왕의 명령을 받고 그의 지시를 다시 일선에 하달하고 있었다는 점이다.[6] 단독기관으로 외무부가 성립되었다는 것은 외무장관이 독자적인 정책을 수행할 수 있다는 의미인데, 위 내용으로 보면 이전의 국무부 때와 별반 다르지 않아 보인다. 여기서 외무부 성립 이전과 이후의 외무부 및 외무장관의 입지가 얼마나 차이가 있는지에 대해 명확한 분석이 필요하다. 둘째 외무장관은 공식적 임명을 왕으로부터 받지만, 외교수행 과정이 내각의 요구에 따르

3   비록 1782년부터 내무부와 외무부가 분리되었지만 어느 한쪽이 부재했을 시엔 이전처럼 통합적으로 임무를 수행하곤 하였다; Clive Parry, ed. *British Digest of International Law* (London: Stevens and Sons, 1965), 158.

4   F.O. 95/359.

5   F.O. 366/669-72.

6   Public Record Office, *the Records of Foreign Office, 1782-1939*, Handbooks no. 13 (London: Her Majesty's Stationery Office, 1969), 4.

는 부분이 많았다.[7] 여기서 왕에만 충성하던 과거와 달리 외무부의 입지가 분명 변화가 있어 보이지만, 구체적인 내용이 언급되고 있지 않기에 관련사실의 분석이 필요하다. 결국 위의 분석을 위해선 왕과 내각의 외교적 역할은 물론, 임명되었던 외무장관들의 행적들도 집중적으로 살펴볼 필요가 있다.

조지 3세의 왕권강화 우려는 절대왕정의 복귀 시도란 의미를 담은 1770년대 미 독립전쟁과 함께 표면화 되었다. 독립전쟁이 한창 진행되던 1778년, 영국의회는 왕에게 전쟁을 속히 종결시킬 것을 요구하였다. 왜냐하면 프랑스군이 미 독립전쟁에 개입한 것이 '세력균형'이란 국제 외교적 분위기상 결코 영국에 이득이 된다는 보장이 없다고 우려한 때문이다. 그러나 조지 3세는 전쟁을 더 연장시켰으며 왕의 집착욕을 현실적으로 풀어내야 할 인물로 왕의 친구이자 총리인 노스Frederick North, Lord North를 앞세웠다. 반면 노스는 의회의 반대와 국내여론을 제대로 알았기에 왕에게 사퇴의사를 수차례 표명하다가 왕이 받아주지 않자, 결국 스스로 의회에 사임을 선포하고 1782년에 물러났다.[8] 그때서야 왕은 자신의 의지가 생각한대로 관철되는 것만이 아니란 것을 깨닫게 되었다.

이후 영국 정치사에선 조지 왕보다 의회중심의 주요인물인 토리당의 소小피터나 휘그당의 폭스 같은 인물이 두각을 보이면서 이들이 속한 토리와 휘그정권이 번갈아 바뀔 때마다 내각의 실질적 발전이 진행되었다.[9] 그렇다면 1820년까지 왕위에 있던 조지 3세의 외교적 영향력은 당시 내

---

7   F. Gosses, *The Management of British Foreign Policy before the First World War* (Leiden, 1948), 99-138.

8   Peter Whiteley, *Lord North: The Prime Minister who lost America* (Cambridge University Press, 1996) 203.

9   Arthur Aspinall, "The Cabinet Council, 1783-1835," *Proceedings of the British Academy*, vol. 38 (London, 1952), 145-252.

각의 발전으로 인해 무력해졌던 것인가? 미들턴C. R. Middleton는 "왕은 외교문제에 대한 자신의 지식에 대해 대단한 신뢰를 갖고 있었기에 어떤 외교문제가 발생했을 때 외교를 수행해야 할 관료들보다도 자신이 더 해결하려고 노력했던 인물이기도 하다."[10]라고 지적했다. 여기서 조지 3세는 명예혁명 이후의 스튜어트 왕실의 말기 왕들과 이어지는 하노버 왕실 초기 왕들 중에서 가장 외교에 적극적인 관심을 보였던 인물이었음을 알 수 있다. 때문에 위 질문은 내각의 발전에도 불구하고 왕이 1782년에 외무부 성립을 허락한 만큼[11] 그의 외교에 대한 권한이 외무부를 통해 그나마 일부가 존재 하고 있지 않았는지로 바꾸어 주목해 보는 것이 타당하다.

외무장관 그렌빌1st Baron Grenville의 표현에 의하면, "왕은 대부분 아침에 일찍 일어나서 전날 밤늦게 런던에서 외무부 차관이 보낸 외교문서들을 읽는 것으로 시작했고, 이런 고정된 습관은 화이트홀에서 최대로 급한 사건이 그에서 올라오지 않는 한 지속되었다."[12]고 했다. 특히, 그렌빌보다 선임외무장관인 그랜섬Baron Grantham이나 카마르텐Marquess of Carmarthen 의 표현 중에는 왕이 외교문서를 읽는 것으로 만족하는 것이 아니라 정기적으로 답신을 보내는데 그 내용에는 반드시 왕의 의견을 첨부하여 보낸다는 언급이 있었다.[13] 또 그렌빌 후임 외무장관인 해로비Earl of Harrowby 는 "외교문서의 분량이 많을 경우엔, 적당하게 양을 분할해서 왕이 부담

---

10 Middleton, *The Administration of British Foreign Policy*, 71.

11 George Ⅲ Corresp.: The Correspondence of King George the Third from 1760 to December 1783, ed. sir John Fortescure, vol. 2 (London, 1927-8), 205-06.

12 Grenville to George Ⅲ, Cleveland Row, 30 Mar, 1797, Arthur Asinall, *Later Corresp. George Ⅲ*, vol. 2, 557-58; Hammond to George Ⅲ, Downing Street, 13 July, 1798, *Ibid*, vol. 3, 92.

13 Grantham to Shelburne, 1/2 past, 12 Sunday, Morg., 3 Nov. 1782, Lucas L. 30/14/306/ 46: Carmarthan to Pitt, St. James's 8 Nov, 1784, Leeds Papers. Eg. MS 3498 Bundle 5.

을 갖지 않고 성공적으로 검토할 수 있게 보냈으며, 왕이 노안으로 이마저 제대로 검토할 수 없는 상황이 되었을 때 왕이 좋아할 문서만을 간추려서 보도록 하였다"고 한다.[14] 이 부분은 왕의 외교적 영향력이 약화되는 것이 단지 건강상 쇠약(노쇠)해지는 것과 관계있을 뿐이었기에 60여 년 재위 기간 중 건강한 시기의 그의 외교적 권력은 상당했을 것으로 상상해볼 수 있다. 그러나 외무장관들의 언급은 왕이 외교에 관심에 대한 표현일 뿐이지 실질적으로 그의 외교력이 대단하지 못했음을 주목해야 한다. 역사에서는 조지 3세가 미 식민지를 활용하여 절대왕권을 꿈꾼 인물이지만, 1783년 미 식민지가 독립함으로 그 꿈의 성취에는 실패한 것으로 평가된다.[15] 더군다나 이때부터 정신병으로 계속 쇠약한 상태를 유지했기 때문이다.

조지 3세의 약한 외교력을 좀 더 명확히 표현하려면, 입헌군주제 이후 부각되는 내각의 힘이 얼마나 외교정책 결정에 영향력을 미치는지, 그리고 내각이 왕의 영향력을 어떻게 견제했는지 알아보아야 할 것이다. 조지 3세 때의 총리이던 소小피트는 자신은 정책상 왕의 추천이 필요할 때에만 내각을 통과한 회의록Minutes을[16] 왕에게 보냈으며, 초안상태의 회의록을 그에게 보내는 경우는 드물었다.[17] 폭스도 정책 결정에 중요한 도구가 되는 공문서들dispatches이 왕에게 보내져 검토되는 것은 사실이지만 왕의 의사가 적힌 노트가 내각에 전해질 경우 그 내용이 실질적으로 반영

---

14   Harrowby to George III (26 May 1804), Copy, Harrowby MSS. vol. 13, 102-03.

15   E. A. Reitan, *George III, Tyrant Or Constitutional Monarch?* (Boston: D. C. Heath and Company, 1964) xii-xiii.

16   내각에서 논의 된 회의록 초안에 준하여 (논의 시점으로부터 며칠 안에) 공식으로 통과된 회의록을 말함.

17   Aspinall, *Later Corresp. George III*, vol. 2, 330.

되는 예는 드물다고 하였다.[18] "왕께서 프랑스 왕의 죽음에 대해여 충격을 받으시고, 프랑스에 대한 외교적 대안에 몇 가지 제안을 하셨지만, 그 제안을 첨부하지 않고 원안대로 진행하도록 내각이 결정했습니다."란 그렌빌의 1793년 보고내용이 폭스의 언급을 잘 지원하고 있다.[19] 이렇듯 왕은 외교적으로 관여를 하고 있지만 실질적인 운영은 이미 내각에서 장악하고 있음이 확인된다.

위의 상황대로라면 왕과 내각의 관계에서 미묘한 변화가 나타나던 시기에 외무장관이 기관장으로서 자신의 독자적인 정체성을 세웠을 수도 있지 않았는지 확인해 볼 필요가 있다. 왜냐하면 독립기관장으로의 정체성 확립이 외무부의 독자화와 비례하기 때문이다.

외무부 성립 이후 초기 10년간을 거쳐간 외무장관엔 4명이 있었다.

외무부 성립 초기 외무장관

이름	재임 기간
Fox, Charles James (1749~1806)	1782. 3~7 1783. 4~12
Robinson, Thomas, 2nd Baron Grantham (1738~1786)	1782. 7~1783. 4
Osborne, Francis Godolphin, Marquess of Carmarthen and 5th Duke of Leeds	1783. 12~1791. 4
Grenville, William Wyndham Grenville, 1st Baron Grenville (1759~1834)	1791. 6~1801. 2

18 Lord John Russell (ed.) *Memorials and Correspondence of Charles James Fox*, 4 vols. (London, 1853-1857) vol. 2, 124.

19 Aspinall, *Later Corresp. George III*, vol. 2, 104-05.

초대 외무장관인 폭스는 몇 차례 같은 직책에 올랐지만 임기를 채운 총 기간은 21개월 정도였다.[20] 그는 임명된 초기 시기만큼은 외무장관으로서의 독자적 모습이 보인 듯 싶다. 매주 목요일 저녁에 런던에 주둔하는 외교 대표들과 실질적인 회담을 가졌고, 외무부서 시절 선임 장관들보다 더 많은 만찬dinner 외교를 가져 각국 대표들과 외교적 협조체제를 다져 나갔었기 때문이

그랜섬(Thomas Robinson, 2nd Baron Grantham)

다.[21] 하지만 그는 외교보다 토리당의 소小피트 내각과 경쟁하면서 휘그당 정권 창출에 더 관심이 있어 일부 외교문제를 방치하거나 당정문제보다 덜 중요시하는 경향이 있었다. 이런 이유로 그의 외교행정능력도 상대적으로 추락해 버렸다.[22] 초대初代 외무장관으로 임명된 이후에도 폭스는 두 차례나 더 외무장관을 역임했다. 하지만 그의 전반적인 외교행태가 정권창출 관심보다 뒷전이었던 것이 이전과 별반 다르지 않았다. 결국 그는 외무장관 직책의 독자적인 위치를 전혀 세우지 못했다.

폭스를 이은 그랜섬Thomas Robinson은 퇴직 시 적당하게 연금을 받을 수 있다는 조건하에 외무장관직을 허락했다. 피터 총리는 그를 1783년

---

20 1차: 1782년 1~7월, 2차: 1783년 4~12월, 3차: 1806년 2~9월.

21 Fraser to Keith, St James's 4 June 1782, Hardwicke Papers, Add. MS 35525, 259-60.

22 J. P. Taylor, *The Troublemakers: Dissent over Foreign Policy, 1792-1939* (Bloomington: Indiana University Press, 1957), 25; Edward Charles Ponsonby Lascellers, *The Life of Charles James Fox* (New York: Octagon Books, 1970).

12월까지 장관직 유지를 원했지만 그해 4월에 스스로 사임해 버렸다. 그는 역대 외무장관 중에 가장 역할이 없었던 인물이지만 연금만큼은 매년 2,000파운드씩 받아갔다.[23] 4월에 그랜섬이 사임한 이후, 12월에 장관직을 허락한 카마르텐 경 Francis Osborne은 부임 초에 주목을 받았다.

카마르텐은 사교계에서의 세련미나 혈통 심지어는 외적으로도 호감이 가는 인물의 소유자로서 당대의 멋쟁이 중의 한 명이었는데, 그런 모습이 외무장관이란 직

카마르텐(Francis Godolphin Osborne, Marquess of Carmarthen and 5th Duke of Leeds)

책까지 호감이 가도록 만들었다. 그러나 그는 내각에서 지시 하달되는 외교사항만 집중하여 관리하고 이외 여타 외교문제들은 수수방관하는 자세를 보였다.[24] 특히 피터가 총리로서 정치 외교전반에서 탁월한 능력을 보이자, 그는 자신의 외교영역조차 피터에게 넘겨 거의 의존하는 형태를 취했다. 결국 폭스를 이은 두 인물도 외무장관으로서의 독자적인 자질을 전혀 보이지 못하였음이 확인된다.

카마르텐을 이은 외무장관은 윌리엄 그렌빌 William Grenville인데 그는

---

23 Henry Benjamin Wheatley, ed., *The Historical and Posthumous of Sir Nathaniel Wraxall*, 5 vols (London, 1884), vol 2, 26-27.

24 Carmarthen to Sir James Harris, 14 Mar. 1788, private, Leeds Papers, Add. MS 28063, 91-92.

그렌빌(William Grenville)

1791년부터 1801년까지 장기간을 역임하였다. 그는 자신의 하루 일과에 늘 관심을 갖고 최선을 다하는 모습을 보였다. 때문에 장관직을 수행할 수 있는 충분한 자질과 능력 및 역동성을 소유하고 있는 자로서 동료들에게 존경도 받은 인물이었다. 프랑스어도 당대 어느 장관들보다도 수준급이어서 프랑스와의 민감한 시점에 적절한 인물이었다.[25] 그러나 그렌빌은 성격상 융통성이 없다보니 왕이나 내각의 신임을 받지 못하였다. 한 예로 그렌빌 자신이 런던에 있었음에도 불구하고 '총리인 피트나 내무장관인 던다스Henry Dundas가 자신에게 사전지식을 얻지 않고 런던 주재 외교관들과 면담을 하곤 했다'고 불만을 토로한 기록이 있다.[26] 여기서 그렌빌도 외무장관으로서의 입지를 세우지 못했음을 확인할 수 있다. 하지만, 그가 토로한 불만을 다른 시각에서 보면 이전 장관들과 달리 그 직책의 정체성을 그나마 (일시적으로) 표현한 행동으로 해석할 수 있다.

---

25 J. W. Fortescue, *British Statesmen of the Great War, 1793-1814* (Oxford, 1911), 75-78.

26 Grenville to Pitt, 23 Feb. 1795, Chatham Papers, P.R.O. 30/8/140, 75-76.

결론적으로 1782년에 외무부가 성립된 직후의 10년을 분석해 보면, 왕이나 내각은 외무부를 단독기관임을 인정하지 않고 오히려 자신의 정책수행을 위한 필요·충분조건을 채워주는 예속기관으로 여겼으며, 외무장관들도 외무부가 단독기관이란 사실에 대한 의식이 거의 없었다. 때문에 초기 외무부의 대내적인 정체성을 세우지 못했고 동시에 대외적 역할 구축에도 부정적인 시각으로 볼 수밖에 없다.

대對프랑스 유럽연합전선 형성기(1792~1812년)

유럽사회는 1792년에 프랑스 혁명군에 맞서 오스트리아가 선전 포고를 할 때만 해도 이 전쟁을 두 나라 사이의 지엽적인 충돌로 보았다. 이듬해에 루이 16세가 혁명군에 의해 처형되고 벨기에마저 프랑스군에 의해 점령당하자 상황은 달라졌다. 혁명의 기운이 여타 유럽제국에 영향을 미칠 것을 막고자, 각 국가들은 영국을 중심으로 연합coalition전선을 형성하여 프랑스를 공격하였다. 이때부터 몇 차례 연합전선이 형성되었다가 와해되는 과정이 있었는데, 첫 번째 연합전선은 피트의 제창으로 영국과 오스트리아·프로이센·러시아·네덜란드·에스파냐 사이에서 1793년에 형성되었다. 하지만 1797년에 오스트리아가 나폴레옹에 의해 굴복되고 캄포포르미오조약을 체결하자 첫 연합전선은 와해되었다. 와해를 이뤄낸 나폴레옹이 이듬해에 이집트 원정을 통해 영국을 옥죄려 하다가 실패했다. 피트가 다시 연합전선의 기회를 잡았고 1799년에 두 번째 연합전선이 형성되었다. 그러나 1801년 프랑스가 오스트리아군을 격파하자 연합전선이 다시 와해되었고, 주도했던 영국도 프랑스와 아미앵조약(1802년)을 맺으므로 자국의 피해를 최소한으로 줄이려 했다.

아미앵조약 체결 당시에 총리직에서 물러나 있던 피트는 1804년에 다시 집권하면서 영국·오스트리아·러시아를 주축으로 하는 세 번째 연합전선(1805년)을 형성하였다. 이번에도 프랑스는 신성로마제국의 해체로 대륙봉쇄령을 내린 1806년과 러시아 프로이센 연합군을 격파한 뒤 맺은 틸지트조약으로 1807년에 다시 연합전선을 해체시켜버렸다. 이후 1812년에 나폴레옹의 운명을 건 러시아 원정에서 프랑스군이 실패하던 때까지 유럽엔 연합전선이 더 이상 없었다. 이렇듯 대對프랑스 유럽연합전선 중심에는 영국이 늘 등장했는데 이 상황은 외교에 관여하고 있던 왕과 내각은 물론 외무장관에도 변화를 주어 그동안 입지를 세우지 못한 영국 외무부에 새로운 의미를 만들어 주었다.

외교에 큰 관심을 보여 온 조지 3세는 당시 프랑스와의 관계에 대해 분명한 입장을 보였다. 그는 1793년의 루이 16세의 처형이 비록 입헌군주제하에 있지만 자신에게도 영향을 줄 수 있을 것으로 생각하고 큰 충격을 받았다. 때문에 1793년 연합전선의 형성은 물론, 프랑스 혁명정부의 와해 때까지 영국이 주도하는 대對프랑스전쟁도 유지되어야 한다고 주장했다. 그럼에도 불구하고 내각에선 전쟁피해를 최소화하기 위해 줄곧 평화조약을 위한 출구를 모색하였다. 이때 왕은 그렌빌 외무장관에게 "나도 전쟁을 지속하자는 데는 반대한다. 그러나 내가 인정할 수 없는 프랑스의 혁명정부와 평화를 논한다는 자체를 반대하는 것이 왕으로서의 정당한 주장이란 것을 이해해 주기 바란다."고 하며 프랑스 혁명정부와의 평화교섭을 반대하였다.[27] 비록 왕의 표현 때문만이 아닌 내각 스스로의 판단에 의해 결정한 것이지만, 영국 정부도 프랑스가 연합전선을 와해시킬 때까지 교섭보다는 전쟁을 지속하였다.

한편 내각의 전쟁 지속 결정은 왕이 자신의 의도가 받아들여진 것으

---

27 George III to Grenville, 9 Feb. 1796, The Historical Manuscripts Commission (HMC) *Fortescue*, vol. 3, 173.

로 여기고, 자칫 스스로 위상이 높아졌다는 착각을 하게 만들 수도 있었는데 그런 분위기가 곧 나타났다. 두 번째 연합전선이 형성된 이듬해인 1800년, 영국 내각이 다시 평화 교섭을 시도하려는 교섭 안을 만들고 이를 검토 차원에서 왕에게 보냈었다. 왕은 내용을 읽어보지도 않고 "교섭은 불가하다"는 단호한 표현을 쓰면서 화를 냈다.[28] 왕의 단호한 거부 의사만을 보면, 그가 절대군주이지 과연 입헌군주제하의 왕인가 하는 의구심을 갖게 한다. 왕의 의사를 전해들은 내각이 "왕께 보내드린 내용은 외교적인 결정을 해주십사고 한 것이 아니라, 내각에서 시행할 것으로 결론이 난 공적문서를 폐하께서 확인해보란 차원에서 드린 것입니다."라고 내각의 의사를 담은 글을 재차 발송했다. 왕은 글에서 분위기를 읽은 순간 말을 바꾸어 "의회의 지지를 받지 않는 상황에서 전쟁 지속의 필요에 대한 나만의 주장을 하려는 것이 아니다. 다만 연합전선을 형성한 지 얼마 되지 않아 표현된 평화교섭 시도란 점에 대해 혼돈스러웠던 내 자신의 표현이었다… 보내온 문서에 전적으로 동의한다는 나의 의사를 다시 전한다."[29]라고 자신의 답신을 보냈다. 여기서 왕은 "원칙을 주장할 수 있으나 실행에 옮기는 것과는 무관하다"는 입헌군주로서의 정치적 위치를 판단한 듯하다. 비슷한 사례로, "왕은 일반외교사항(프랑스 관련 문제 이외)을 전적으로 찬성 해주고 계십니다."[30]라는 내각의 표현에서도 이를 확인할 수 있다.

앞의 사례들을 볼 때, 왕은 외교문제에서 역할이 많이 줄어들고 있었고 반대로 내각은 그 역할이 분명해지고 실질적이 되어가고 있음을 알 수

---

28 Grenville to George Ⅲ, Cleveland Row, 27 June 1800 and George Ⅲ to Grenville, Windsor, 28 June 1800; Aspinall, *Later Corresp. George Ⅲ*, vol. 3, 368.

29 Grenville to George Ⅲ, Cleveland Row, 16 July 1800 and George Ⅲ to Grenville, Windsor, 17 July 1800; *Ibid.*, 374-76.

30 Grenville to George Ⅲ, Cleveland Row, 17 Nov. 1798; *Ibid.*, vol. 3, 159.

있다.

특히 대對프랑스 연합전선의 진행과정을 따라가 보면 내각의 실질적인 역할이 한층 두드러져 보임을 알 수 있다. 첫 번째 연합전선은 프랑스에 패배한 유럽 제국들 때문에 원치 않게 와해가 되었지만, 전선이 와해된 시점에서도 영국만은 단독으로도 프랑스와 대립의 각을 세우고 있었다. 하지만 두 번째 연합전선이 와해되던 1802년엔 달랐다. 이때는 영·프 간의 평화조약인 아미앵조약이 맺어졌고, 그 조약의 중심에는 평화론을 주창한 의회와 내각을 이끈 에딩턴Henry Addington, 1st Viscount Sidmouth 총리가 있었다.[31] 하지만 평화를 전제로 한 아미앵조약이 2년 만에 파기되었는데 원인이 주전파主戰派의 피터가 1804년에 총리직에 다시 올라섰기 때문이다. 이로써 정책 결정에 있어서 총리의 역할이 상당히 크다는 사실을 엿볼 수가 있다.

그렇다면 당시의 외무부 입지를 점검하려면 총리와 관련시켜 외무장관들의 독립기관장으로의 정체성 성립여부도 분석해볼 필요가 있다.

세 차례에 걸친 연합전선을 주도한 1792~1812년 사이의 영국 외무부에는 9명의 외무장관이 거쳐 갔다.

1792~1812년 영국 외무장관

이름	재임 기간
Grenville, William Wyndham Grenville, 1st Baron Grenville (1759~1834)	1791. 6~1801. 2
Jenkinson, Robert, 2nd Earl of Liverpool (1770~1828)	1801. 2~1804. 5

---

31 Philip Ziegler, *Addington, A Life of Henry Addington, First Viscount Sidmouth* (New York: The John Day Company, c1965), 478p; Charles John, Fedorak, *Henry Addington, Prime Minister, 1801-1804: Peace, War and Parliamentary Politics* (Akron, Ohio: University of Akron Press, 2002), 268.

이름	재임 기간
Ryder, Dudley, 1st Earl of Harrowby (1762~1847)	1804. 5~1805. 1
Phipps, Henry, 1st Earl of Mulgrave (1755~1831)	1805. 1~1806. 2
Fox, Charles James (1749~1806)	1806. 2~9
Grey, Charles, Viscount Howick (2nd Earl Grey) (1764~1845)	1806. 9~1807. 4
Canning, Rt. Hon. George (1770~1827)	1807. 3~1809. 10
Bathurst, Henry, 3rd Earl Bathurst (1762~1834)	1809. 10~12
Wellesley, Richard Colley, 1st Marquess Wellesley (1760~1842)	1809. 12~1812. 2

그렌빌이 피터가 내각을 떠나던 1801년까지 외무장관직을 역임했는데 그는 자신의 융통성 부족 때문에 피터에게서 따돌림도 당했지만 피터의 사촌이자 정치적 후원자였기에 피터 내각의 입장에 충실히 따랐던 인물이기도 했다. 때문에 하원의원이던 버지스J. B. Burges의 "피터와 그렌빌은 하나의 감성으로 묶여있는… 그런 친구관계이다."[32]란 표현이 과장된 것이 아니라 본다. 피터가 가톨릭 해방법안 문제로 내각을 사임하던 1801년에 그렌빌도 외무장관직을 사임했다. 결국 그렌빌은 피터의 그늘에 안주하면서 자신의 외교능력을 전혀 펴지 않았던 인물임에 분명하다. 단 후임자인 리버풀Earl of Liverpool과의 서신을 살펴보면[33] 그가 전임자로서 리버풀이 외무부 상황을 숙지하도록 하기 위해 전폭적으로 협조한 점이 확인되

---

32 Burges to Ewart 7 July 1791; James Hutton, ed. *Selections from the letters of Sir james Bland burges, Bart* (London, 1885), 174-75.

33 Grenville to Hawkesbury, 11 feb. 1801. copy, H.M.C. *Fortescue*, vol. 6, 443-44; Hawkesbury to Grenville, 26 Feb. 1801. private, H.M.C. *Fortescue*, vol. 6, 445.

는데, 이 부분 만큼은 그가 외무부의 독립기관의 차원에서 진행한 것이라 볼 수 있다.

그렌빌을 이어서 외무장관이 된 리버풀Robert Jenkinson은 피터가 내각에서 떠난 상태였기에 자신의 능력만 있으면 독립기관장으로의 정체성을 세울 좋은 기회였다. 하지만 그의 행적에 대한 정가의 보편적 평가는 좋지 않았다. 그는 상상력도 부족하고 기질적으로도 신경과민 증세를 보여서 외무부에서 하급 관리들에게조차 인정받지 못한 인물이었다.[34] 또 왕이나 런던주재 외교관들 사이에도 그의 단점이 알려져 있던 상황이었다.[35] 결국 그는 아미앵조약 체결의 주역임에도 불구하고 자신의 정체성을 세우지 못하고, 1804년에 돌아온 피터 정부 때 해로비Earl of Harrowby에게 직책을 넘겨주게 되었다.

피터 때 임명된 해로비는 외무부보다는 내무부의 성격에 맞는 인물이

해로비(Dudley Ryder, 1st Earl of Harrowby)

---

34 William Ranulf Brock, *Lord Liverpool and Liberal Toryism, 1820-1827* (London, 1967), 32-33.

35 Rose's diary, sept. 1804, Rev. Leveson Vernon Harcourt, ed. *Diaries and correspondences of George Rose*, 2 vols. (London, 1860), vol. 2, 157.

었다. 때문에 하원에서 그는 대외 문제보다 국내 문제로 많이 부딪쳤다. 이로써 소문이 좋지 않자 스스로 사임을 하려했는데, 세 번째 연합전선을 준비하던 피터는 외무부의 갑작스런 변화를 원치 않았기에 그의 사임을 말렸다. 그러나 1805년에 연합전선이 완성된 직후에 사임이 받아들여졌고 외무장관이 멀그래브Earl of Mulgrave로 바뀌었다. 그도 피터가 1806년에 사망하자 짧은 재임기간만을 채우고 물러났다. 결과적으로 피터의 재임기간 중에 임명된 외무장관들 역시 독립기관장으로의 정체성을 전혀 세우지 못하였다.

멀그래브(Henry Phipps, 1st Earl of Mulgrave)

피터의 사망 후, 외무장관을 역임한 피터의 사촌인 윌리엄 그렌빌이 총리가 되었다. 그는 피터의 공백이 크다는 사실을 알았고 프랑스의 대륙봉쇄령으로 대외적인 위협도 커져있던 때였기에 해결책으로 연립정부를 구성했

그레이(Charles Grey, 2nd Earl Grey)

다. 그리고 정략적으로 상대당인 휘그의 폭스가 외무장관으로 임명되었다. 하지만 세 번째 외무장관직을 맡게 된 폭스가 재임 중에 병으로 급작스레 사망하면서 찰스 그레이Earl Grey에게 장관직이 넘어갔다.

대륙봉쇄령으로 프랑스와 대치하고 있는 정부의 입장에선 외무부의 공백이 치명적인 문제가 될 수 있다는 것을 간파하고 있었다. 특히 연립정부를 형성하고 있는 그렌빌로선 휘그당의 지원이 절실했다. 때문에 휘그 출신의 해군제독으로 있던 찰스 그레이를 외무장관직에 불러들여 실무에 대하여 상세한 설명과 더불어 외무장관으로서의 독자적인 책임과 권위를 거의 허락하였다.[36] 이 시점이 '독립기관장으로의 정체성은 물론 외무부의 입지가 제대로 세워질 순간이 아니었던가'라고 여겨진다. 그러나 그레이는 스스로가 준비할 충분한 시간을 갖지 못한 상태에서 그렌빌 내각이 끝나고 포틀랜드Duke of Potland가 총리에 오르자 그의 자리를 캐닝에게 내어주게 되었다. 결국 그레이도 장관의 정체성을 세울 절호의 기회를 정치적 변화 때문에 놓치게 되었다.

그레이를 이은 캐닝은 영국 외교사에서 이미 알려진 주요 외무장관 중에 한명이다. 그는 그렌빌 총리가 외무장관으로 있던 1796년부터 1799년까지 외무차관Under-secretary of state for Foreign Affair을 지낸 경력이 있기에 충분히 외무부의 변화의 주역으로 기대할만했다. 그러나 그의 경력이 빛을 본 것은 경쟁자이자 또 다른 유명 외무장관인 캐슬레이 Viscount Castlereagh와의 대립으로부터였고 1822년에 외무장관으로 재임되었을 때 절정기에 올랐다. 때문에 그의 첫 장관(1807~1809년) 때의 행적은 포틀랜드 총리관저인 다우닝 10번가에서 정해진 공문서가 외무부에서 도착하면 외무장관의 사인만 첨부하여 실행에 옮기는 중간자 정도의 역할에만 머물렀다.

1809년에 토리당의 퍼시벌Spencer Perceval이 총리가 되면서 같은 당 출신의 배서스트Earl Bathurst를 캐닝의 후임으로 임용했는데 그는 행정능력이 있는 인물이었지만 연립정부를 유지하기 위해 외무장관 자리는 휘그에게 넘겨주어야 한다는 정치적인 틀에 의해 정계의 압력을 받다가 스스로 사임을 하게 되었다.[37]

---

36 George Maculy Trevelyan, *Lord Grey of the Reform Bill* (London 1929), 149.

37 Bathurst to Malmesbury, 8 Oct. 1809, Third Earl of Malmesbury, ed., *A Series of*

배서스터(Henry Bathurst, 3rd Earl Bathurst)

이어서 외무장관이 된 휘그 출신의 웰스리Marquess Wellesley는 한마디로 무기력한 인물이었다. 외무부 내 몇 안 되는 관리들과의 교류도 뜸했고, 총리가 올리라는 보고서마저 준비과정에서 굼뜨기가 다반사였다.[38] 그러나 전쟁의 중심에서 연립정부를 겨우 운영하는 퍼시벌 내각의 입장에선 큰 문제를 만들지 않으려 하였다. 때문에 성향이 맞는 웰스리를 계속 외무장관으로 기용했는데 정계 주변에서 외무장관에 대한 비난은 대단했다. 아이리시 정치가인 크로커J. W. Croker는 "영국에서 가장 무능력한 인물이 바로 웰스리"라 회고하였다.[39]

대對프랑스 유럽연합전선 형성기에 외무부의 역할이 더욱 절실하였기

Letters of the First of Malmesbury (London, 1870), vol. 2, 149.

38 Perceval to Wallesley, 1811, copy, Wallesley Papers, Add. MS 37296ff. 153-54.

39 To Lord Hertford, 18 Nov. 1830, Louis J. Jennings, ed. *The Correspondence and Diaries of John Wilson Croker* (London, 1884), vol. 2, 77.

54

에 외무장관의 독립기관장으로의 정체성이 세워져 외무부의 입지가 단연 두각을 나타내었을 것으로 판단하기 쉽다. 살펴본 바로는 그런 도약을 꿈꾸거나 실행에 옮기려 한 인물을 발견할 수 없었다. 오히려 외교에 있어 가장 입지를 세운 부류는 총리임을 알 수 있다. 결국 외무부의 국내입지를 세우려는 조짐들은 극히 일부만 보였지 전체적으로는 없었고 대외적으로도 총리

웰스리(Richard Wellesley, 1st Marquess Wellesley)

의 역할만 두드러졌지 외무부의 입지를 세울 외무장관은 여전히 주목되지 않았음이 확인된다.

캐슬레이 외무장관 재임 시기(1812~1822년)

1812년에 나폴레옹의 운명을 건 러시아 원정이 시작되면서 영국은 새로운 연합전선을 모색하고 있었다. 이 시점에 총리가 된 리버풀은 휘그와의 연립보다는 독자적인 내각운영을 시도했고, 그로 인해 같은 정당 출신인 외무장관을 선택했는데, 그가 탁월한 외교능력을 보이며 외교사에서 꼭 회자膾炙되는 캐슬레이다. 캐슬레이는 1812년에 외무장관이 된 후 1822년 현직에서 자살을 할 때까지 10년이란 기간을 외교에 전력투구한 인물이다. 그의 임기 동안에 나폴레옹전쟁의 종말과 유럽협조체제라 불리는 외교의 획기적인 변화를 일으킨 빈체제가 성립되었고, 국가들 간에도 동맹Alliance을 맺는 것이 하나의 유행처럼 되어가고 있었다. 이런 상황

중에 그의 외교적 위치와 행적은 개인
적인 차원보다는 영국 외교의 큰 틀에
서 왕과 내각은 물론, 그동안 입지를
세우지 못한 외무부와 연관된 의미로
분석되어야 할 것이다.

캐슬레이(Robert Stewart, Viscount Castlereagh)

　이미 살펴본 바와 같이, 나폴레옹
과 대립 중에 내각의 외교적 권력 행
사가 커지면서 상대적으로 왕의 외교
권한이 대폭 축소되었다. 특히 캐슬레
이가 장관이 되기 한 해 전인 1811년
조지 3세는 건강 악화로 국정을 수행
하기 어렵게 되자, 왕세자 조지(후에 조
지 4세)를 섭정으로 임명하여 왕의 의
무를 대신하도록 했다. 왕세자는 도덕
적으로 문제가 많은 인물로 세간에 알
려졌지만, 정치적 논쟁의 중요 포인트
를 잘 잡아내어 장단점을 구별해내는
현명함을 보였기에 (섭정)통치자로선
큰 문제가 없던 인물이었다.

조지 4세(George IV of the United Kingdom)

　그의 섭정기간(1811~1820년) 중
의 외교 관련 행적을 보면, 부친 이상
으로 외교에 관심을 갖고 있음을 알 수 있다. 조지는 자신이 외교 공문서
들을 내각과 동시에 점검하는 원칙을 세워놓다 보니[40] 프랑스와의 전쟁

40　Castlereagh to Col. McMahon, 10 Mar. 1812; Arthur Aspinall, *Letters of King George IV, 1812-1830*, vol. 1 (London, 1938), 38.

의 과정과 평화논의 진행과정을 제대로 이해하고 있었다. 특히 전후 유럽 국들이 빈Wien에 모여 절대군주제적 원칙하에 유럽평화를 추구하는 외교를 펼치는 것을 확인하고, 빈 외교의 효과가 자신의 왕권에 긍정적 영향이 있을 것이라 판단하였다. 때문에 빈 외교현장에서 영국을 대표하여 외교를 수행하던 캐슬레이를 전폭적으로 지원해주었다.[41] 왕세자 조지는 1820년에 정식으로 조지 4세로 왕이 된 이후에도 캐슬레이 외교정책에 대하여 확신을 갖고 그 정책을 계속 지지했다. 이런 상황이 왕으로서는 자신의 (절대)권위를 회복할 기회로 보았겠지만 그동안 독립기관장으로의 정체성을 세우지 못한 외무부의 수장인 외무장관에게는 또 다른 기회가 되었다.

한편 조지(4세)가 왕위에 오르면서 부친처럼 왕권을 회복하려는 조짐을 은밀히 보였는데 이를 전면에서 막아야 할 인물이 총리였다. 특히 외무장관인 캐슬레이에게 정치적 힘의 무게가 쏠리는 상황에선 이를 조절할 의무도 총리에게 있었다. 하지만 당시 내각의 사정은 좀 달랐다. 총리는 15년 정도(1812~1827년)를 장기 집권한, 또 앞서 언급된 외무장관으로서 실패한 경력이 있는 리버풀이었기 때문이다.

리버풀을 주목할 때, 먼저 정치적 능력부족에도 불구하고 장기집권을 한 이유가 무엇인지를 살펴보아야 한다. 조지는 휘그당을 스튜어트 왕을 지지했던 자코바이트나 프랑스 과격파인 자코뱅 정도로 생각하여 자신의 왕좌를 폐할 수 있다고까지 우려한 인물이다.[42] 더군다나 우연인지 그의 재임기간에는 총리나 외무장관엔 휘그 출신이 없고 줄곧 토리 출신만 기용되었다. 특히 왕권이 영향을 주지 않는 내각 형성은 1830년의 찰스 그

---

41   C. K. Webster, *The Foreign Policy of Castlereagh, 1812-1822*, vol. 1 (London, 1951), 28-29.

42   Memorandum, George IV, 27 Jan. 1825, W. N. D., vol. 2, 401-02.

리버풀(Robert Jenkinson, 2nd Earl of Liverpool)

레이 때부터로 본다면, 무능하지만 토리 출신인 리버풀의 장기 집권 때에는 조지 4세의 의지가 어떤 형태로든 작용한 때문으로 여겨진다.

다음으로 총리 리버풀과 외무장관 캐슬레이의 관계를 주목해보자. 워털루 전을 끝으로 대對프랑스전쟁이 막을 내리자, 리버풀은 자신의 최대 관심사이던 유럽의 안정이 성취되었다고 판단하고 전후 유럽 질서를 마련하기 위한 빈체제 형성에 대해서 캐슬레이에게 전권을 이양하였다.[43] 때문에 캐슬레이는 리버풀이 장기간 총리로 있는 동안만큼은 자신의 외교정책도 독자적으로 펼칠 수가 있었다. 결국 조지 4세가 캐슬레이의 외교에 전폭적 지지를 한 것과 더불어 리버풀 총리가 그에게 장기간 외교결정을 독자적으로 수행토록 한 것이 외무장관 및 외무부의 위상에 큰 변화를 주었음을 알 수 있다.

여기서도 외무부 성립 이후의 30년을 통해 살펴본 바와 같이 외무부

---

43 Brock, *Lord Liverpool and Liberal Toryism*, 1820-1827 참조.

정립의 주된 역할이 외무장관의 행적과 밀접해 있을 것이란 점을 간과할 수 없다. 앞서 찰스 그레이가 좋은 환경 하에서도 외무장관의 역할을 확고히 하지 못한 것이 외무부의 정체성을 바로 세우는 데 방해물이 되었다. 그렇다면 전후 민감한 외교시기에 단독으로 10년을 외무장관을 지낸 캐슬레이 스스로는 어떤 평가를 받을 수 있었는지를 살펴보자.

캐슬레이를 연구한 웹스터C. K. Webster는 캐슬레이는 다른 사람에게 자신의 일을 맡기는 것을 별로 좋아하지 않다보니 많은 외교공문서를 직접 쓰는 버릇이 있었다고 한다. 이는 자신의 일이 많아지는 단점도 있지만 외교 관계를 자신의 영역하에 완벽하게 둔다는 장점도 있다. 부작용이라면 가족의 특별한 행사 때까지 일을 챙겨가는 오늘날의 워커홀릭 workaholic이 이에 해당된다. 또 캐슬레이는 사람을 만나는 것도 좋아하여 런던에 있는 외국 대표들을 자신의 집에 자주 초청하여 개인적 친분도 쌓다보니 당시 외교가에선 메테르니히Klemens Wenzel von Metternich나 탈레랑Charles Maurice de Talleyrand에 맞먹는 외교협상가로 인정을 받고 있었다. 사실 그는 종종 공식적으로 진행해야 하는 외교현장에서 쌓아온 친분을 통해 상대 외교 대표들과 격의 없이 회의를 진행하며 일을 성사시키곤 하였다.[44] 이렇듯 캐슬레이의 성격과 능력은 이전의 다른 외무장관이 하지 못한 독자적인 외무부를 형성하기에 충분한 소양을 가진 인물로 보인다.

캐슬레이는 하원에서도 인기가 있는 인물이었다. 그의 연설은 분별력이 있고 냉정하다보니 상대를 감동시키기보다 설득시키는 쪽이었는데, 하원에선 그의 연설이 무척 이성적인 연설로서 인정받았다. 특히 그가 하원에 외교문제를 설명해 줄 리버풀 내각에서 유일한 인물이다 보니, 캐슬레

44　Webster, *The Foreign Policy of Castlereagh, 1812-1822*, vol. 1, 49; vol. 2, 33.

이 없이 진행된 하원 내 외교 논쟁은 자주 당황스런 상황이 발생하곤 하였다.[45] 이런 사실은 그가 정부의 외교문제를 의회에 전달할 가장 영향력 있는 대변인이란 의미이기도 하다. 여기서 외교 분야만큼은 국내에서 그의 입지가 이전 어느 장관들과 비교할 수 없을 만큼 높아져 있음을 쉽게 확인할 수 있다. 또 캐슬레이는 이전의 어떤 장관들보다도 외국을 자주 드나든 인물이다. 빈체제를 형성하기 위한 1814년과 1815년의 회담들을 위해 그는 수없이 유럽을 내왕하였고, 유럽협조체제가 완성된 엑스라샤펠조약을 체결한 1818년은 그의 외유의 절정기였다고 보아도 과언이 아니었다. 여기서 그가 유럽외교가의 중심에 있으며 그로 인해 영국 외무부도 대외적으로 위상이 달라져 있음을 확인케 된다.

언급된 바처럼 캐슬레이는 왕과 내각의 전폭적인 지지는 물론, 자신의 대내외적 외교역할이 이전 장관들과 무척 달랐던 것이 여러 측면에서 확인되는데, 이는 1782년에 외무부가 독립기관이 된 이후에 외무장관으로서 독자적인 입지를 세우기에 최적격인 인물이 그였음을 의미한다. 그러나 유럽협조체제의 완성이라는 엑스라샤펠조약이 맺어진 얼마 뒤인 1822년에 그가 현직에서 자살함은 반전反轉이었다. 캐슬레이는 이전의 외무장관들과는 차별성을 갖고 있었지만, 이 사건이 그의 입지도 완전하지 않았음을 반증케 해주었다.

웹스터는 캐슬레이의 죽음의 근본적 원인을 육체적이라기보다 정신적 부분에서 찾고 있다. 웹스터의 주장은 이러하다. "캐슬레이는 왕의 총애를 한 몸에 받고 있으며, 총리인 리버풀의 무능으로 실질적인 내각을 이끄는 입장이 되고 보니 자신이 맡은 바에 대해 점점 더 완벽을 추구하며 빠져들어갈 수밖에 없었다. 이런 완벽을 향한 집착이 자신이 알지도 못하는

45 *Ibid.*, 539-40.

사이에 누적되는 정신적 압박이 되었으며, 어느 순간에 예기치 않은 큰일들이 발생하면서 겨우 지탱하던 정신마저 병들게 된 것이다."[46] 웹스터는 캐슬레이가 성격상 완벽주의자임에 주목하였다.

웹스터의 주장을 바탕으로 좀 더 들여다보면, 그가 죽음에 이른 몇 가지 원인들이 있었음을 알 수 있다. 첫 번째는 일에 중독된 그에게서 부인이 떠나간(이혼한) 사건이 그것이다.[47] 내성적인introvert 그가 최고의 조력자인 부인을 잃어버리게 되자 정신적인 공허감에 급속히 휘말린 것이다. 이즈음에 대외적인 사건들이 겹쳐진 두 번째 원인이 발생하였다. 1821년 그리스 독립운동과 에스파냐와 남미의 에스파냐 식민지들의 독립 움직임이 그것이다.

사실 영국 정부는 영국이 입헌군주제로 세워진 정체政體를 갖고 있기에 그리스 독립이나 에스파냐의 움직임에 지지를 해주어야한다. 그러나 캐슬레이는 유럽협조체제를 중심으로 유럽의 평화의 지속에 초점을 두고 외교를 펼쳤으며, 외교의 성과를 위해서 불가피하게 영국의 정체성과 거리가 먼 절대왕정체제의 복귀를 꾀하는 유럽 군주국들과 동맹 관계도 맺고 있었다. 하지만 1820년 초에 이들 절대국가들(신성동맹: 오스트리아, 프러시아, 러시아)이 그리스나 에스파냐의 독립을 탄압하려는 분위기에 이르자 그는 자신의 외교방식에 스스로 회의懷疑가 들었음이 틀림없다.[48] 캐슬레이도 자유와 평등을 혁명으로 얻어낸 영국정체성을 따르는 영국민이기 때문이다. 다시 말해서 이제껏 왕과 동료들의 칭찬 속에 외교체제를 잘 형성해왔다고 생각한 그가 그리스와 에스파냐 독립 사건들에 접하면서 자신이 주장해온 외교방식이 문제가 있음을 직접 체험한 것이다. 결국

---

46 *Ibid.*, 483.

47 *Ibid.*, 482.

48 *Ibid.*, 490-505.

꼬여버린 외교문제가 이혼의 충격과 얽히면서 그의 완벽한 성격은 정신을 공황상태로 만들었고, 궁극에는 극단적인 선택을 하는 것으로 자신의 한계를 덮어버렸다.[49]

결론적으로 캐슬레이가 외무장관으로 활동하던 시기에 외무부의 국내입지는 괄목할 만큼 성과가 있었음이 분명하다. 하지만 외무장관의 화려했던 대외적 활동에 비해 외무부의 정체성이 세워지는 데는 실패하여서 그의 시기에도 외무부가 독자성을 완벽히 세웠다고 단정하기에는 이른 감이 있어 보인다.

---

49 *Ibid.*, 486.

3장

외무부 행정체제의 성장

나폴레옹이 패전하자, 전개된 빈 회의Congress of Vienna에서 유럽협조체제의 원칙을 구상하고 이를 가시적 형태로 완성했던 외무장관 캐슬레이는 연이은 국제회의들[1]을 통해서 협조체제가 자신의 뜻대로 운영되지 않자, 그 부담을 이기지 못하고 스스로 목숨을 끊었다. 하지만 그의 자살사건은 영국 외교상 새로운 전환점이 되었다. 이때부터 영국은 여타 유럽강국들과의 정치

캐닝(George Canning)

적 성향이 다르므로 독자적 외교를 추구하겠다는 고립정책Isolation policy을 선포하였다. 그리고 이 정책의 주역은 캐슬레이에 이어 외무장관에 오른 캐닝George Canning이었다.

여타 국가들과 다른 길을 간다는 것은 쉬운 일이 아니다. 특히 영국이 추구하는 고립정책은 다른 국가들에 의해 일방적으로 단절되는 수동적 고립이 아니라, 필요할 때 주변국과의 관계를 단절한다는 능동적 고립이었다. 때문에 항상 주변 외교상황을 파악하고 있어야 하는 부담이 있었는데 그 일을 담당해야 하는 곳이 바로 외무부였다. 캐닝이 외무장관직에 오른 1822년부터 파머스턴Henry John Temple, 3rd Viscount Palmerston이 외무장관직을 떠난 1841년까지가 고립정책이란 영국 외교의 홀로서기가 본격화된 시기로 외교 분야의 격동기임을 알 수 있다. 동시에 이런 격동기엔

---

[1]　나폴리의 반란(1820년 7월) 문제로 열린 트로파우회의(Congress of Troppau, 1820년 10~12월)와 라이바흐회의(Congress of Laibach, 1821년 5월), 그리고 에스파냐 반란 진압문제로 만난 베로나회의(Congress of Verona, 1822년 10월 11일:I. C. Nichols, *The European Pentarchy and the Congress of Verona, 1822*, (Springer, 1972).

영국 외무부도 필연적으로 내적성장을 할 것이라 짐작할 수 있다. 특히 1841년은 외무행정을 원활히 하고자 인원을 조정한 외무부 내 행정개혁이 있었던 해였다.

1822년부터 1841년 사이에 영국에서는 5명의 외무장관들이 재임하였다. 캐닝(재임 1822~1827년)으로 시작하여 더들리 백작1st Earl of Dudly (재임 1827~1828년), 애버딘 백작4th Earl of Aberdeen(재임 1828~1830년), 파머스턴 자작(재임 1830~1834년) 웰링턴 공작1st Duck of Wellington(재임 1834~1835년), 파머스턴 자작(중임 1835~1841년)으로 이어졌다. 그중 주목되는 인물은 캐닝과 파머스턴이며, 이를 증명해보이듯 두 사람에 대한 외교행적 관련 연구는 다양하다.[2] 두 외무장관의 주요 외교행적으로는 반란을 일으킨(1821~1829년) 그리스가 독립을 얻도록 주변국들과 결론을 맺었고, 벨기에가 독립국(1831년)을 선포하기까지 적극적으로 지원하였다. 그리고 이집트와 오스만터키제국과의 영토다툼이 유럽 각국들의 각축으로 확대된 동방위기를 해협조약(1841년)으로 잠재웠다. 결국 영국이 다뤄야 할 유럽외교는 이전에 나폴레옹을 공동분모로 놓고 펼치던 외교정책과 달리, 각국들의 자국사정과 결부된 다양한 문제로 외교가 발전되고 있었다.

그렇다면 외무부의 내적 행정체제의 성장을 주도할 실질 주역은 누구

---

2 Derek Beales, "Canning, George (1770-1827)," *Oxford Dictionary of National Biography*, (Oxford University Press, 2004); Peter Dixon, *Canning. Politician and Statesman* (London: Weidenfeld and Nicolson, 1976); Wendy Hinde, *George Canning* (London: Purnell Books Services, 1973); Dorothy Marshall, *The Rise of George Canning* (London: Longmans, Green and Co., 1938); David Brown, Palmerston (Yale, 2010); The Marquis of Lorne, *Viscount Palmerston, K.G.* (London: Sampson Low, Marston & Company, 1892); Jasper Ridley, *Lord Palmerston* (London: Constable, 1970); David Steele, 'Temple, Henry John, third Viscount Palmerston (1784-1865)', *Oxford Dictionary of National Biography*, (Oxford University Press, 2004); Donald Southgate, '*The most English minister...*': *The Policies and Politics of Palmerston* (London: Macmillan, 1966).

인가? 바로 장관의 정치·외교행적들을 직접 챙기고 실질적인 행정을 다루는 외무차관Under-Secretaries of State for Foreign Affairs일 것이다. 그러므로 초기(1822~1841년 사이) 영국 외무부의 내적성장 정도를 알아보기 위해 국내외 정치에서의 입지가 컸던 외무장관을 지원할 직위로 주목되던 외무차관에 대하여 집중적으로 분석할 필요성이 제기된다.

특히 이 시기의 외무장관들 중에 두드러진 외교적 성과를 보인 캐닝과 파머스턴의 외교정책의 주요 성과내용과 이런 성과를 외무부에서 처리하던 그들의 행정적 모습도 주목할 필요가 있다. 이는 실질적인 외교성과 속에 보이는 장관의 행정 역할을 이해하여, 과연 차관이 외무부 내에 부각될 수밖에 없었는지를 알아볼 수 있기 때문이다.

또 외교성과가 있던 과정 중에 차관들이 어떻게 장관을 지원했는지를 주요 차관들의 행적을 구체적으로 분석하며 살펴보아야 한다. 이는 당시까지 표면에 드러나지 않던 차관의 외무부 내 행정적 입지가 어떠한지를 확인해볼 수 있기 때문이다.

외무차관 행정역할의 확대(1822~1827년)

당시 외무부의 외교활동에 있어 가장 영향을 줄 수 있는 부류로는 왕과 내각의 수장인 총리였다.[3] 캐닝 때의 왕은 부친인 조지 3세가 노쇠하여 정무를 보기 힘들어지자, 그를 대신하여 일정 기간 섭정한 후에 즉위한 조지 4세George IV였다. 나폴레옹 전후의 유럽질서회복이 절대왕정국가(신성동맹: 오스트리아, 프러시아, 러시아)를 중심으로 진행되자, 조지는 섭

---

3   김현수, 「영국 외무부의 대내외 입지분석, 1872-1822」, 『영국연구』 24호 (2010년 12월) 참조.

정 시기부터 자국도 이 동맹의 일원이 되는 쪽에 관심을 두고 있었다. 구체적으로, 조지 3세가 미 식민지를 유지하여 절대왕정으로 복귀를 원했던 것처럼, 그도 유럽의 대표적 절대왕정 국가들과 긴밀한 유대 관계를 통해 절대왕정으로 회귀하려는 의도를 갖고 있었다. 왕위에 오른 초창기에 외무장관이던 캐슬레이의 외교활동에 전폭적으로 힘을 실어주려 했던 조지의 움직임이 이를 잘 대변해 주고 있다.

외무장관으로서의 캐닝과 맞물린 총리는 이미 외무장관으로 실패의 경력이 있었던 리버풀2nd Earl of Liverpool이었다. 리버풀이 집권하던 시기, 유럽 각국들은 새로운 외교질서를 마련하기 위해 혈안이 되었다. 때문에 리버풀도 같은 외교적 시각을 갖고 있으리라 추측할 수 있었다. 그러나 현실은 그렇지 않았다. 전후 경제의 피폐와 실업자 증가, 산업혁명의 초기 후유증으로 등장한 러다이트운동(기계파괴운동) 등 국내 문제가 그의 관심의 대상이었다. 그러므로 전후 유럽의 외교질서에 영국이 관여하는 문제는 전적으로 외무장관에게 위임하는 입장이었다. 그의 위임을 받은 첫 외무장관이 바로 수차례 언급된 캐슬레이였다.

한편, 캐슬레이는 왕과 총리의 의도와 무관하게 유럽의 평화를 유지할 외교체제인 유럽협조체제를 정립하고 이를 지키는 데 전력투구했다. 그러던 캐슬레이가 목숨을 끊고 갑자기 유럽외교 무대에서 사라지자,[4] 왕은 물론 힘겹게 입지를 다져오던 영국 외무부로서도 캐슬레이의 죽음은 충격적일 수밖에 없었다. 이런 악재를 안고 출발한 인물이 이미 외무장관을 두 번째로 경험하게 된 캐닝이었다.

캐닝이 외무장관직에 오를 때 정치적 입지환경이 어떠했던가? 이미 언급한 바와 같이 왕은 은연중에 절대왕정을 꿈꾸고 총리는 외교에 대해서

---

4 김현수, 「영국 외무부의 대내외 입지분석, 1872-1822」, 141-146.

거의 무관심이며, 대외적으로도 절대국가들이 거의 외교무대를 장악하다시피 한 실정이 이를 말해준다. 더군다나 신임 장관인 캐닝은 전임인 캐슬레이와 외교적 방향이 달라 이전부터 사사건건 서로 대립하였고, 심지어는 그와 결투한 과거까지 갖고 있었다. 이는 외무부 내에서도 통일성을 잃고 캐슬레이 지지파와 캐닝 지지파가 나뉠 수 있다는 말이기도 하였다.

이처럼 좋지 못한 입지환경에도 불구하고 캐닝의 외교활동에 대한 세간의 평가는 나쁘지 않았다. 이유는 무엇인가? 1814년, 나폴레옹의 운명은 끝나가지만 유럽이 전제군주의 시대로 되돌아갈 조짐이 보였다. 캐닝은 이 점에 대하여 그해 의회에서 "전쟁이 끝났다는 축제의 불꽃에도 불구하고 평화의 태양은 아직 지평선 위로 올라오지 않았다. 방해와 암살범이 사라지지 않은 냉담하고 칙칙한 황혼이 지속되는 한, 우리는 계속 스스로를 돌보아야한다"[5]라고 연설했다. 이는 외교적으로 타국을 자극하지 않으면서 자신을 표현한 탁월한 화술의 사례이다.

캐닝은 외무장관뿐만 아니라 하원 원내총무Leader of the House of common이기도 하였다. 하원에서 국내 문제로 씨름하던 1826년, 그는 '쌓인 외교 일을 마무리하자면 의회의 회기가 끝난 후에도 2주 정도가 더 소요되어야 한다'고 잠시나마 푸념하던 글이 보인다.[6] 그렇다면 그는 일상에선 두 직책을 어떻게 관리하고 있었는가? 그는 저녁에 주로 하원에 출석하고, 낮 동안은 점차 쌓여가던 외무 관련 일을 처리하는 데 전심을 다했다. 또 캐닝은 시간을 아끼기 위하여 외무 관료들과 내각 동료들을 제외하고는 누구와도 면담을 나누기를 거절하였다. 일반적으로 외교문서가 도착하면 그 스스로가 꼼꼼히 점검하고 어떤 답을 주기까지는 2주간이란 시간이 소모

---

5   Arthur Bryant, *The Age of Elegance 1812-1822*, (London: Collins, 1950), 351.

6   Gabrielle Festing, *John Hookham Frere and His Friends* (London: J. Nisbet & Co., 1899), 264.

되어야 했기 때문이다.[7] 여기서 외교 분야에 대한 그의 열정을 확인케 된다. 결국 업무에 대한 열정과 대화에 남다른 재능(화술)이 그를 세간에서 평이 좋게 한 이유이다.

이렇듯 그는 외무 관련 일들을 열정적이면서도 빈틈없이 수행했는데, 이 때문에 그의 육체적 에너지는 배倍로 소모되었고 그의 정신적 강인함도 약화되었다. 결국 1827년에 총리직에 오른 후 몇 달 만에 갑작스레 세상을 떠났는데, 그의 엄청난 열정에 원인이 있지 않나 추정해볼 수 있다.

그렇다면 당시 캐닝이 열정을 쏟으며 수행했던 일이란 무엇인가? 첫째는 순수하게 외교문제였다. 전제정치와 입헌정치란 정치적 성향이 다른 점을 들어, 캐닝은 전자에 속한 대부분의 유럽 국가들과 영국의 단절을 과감하게 결정한 고립정책을 추진한 것이었다.[8] 사실 캐닝의 선임인 캐슬레이가 주장하던 '유럽협조체제'에서는 서로 간의 긴밀한 연합을 위해서 동맹Alliance을 가장 중요하게 생각하였다. 동맹으로 맺어진 국가들은 서로의 운명을 공동 책임지는 관계가 되어 있었기에 이익이든 손해든 함께 감수해야 했다. 캐닝은 이런 관계를 주변 전제국가들과 유지하려 하면 영국의 정체성인 입헌군주제의 몰락이 분명할 것이라 보았기에 차라리 홀로서는 편이 낫다고 생각하고 고립정책을 추진한 것이다.

다음은 대내외를 아우르는 문제이다. 나폴레옹과의 전쟁이 끝난 후, 고국에 돌아온 군인들에게 가족의 환영과 안정된 직업이 기다리는 것이 아니었다. 이미 전쟁 전부터 발전되어오던 산업 혁명으로 인해 공장마다 기계가 군인들의 일자리를 빼앗아 버리고 그들을 거리로 내몰았다. 게다

---

7 Canning to Granville, F.O., 22 Feb.1825, No.31, Private, P.R.O. 30/29/8/7 ff, 817-818.

8 T.H.S. Escott, *The story of British diplomacy* (London: T. Fisher Unwin, 1908), 237-263.

1819년 맨체스터 피털루 광장에서 일어난 피털루사건

가 흉년까지 들면서 사회가 무척 혼란하였고 민심은 점차 흉흉해져갔다. 러다이트운동(1810년대) 및 피털루사건(1819년)이 대표적인 사례인데, 이들은 중산층 중심으로 구성된 입헌군주제란 영국의 정체성마저 위협하게 되었다. 이런 위협은 경제적 불안에서 온 만큼 이를 해소시키려면 수출을 통한 경제적인 활성화가 탈출구가 될 수 있었다. 관련하여 정부는 지중해 및 메소포타미아 육로를 이용하는 무역로貿易路에 자연히 관심을 갖게 되었다. 의회에 참여하면서 국내 문제에 관해 익히 알고 있던 캐닝은 기존의 고립정책의 원칙을 고수하면서도 무역로를 확보할 정책을 구상했다. 국익에 방해가 된다면, 특히 무역로 확보에 방해가 되는 경우엔 어느 국가든 관여하겠다는 '간섭정책'이 그것이다.[9]

  물론 캐닝이 특별한 열정을 쏟아 위의 외교문제들을 다루고는 있었지만, 각국 간의 이해관계가 얽히면서 기하급수적으로 발생하는 외교내용

---

9   Escott, *The story of British diplomacy*, 264-293.

을 혼자 감당하기에는 역부족이었다. 이는 외교행정에 있어 새로운 변화가 필요한 시점이 되었다는 의미이다. 그로서는 정치·외교활동을 지원해 줄 믿음직한 직책이 필요하게 되었다. 여기에 외무부 설립이후 줄곧 존재했지만 뚜렷한 역할을 보이지 못했던 차관 직책이 주목된다.

차관이란 가장 흥미로운, 그리고 잘 형성된 행정직책 중의 하나이다. 외무부가 설립된 1782년부터 1841년 사이에 영국에서 보이는 이 직책의 특징들을 알아보면, 첫째, 직책보다는 개인적 능력에 따라 영향력을 드러내는 경향이 있었다. 대표적인 초기 인물로 에드워드 쿡Edward Cooke, 조셉 플란타Joseph Planta와 존 백하우스John Backhouse 등이 있는데, 이들은 마이너minor급인 차관이라는 그들의 지위보다 메이저major급인 장관처럼 자신의 행정적 능력을 보였다. 심지어 플란타와 백하우스의 경우는 다른 부서에 속한 차관들에게 모범사례로 제시되기도 하였다. 그리고 19세기 말에서 20세기 초에 부임했던 외무차관들에게도 그들의 행정능력이 전수되어 부분적으로 영향을 보였다.[10]

둘째, 일반적으로 차관은 2명을 두는 것이 관례였다. 사무차관Permanent Under-Secretaries of State과 정무차관Parliamentary Under-Secretaries of State이 여기에 해당된다. 전자인 사무차관은 장관을 행정적으로 보좌하며 그 부서의 사무를 처리 및 소속공무원을 지휘·감독하며, 후자인 정무차관은 장관을 정치적으로 보좌하며 정책과 기획의 수립에 참가하여 정무를 처리한다. 둘의 역할은 일부가 겹치기도 하지만 가장 뚜렷한 차이를 보이는 부분도 있다. 국무위원이 총사퇴하는 경우엔 사무차관은 정권의 변화와 무관하게 행정의 계속성을 보장받지만 정무차관은 장관과 같이 퇴직해

---

10 Zara Steiner, "The Last years of the Old Foreign Office, 1898-1905," *Historical Journal*, 11 (1963), 62-65, 87-88.

야만 했다.[11]

셋째, 위의 관례도 예외가 있었다. 캐닝이 외무장관으로 있던 때는 사무차관 1명과 정무차관 2명이 더해져 모두 3명이 차관으로 활동했다. 1815년 이후에 급속히 많아지는 외교 관련 업무를 이유로, 캐닝은 원활한 외교행정을 위해서 반드시 1명의 정무장관이 더 필요하다고 1824년에 재무부에 보고하였다. 그러나 재무부에선 채용비용을 확대해주는 것이 아니라 기존 한 명의 봉급으로 두 명을 고용하라는 답을 보내왔다.[12] 업무상 인원이 절실히 필요했던 캐닝은 이 방법을 수용했고, 1824년 7월부터 그 대상에 커닝엄Lord Francis Conyngham과 왈던Lord Howard Walden이 되었다. 커닝엄은 은퇴하던 1825년 4월까지 에스파냐 반란과 관련 있던 남아메리카 국가들의 독립문제와 연관하여 활동을 하였다.[13] 커닝엄이 그만둔 다음 캐닝은 재무부에 정무차관 채용비용 확대를 다시 요청했다. 그러나 대답은 이전과 같이 인원으로 충당하라는 것이었다. 캐닝은 다시 클랜리카르드Marquess of Clanricarde를 임명하여 3인 체제 (사무 1, 정무 2)로 운영해 나갔다.[14] 캐닝은 1827년에 총리직에 오르면서 본격적으로 차관 3인 체제를 굳히려 했지만 갑작스레 그가 사망하므로 3인 체제의 경우는 예외로 간주되어버렸다.

캐닝 때의 외무차관에 대해 좀 더 알아보면, 먼저 캐닝을 보좌했던 사무차관은 2명이 있었다. 첫 인물은 조셉 플란타이다. 플란타는 외무장관

---

11 E. Jones-Perry, "Under-secretaries of State for Foreign Affairs, 1782-1855", *Historical Review*, xiix (1934), 308-20; C. R. Middleton, "John Backhouse and the origins of the Permanent Undersecretaryship for Foreign Affairs: 1828-1842", *Journal of British Studies*, xiii no.2 (May 1974), 24-45.

12 Bying to Granville, London, 1 June 1824, No.31, P.R.O. 30/29/7/12 ff, 629-32a.

13 Bying to Granville, London, 1 June 1824, No.31, P.R.O. 30/29/7/12 ff, 629-32a.

14 Canning to Treasury F.O., 25 Nov. 1825, F.O. 366/386.

인 캐슬레이 때부터 캐닝 때까지 10년(1817~1827년)을 사무차관으로 활동했는데, 정가에선 외무부의 맹종자 ame damnee로 불렸다.[15] 캐닝이 대내외적으로 바쁠 땐, 자주 플란타를 외무부 책임자로 남겨두고, 총리인 리버풀이나 왕으로부터 오는 서신, 외무부로부터 이들에게 가는 서신들을 그가 독자적으로 판단하고 결정토록 하였다. 그리고 플란타는 이를 훌륭히 소화해내었다. 뿐만 아니라 플란타

조셉 플란타(Joseph Planta)

는 급박한 외교상황이 발생했을 시, 때때로 외국 공관의 공사들에게 먼저 훈령을 보내어 선先 조치를 하고 뒤에 캐닝에게 후後 보고를 하곤 하였다.[16] 캐닝이 늘 주장하는 것은 '누구나 자신의 정책을 이해하는 전제하에 행정 관련 내용을 명확하게, 그리고 공식적으로 보고하기만 하면 된다. 선·후가 중요치 않다'는 것이었다.[17] 이런 점을 충실히 따른 인물이 바로 플란타였다. 여기서 그는 캐닝의 독특한 업무활동을 융통성 있게 소화하는 모습을 보임으로 차관의 권위를 확장시키는 결과를 가져왔다.

다른 한명은 존 백하우스인데, 그는 캐닝이 총리에 오른 1827년부터 파머스턴이 외무장관으로 2번째 재임기를 마친 이듬해인 1842년까지 15년간을 차관으로 있었다. 사실 외무차관 직책 하에서 그와 캐닝의 인

---

15   11 Nov. 1824, Bamford and Wellington, *Journal of Mrs. Arbuthnot*, vol. I, 355.

16   Minute, Planta, Foreign Office, 3 Nov. 1823, Canning MSS Bundle 136.

17   Planta to sir William A'Court, Foreign Office, 14 Oct. 1823, private, and 17 Oct. 1823, Private, Add. MS 41544ff. 181-184, 192.

연은 너무 짧았다. 캐닝의 갑작스런 죽음 때문이다. 그러나 캐닝과의 실질적인 인연은 오래전부터 지속되어 왔다. 1816년 캐닝이 인도식민부 감독위원회Board of Control의 장長으로 있을 때 그는 캐닝의 개인비서였다. 이를 계기로 1822년 9월에 캐닝이 외무장관이 되었을 때도 캐닝의 성향을 가장 잘 이해하고 지원하는 개인비서로의 역할을 했다. 1823년 1월부터 캐닝이 외무장관직을 그만 둔 1827년 4월까지는 내국소비세 관리위원Commissioner of the Excise으로 있었다. 캐닝이 총리가 되자, 그동안 능력이 점검되었고 신뢰하던 그를 외무부 사무차관으로 발탁한 것은 차관의 위치가 외무장관에게는 얼마나 중요한지를 엿볼 수 있게 해준다.

캐닝과 함께한 정무차관으로는 캐슬레이 때 임명 받았던 클랜윌리엄 the Earl of Clanwilliam외에 커닝엄, 왈던, 클랜카르드까지 총 4명이 있었다. 정무차관은 내적 살림을 사는 사무차관과 달리 장관을 정치적으로 보좌하며 정책과 기획의 수립에 참가하는 외적인 것이 주된 일이었다. 4명의 정무차관 중에서 가장 주목되는 인물로는 캐닝의 친구인 찰스 엘리스 Charles Ellis의 아들 왈던을 지적할 수 있다.[18] 캐닝이 풀어야 할 최고의 외교사건이 그가 정무차관으로 있던 1824~1827년 사이에 진행되었기 때문이다.

캐닝이 풀어야 할 외교사건이란 무엇을 말하는가? 1821년에 발생한 그리스 독립문제는 1825년에 이집트의 개입으로 새로운 국면에 접어들고 있었다. 그해 오스만제국은 반란의 진압을 이집트의 통치자인 무함마드 알리Mehmet Ali of Egypt에게 해줄 것을 요청했고 알리는 자신의 아들인 이브라힘Ibrahim Pasha에게 10만 병력을 주어 2월에 펠로폰네소스 반도를

---

18 *The Complete Peerage of England, scotland, Ireland Great Britain and the United Kingdom, Extant, Extinct or Dormant* by GEC. New ed. vol. 6, (London 1926), 592-593.

유린했다. 당시 영국은 그리스를 오스만제국의 종속국으로 두지만 자치 지역으로는 인정토록 러시아와 함께 이 문제를 직접 중재하려 했다. 처음엔 이브라힘이 승전의 분위기에 도취되어 영·러의 제안을 거절했다. 일련의 조처가 필요한 영·러는 뒤늦게 합류한 프랑스와 함께 이집트의 거절을 철회할 것을 요구하는 런던조약을 성사시켰다. 이 조약에서 3국(영·러·프)은 이집트와 오스만제국이 계속 거절할 때는 그리스 내에 자신들의 영사를 파견하는 것으로 사실상 그리스의 독립을 인정하겠다고 결정을 보았다.[19] 왈던의 활동은 바로 이 사건과 연결되어 있다.

한편 캐닝이 갑작스레 사망한 지 얼마 되지 않은 1827년 10월, 러시아가 런던조약을 무시하고 나바리노 만에 정박해 있던 보급선 역할을 하는 이집트 함대를 격파하는 사건이 일어났다. 이어서 이 사건은 러시아-터키전쟁으로 확대되었는데, 당시 영국총리는 고드리치Vicount Goderich(재임 1827년 8월~1828년 1월)에서 웰링턴1st Duke of Wellington(재임 1828년 1월~1830년 11월)으로 넘어가 있었다. 왈던은 캐닝이 죽자 관례에 따라 자신의 직책에서 물러나지 않고 일정기간 정무차관 직책을 지속하였다. 이때 그가 모신 두 총리를 향해 가감 없이 신랄한 비판을 했다. 왈던은 캐닝의 정책을 따르던 캐니나이트Canningite이며 국방장관인 윌리엄 허스키슨William Huskission에게 "이집트와 터키의 함선만 아니면 그리스 항구에 자유롭게 왕래할 수 있다고 허락한 정책은 정말 무지의 소치이다."라고 말했다. 그리고 그에게 "함대의 왕래만 막는다고 안전이 보장된다고 보는가?" 하고 되묻기까지 하였다.[20] 여기서 왈던이 이 문제에 얼마나 정통해 있었던가를 확인할 수 있으며, 동시에 외무 행정을 원활히 하려면 외교전문가가 절대적으로 필요하다는 점을 엿보게 해준다.

19 David Howarth, *The Greek Adventure* (London: Collins, 1976), 186-189.

20 R. W. Seton-Watson, *Britain in Europe, 1789-1914* (Cambridge, 1937), 98-129.

앞선 표현에서는 왈던이 총리들의 정책에 대한 불만만 언급했는데, 외교문제는 외무장관의 소속인 만큼 당시 외무장관에 대한 그의 불만여부도 살펴볼 필요가 있다. 고드리치 때의 외무장관은 더들리1st Earl of Dudley(1827년 4월~1828년 5월)였다. 그는 캐닝의 오랜 지기知己로 캐닝 때부터 고드리치, 그리고 웰링턴에까지 연결된 인물이다. 3명의 총리를 모셨으니 능력자처럼 여겨지나 실상은 앞

더들리(1st Earl of Dudley)

의 두 총리의 임기가 짧았기에 그렇게 보일 뿐이다. 기록으로 남은 그에 대한 평가는 좋지 않았다. 그는 건강이 항상 좋지 않았고, 지나치게 과민한 성격의 소유자였으며 자신의 능력에 대해 스스로가 불신하는 독특한 인물이다. 모든 조건이 고위 직책을 수행하기로는 적합하지 않아 보인다. 그의 회고를 보면, "캐닝과 함께한 3개월 동안, 내가 공적公的으로나 내 스스로에게나 해롭게 한 것이 전혀 없었다."라는 부분이 있다.[21] 이는 그가 능력이 있다는 표현이 아니라, 전혀 역할을 하지 않았기 때문에 나온 표현이다. 사실 그는 모든 외무행정을 총리인 캐닝에게 맡겼던 것으로 유명하다. 결국 앞서 표현된 왈던의 외교적 불만은 총리들만이 아니라 외무장관인 더들리까지 포함해서 언급한 것이라 확신이 간다.

결국, 캐닝이 외무장관으로 있던 시기에 영국에선 외교정책이 다양해졌고 이를 다룰 그의 행정역할도 비례하여 확대하였다. 이런 상황에서 캐닝은 주어진 시간을 세분화시켜 행정을 보게 되었고, 그 결과는 자신의

21 Dudley to Aberdeen, Park lane, 23 Apr. 1827, Add. MS 43231 ff. 228-229.

건강마저 해쳤다. 그러나 이런 부정적인 시각만 있는 것이 아니다. 그동안 이름만 남아 있던 차관의 실질적인 역할이 다방면으로 부각된 점들이다. 결론적으로 캐닝 시기에 외무부의 행정은 전문화는 물론, 눈에 보이는 성장도 되고 있었다.

외무차관 행정역할의 정립(1830~1841년)

무능했던 더들리를 뒤이은 외무장관은 애버딘4th Earl of Aberdeen(1828년 6월~1830년 11월)이었다. 그는 웰링턴 총리 때 발탁되고, 총리가 사임할 때 함께 자신의 직책을 떠났다. 애버딘은 이미 더들리의 법률상속 보좌관coadjutor *jure successionis*의 자격으로[22] 5개월 간 외무 분야에 간접적으로 관여했기에 전임인 더들리와 달리 외교문제에 정통해 있었다. 그는 외모가 출중하고 센스가 있으며 조용한 성격의 소유자였다.[23] 때문에 그의 외교방식의 주 무기는 '요령'과 '침착함'이었다. 이들은 상황에 따라서 장점도 되고 단점도 될 수 있었다. 이미 유럽 사회는 빈체제로 인해 외

애버딘(4th Earl of Aberdeen)

---

22 Dudley's Phrase, quoted in Balfour, *Aberdeen*, vol. 1, 215.

23 Aberdeen to Peel, Foreign Office, 24 Oct. 1845, Add. MS 40455 ff. 243-244.

교적인 복잡함이 수위를 넘고 있었으며, 그 사이에 각국들은 패권을 잡으려 혈안이 되었다. 특히 영국은 변방이 아닌 중심에 놓여 있었기에 외무장관과 외무부의 역할이 무척 강조되고 있었다. 앞선 캐슬레이나 캐닝이 '엄한 감독자taskmaster'로서 역할을 잘 담당했는데 더들리에서 그 빛을 잃었기에 정부나 국민은 강한 외무장관의 등장을 원했음이 틀림없다. 이런 환경에 애버딘의 온화한 성격은 좋은 평가를 받기가 어렵다는 것이 쉽게 짐작된다. 더군다나 수구守舊의 성향을 고집하던 웰링턴이 총리로 있는 만큼 그의 역량은 더욱 소극적일 수밖에 없었다.[24] 그 결과, 1830년에 웰링턴이 사임하던 때에 그도 자신의 역할에 대한 한계와 책임을 느끼고 동반 사임하였다. 이로써 엄한 감독자로서의 기대는 다음 외무장관에게 넘겨졌다.

한편, 애버딘 때에 왕실에서 변화가 있었다. 조지 4세가 서거하고 그의 맏아들인 윌리엄 4세가 왕위에 올랐다. 윌리엄 4세는 정책결정이나 행정 처리에 있어 그의 부친인 조지 4세와는 전혀 다른 인물이다. 윌리엄 통치하의 첫 총리인 웰링턴의 표현으로는 "지금의 왕을 모시면서 나는 선왕인 조지 4세와 며칠 동안 처리해야할 일들을 단 10분이면 처리되는 기쁨을 누리고 있다."라 하였다.[25] 대법관 브로엄1st Baron Brougham은 이를 좀 더

윌리엄 4세(William IV)

---

24 minute on Sir George Shee to Backhouse, Stutgardt, 28 Mar.1844, Bachouse MSS.

25 John Van der Kiste, *George III's Children* (Stroud: Sutton Publishing Ltd., 1994), 179.

명확히 설명하였다.

> 조지 3세는 너무 대답하기 어려울 만큼 많은 질문을 하여 업무보기
> 가 힘들게 하고, 조지 4세는 자신의 무식이 탄로 날까 봐서 너무 질
> 문을 하지 않으므로 모든 업무의 상황을 그에게 설명해야하는 부담
> 이 있었다. 그러나 윌리엄 4세는 업무에 관해 꼭 이해해야하는 부분
> 만 질문을 하는 능력 있는 행정가의 자세를 보인다.[26]

왕의 행정적 태도는 두 가지 면에서 생각해 볼 수 있다. 하나는 모든 행정에 시시콜콜 다 간섭하는 형태, 다른 하나는 각 부서에 대해 충분히 이해하고 있기에 더욱 독립적으로 부서가 운영되도록 지원하는 형태이다. 이런 두 면에 대한 결론은 1832년 상원해산 때 총리를 지원해준 그의 모습에서 후자였음을 확인할 수 있다.[27]

윌리엄이 왕위에 오른 지 5달 후인 11월, 파머스턴이 외무장관에 부임했다. 그는 영국에서 전무후무한 외무장관으로 평가되는 인물이었다.[28] 파머스턴에 대한 평판을 보면, 런던에서 가장 즐겁고 재미있는 삶을 사는 사람, 재치와 패션 감각이 뛰어난 사람, 명사수이며 겁 없이 말을 몰아 사냥하는 남성다움을 소유한 자 등의 수식어가 붙어 있었다.[29] 그는 5개 국어(프랑스어, 이태리어, 에스파냐어, 포르투갈어, 그리고 모국어인 영어)를 자유

---

26 Anne Somerset, *The Life and Times of William IV* (London: Weidenfeld and Nicholson, 1980), 122.

27 Philip Ziegler, *King William IV* (London: Collins, 1971), 182-188.

28 Southgate, '*The most English minister...*', *xxviii*.

29 Brian Connell, ed. *Regina vs. Palmerston: The correspondence between Queen Victoria and Her Foreign and Prime Minister, 1837-1865* (London: Doubleday, 1962), 5-6.

자재로 쓰는 언어의 특별한 재능을 소유하고 있었다.[30] 이런 언어의 힘은 자신의 지식축적에서도 남다른 역할을 하였다. 때문에 그의 정책에 대한 반대자들의 의견들은 그의 지식의 범위 안에서 거의 설득되고 부서져 버리곤 했다. 이 모든 것이 그가 외무장관으로서의 역할을 수행함에 큰 힘이 되었다. 동시에 그가 외무장관만 20여 년, 총리를 10여 년을 할 수 있었던 것도 이와 무관하지 않아 보인다.

프랑스는 1830년에 일어난 7월혁명으로 입헌군주제가 되었다. 이에 자극받은 벨기에가 같은 해 네덜란드 왕국으로부터 독립을 선포하고 11월에 입헌군주제를 선포하였다. 사실 나폴레옹 몰락 후 빈회의를 통해 열강들이 네덜란드와 벨기에를 합하여 중간규모의 왕국을 만들어 프랑스를 견제하려했다. 하지만 네덜란드와 벨기에는 신교와 구교란 종교적 차이뿐 아니라 200여 년간 분리된 상태로 지내온 터라 하나로의 왕국은 사실상 불가능하였다. 그런 문제점이 터진 것이 바로 1830년이었다. 파머스턴의 첫 번째 외무장관직은 이런 환경에서 시작되었다.

당시 입헌 정치를 고수하던 영국은 벨기에 측에 기울어질 수밖에 없었다. 하지만 영국 정체政體의 존속여부에 직접적인 영향을 미치지 않는 한, 이웃 나라에 대해 '간섭'한다는 것은 어려운 상태였다. 한편, 벨기에 독립을 반대하던 전제성향의 삼국(프로이센, 오스트리아, 러시아)이 동맹을 맺고 벨기에에 대해 간섭계획을 준비하였다. 그러나 자신들과 좀 더 관련 있는 폴란드에 독립 움직임이 포착되자, 벨기에 간섭계획은 흔들리게 되었다. 이를 중립 입장에서 보고 있던 파머스턴이 런던회의로 벨기에 독립 문제를 가져와, 제3국의 입장에서 조정하므로 관련국가들 모두에 만족되는 최적의 결과를 도출시켰다. 결국 벨기에는 1831년 2월에 '영구중립국'

30　C. K. Webster, The Foreign policy of Palmerston, vol. 1 (London, 1951), 7.

으로 독립하게 되었고, 간섭의 중심에 있던 3국도 각자의 명분을 찾게 되었다. 파머스턴의 외교는 고립정책이란 틀을 깨지 않고 이렇게 빛을 발하게 되었다. 다시 말해서 캐닝의 외교정책인 고립정책이 파머스턴을 통해 실용화되는 순간이 이때였다.

파머스턴 자작(Henry John Temple, 3rd Viscount Palmerston)

하나 더 짚고 넘어가자면, 윌리엄 왕도 파머스턴을 지원했다. 특히 왕은 자신의 여조카인 샤로테Charlotte의 남편이자, 현재 홀아비widower가 된 레오폴드 왕자Prince Leopold of Saxe-Coburg and Gotha가 벨기에의 새 왕으로 옹립되기를 지지하고 있었다.[31] 때문에 외무부도 행정적 성장을 위해 직·간접으로 왕의 지원을 받았음이 분명하다.

1835년에 총리가 된 휘그의 멜버른2nd Viscount Melbourne 때 파머스턴은 다시 외무장관직으로 돌아와 두 번째 외교행보를 1841년까지 이어갔

---

31 Ziegler, *King William IV*, 227.

다. 사실 멜버른이 총리로 있던 1837년에 왕실에는 또 한 번의 변화가 있었다. 18살의 빅토리아가 왕위에 올랐다. 그러나 여왕은 즉위 초기엔 정치를 멜버른에게 거의 맡기고 있었기에, 덩달아 파머스턴도 여왕이 외무부에 미치는 영향에 대한 신경을 쓰지 않아도 되었다.

한편, 파머스턴의 두 번째 재임기간 중에 외교역할은 주목해볼 필요가 있다. 그는 벨기에 때와 다른 성격의 외교적 사건을 맞닥뜨리게 되었다. 당시 근대 이집트의 창시자인 무함마드 알리Muhammad Ali는 시리아를 원하면서 터키와 전쟁을 하였다.[32] 이때 러시아가 터키를 지원하면서 흑해해협을 지나 지중해로의 진출이란 자신의 이권을 획득하려 하였다.(운키아르 스켈레시조약the Treaty of Hünkâr İskelesi, 1833)[33] 영국은 이미 그리스 독립 이후 영러각축英露角逐의 상태에 있었기에 파머스턴은 자국에 직접 위해危害가 가해질 수 있다는 판단 하에 일단의 조처를 취해야만 했다. 그런 조처로 1840년에 런던회의로 기존의 삼국과 함께 결론을 도출하였다. 이를 해협조약London Straits Convention(1841년 7월)라 하는데 주요내용은 해협은 터키의 권한에 두고, 터키가 삼국과 전쟁을 할 시, 이 조약 참가국들만큼은 해협 왕래 허락권이 보장되어야 한다는 것이다.[34] 이는 유럽전체가 해협을 감시 및 활용하는 것이지 러시아만의 독점은 안 된다는 외교적 명시이기도 하다. 이는 캐닝의 또 다른 외교정책인 간섭정책도 파머스턴을 통해 실용화되는 순간이었다. 결국 1841년 9월에 외무장관직을 떠나기 전에 파머스턴은 캐닝이 이론화시킨 고립정책과 간섭정책을 영국 외교 현

---

32 Henry Dodwell, *The Founder of Modern Egypt: A Study of Muhammad 'Ali.* (Cambridge: Cambridge University Press, 1967), 112-113.

33 Karl Marx, "Palmerston: Fifth Article", *the Collected Works of Karl Marx and Frederick Engels*, vol. 12 (New York :International Publishers, 1979), 379.

34 Christos L. Rozakis, *The Turkish Straits* (Martinus Nijhoff Publishers, 1987), 24-25.

장 속에 현실적으로 확고하게 뿌리내리게 한 장본인이 되었다. 파머스턴의 이런 능력들을 보면, 앞선 애버딘과 달리 캐닝의 성향인 '엄한 감독자'의 계보를 잇기에 충분하였음이 확인된다.

위에서 언급한 외교 사건들과 비례하여 영국 외교의 한 획을 그은 파머스턴이 처리할 행정내용이 상상이상이었다. 그러나 평판에 걸맞게 그는 행정적 능력을 분명하게 보였다. 첫째로 파머스턴은 외무부를 소규모의 여러 팀을 중심으로 움직이는 엘리트 집단체로 조직하여 운영하였다. 그는 "모든 팀이 하나의 연대감을 갖고 유기적으로 움직인다면 그 효과는 배가倍加가 될 것"이란 점을 제대로 파악하고 있었다. 때문에 "팀들 간에 존중하며 나갈 필요가 있다"고 틈만 나면 자신의 소신을 피력하였다.[35] 파머스턴의 운영방식은 팀제로 운영하지 않던 다른 부서들의 문제점들이 드러날 때마다 상대적으로 빛을 발하였다.[36] 둘째로 파머스턴은 전적으로 팀에만 의존하는 것은 아니었다. 1830년대는 외교 관련 서류의 양이 이전의 배培에 이르렀는데, 파머스턴은 서류의 모두를 제때에 읽고 소화한 인물이다.[37] 그 이유는 하급 관료들에게 명령을 하려면 자신은 이들보다 더 많은 것을 알고 있어야 한다는 지론을 갖고 있었기 때문이다. 여기서 그가 역대 영국의 뛰어난 행정가 중의 한 명으로 불리는 이유를 확인케 된다.

이런 열정은 그의 초기 외무장관 수행기간인 10여 년 동안에 더욱 두드러졌을 것임이 확실하다. 때문에 캐닝 때부터 두각을 나타내던 외무차관의 역할도 장관의 질적 향상이 진행되는 동안에 자동 업그레이드되었

---

35 Minute, Palmerston, 6 May 1847, F.O. 366/313.

36 Palmerston to Granville, Windsor, 1 Oct. 1838, P.R.O. 30/29/423.

37 Speech, Palmerston, 8 Mar. 1842, Great Britain, 3 *Hansard's Parliamentary Debates*, vol.61, 269-270.

을 것으로 추정된다. 파머스턴의 외무장관 기간(1830~1841년) 중의 사무차관으로는 백하우스John Backhouse 1명뿐이며 정무차관들로는 던글라스Lord Dunglass, 쉬Sir george Shee, 포드위치Viscount fordwich, 마혼Viscount Mahon, 폭스-스트랭웨이즈William Fox-Strangways, 리버선Lord Leveson까지 6명이 있었다. 여기서 주목할 인물은 백하우스이다.

앞서 언급했지만, 백하우스는 캐닝과의 사적私的관계가 있어서 그의 정책이 무엇인지를 확실히 알고 있는 인물이다. 그런 그가 1827년부터 1841년까지 줄곧 사무차관의 직책에 머물렀다는 의미는 직·간접적으로 파머스턴 외교에 캐닝의 생각을 담아내었음이 분명하다. 그러나 외교행정의 성장을 위해 주목해보아야 할 그의 의미는 다른 것에서 찾을 수 있다. 파머스턴 시기에는 다룰 외교정책의 양도 많아졌고, 이해해야 할 자료들도 많았다. 이 모두가 차관급 이하 관리자들의 몫이었다. 이런 환경을 극복하자면, 초과된 업무 시간 운용이 최선의 방법이었다. 사실 백하우스는 사무차관인 만큼 모든 외무 관련 제반 사무를 감독해야 했기에 그의 업무량은 과히 초인적이었다. 바로 이런 점을 그는 시간조절을 통해 극복해 나갔다. 처음에는 일주 내내 저녁 근무를 하였다. 그러나 초과 시간이 더 필요하자, 일요일마저도 활용하여 오후근무나 저녁근무로 조절하는 상황까지 이르렀다. 때문에 역사 속에선 그를 영국 외무부에서 처음으로 초과근무를 시작한 인물로 기록하고 있다. 백하우스 경우가 모델이 되면서, 같은 시기에 정무차관이던 쉬Shee는 밤에 런던에 도착하는 여러 국외서류를 출근시간 이전에 정리하고자 '조기출근' 사례도 만들었다.[38] 결국 백하우스로 시작된 초과근무방식이 차관들 사이에서 자발적으로 진행되면서 외무부 전체 분위기가 역동적으로 움직이기 시작했음이 틀림없다.[39]

38　Burges to Auckland, White Hall, 9 Oct, 1792, Private, Add. MS 34445 f. 48.

39　Minute, Backhouse to palmerston, 14 Nov. 1832, and minute, Palmerston, 15

한편, 1808년 이전에 대부분의 차관들은 하원의원직을 겸하고 있었다.[40] 그러나 그해 정무차관이던 베겟Chalres Bagot이 의원직을 내놓은 이후에 1841년까지 3명의 정무차관만이 의원직을 겸했다. 여기서 3명은 포드위치, 마혼, 그리고 리버선이며, 그들에겐 공통점이 있었다. 모두 정무차관 직책에서 단명한 것이다. 포드위치는 34일, 마혼은 11개월, 리버선은 18개월이다. 그러나 의원직이 없던 두 명은 장기간 직책을 수행하였다. 쉬는 3년, 폭스-스트랭웨이즈는 5년간 재임을 했다.

왜 이들 의원 겸직자 3명의 공무 기간이 짧았나? 앞서 언급한 바처럼 파머스턴 시기에 차관이란 초인적인 외교활동이 요구되는 자리인 만큼 그곳에 충실하지 않으면 오래 버티지 못하는 것이 당연하다. 더군다나 하원의원을 겸한다면 더더욱 어려운 일이다. 여기서 차관의 역할이 강조되면서 하원의원 겸직이 자연스레 사라지게 되는 것은 그만큼 외무부가 자체적으로 행정의 역할과 무게중심이 커진다는 의미로 인식할 수 있다.

한편 파머스턴 시기의 차관들은 행정상 과부화가 걸린 상황에서 자신들에 주어진 외교역할을 원활히 수행하려면 '그들을 지원하는 또 다른 행정적인 부분이 필요하지 않나' 하는 의문이 생긴다. 관련하여 총서기관 Chief Clerk이란 직책을 주목할 수 있다. 이 직책이 주목하는 이유는 총서기관이던 커닝엄G. Lenox Conyngham의 표현에서 알 수 있다. 그는 "외무부에서 선임서기들senior clerk이 다루는 외교문서란 각국에서 전달되어오기 때문에 다양할 뿐 아니라 서툴게 분류해서 자칫 외교적으로 낭패를 볼 수 있다. 이점에 있어 누군가 통제하고 책임 있게 가르칠 직책이 필요하다.

Nov., F.O. 366/390.

40 Gerrit p. Judd IV, *Members of Parliament, 1773-1832* ("Yale Historical Publications," Miscellany 61: New Haven, 1955) 참조.

그 직책이 총서기관이다."[41]라고 하였다.

총서기관의 기원을 살펴보면 외무부의 성립과 함께함을 알 수 있다. 처음엔 무보수로 외무장관을 지원해주다가 1795년에 1,000파운드의 연봉을 받으면서 그 역할이 고정되었다. 1804년에 제1 수석서기관인 롤스턴S. Rolleston은 총Chief이란 명칭만 사용하다가 1817년부터 연봉이 1,250파운드로 상승하면서 그는 총서기관으로서 실질적인 역할을 하게 되었다. 이후 비드웰T. Bidwell[42], 커닝엄으로 이어지면서 그 역할이 확실하게 굳혀졌는데 모두가 외무장관인 캐닝 때에 시작하여 파머스턴까지 활동한 인물들이다. 결국 외무차관이 행동을 보이는 직책이라면 총서기관은 그 밑거름이 되는 정보와 자료를 제공해주는 직책임이므로 둘의 조화가 이뤄질 때 외무 행정은 한층 활발히 수행될 수 있다는 결론이 나온다.

위 커닝엄의 표현 속에 나오는 '외교문서'와 관련해서 행정적 원활을 위한 또 다른 직책을 언급해볼 필요가 있다. 다양한 국적의 엄청난 양의 문서들이 매일 쏟아져 들어오기에 이를 모아 잘 정리해놓는 직책 또한 외무부에선 무시 못 할 부분이다. 이를 처음에 관리했던 인물은 1799년부터 자리를 지켜온 롤스턴이다. 그러나 1811년부터 외무부사서Librarian란 직책으로 루이 허츨럿Lewis Hertslet이 임명되면서 본격적으로 문서를 수합, 분리하는 작업을 하였다. 그는 1851년까지 이 직책에 있으면서 전문가로서의 외무부의 중요한 위치에 있었다. 그가 은퇴한 이후, 아들인 에드워드Edward Hertslet[43]가 이어받아 1896년까지 지속하므로 외무부 문서

---

41 John Anthony Cecil Tilley & Stephen Gaselee, *The Foreign office* (London: G. P. Putnam's sons ltd, 1933), 68-69.

42 비드웰은 4대(T. Bidwell, 1767~1817년, 1790~1841년/J. Bidwell, 1798~1851년/J Bidwell Jnr. 1842~1872년)에 걸쳐 서기로서 외무부에서 봉사하였다. 연수로 보면 총 184년에 해당된다. 첫 두 명은 모두 총 서기관을 지냈다; E. Hertslet, *Recollections of the Old Foreign Office*, (London, 1901), 140.

43 S. Hall, *Sir Edward Hertslet and his work as Librarian and Keeper of the papers*

는 허츨럿 집안에 의해 운영된다고 해도 과언이 아니다. 이 직책 역시 외무 행정이 활발히 수행될 수 있도록 하는 필수요소이다.

여기서 몇 가지를 정리할 수 있다. 첫째, 파머스턴의 외교정책이 캐닝 노선을 추구하면서 대부분 성공한 점이다. 둘째, 이런 성공과 비례하여 외무행정의 다양함이 시스템화 된 점이다. 즉, 정립되어진 행정 시스템의 모습들은 차관들의 근무방식 개선, 차관들의 행정집중화, 외교 관련 서류의 수합 및 분류의 전문화, 그리고 차관을 지원하는 전문인 양성 등이다. 외무 행정을 원활히 수행코자 1841년에 완성된 외무부 행정 관련 인원들을 총괄적으로 정리해 보면 다음 표와 같다.

1841년의 영국 외무부 행정 관리자 및 연봉 현황

직책		인원수	일인당 연봉 (파운드)
장관(Secretary of State)		1	5,000
차관(Under-secretary of state)	사무(Permanent)	2	2,000
	정무(Parliament)		1,500
총서기관(Chief Clerk)		1	1,000~1,250
선임서기관(Senior Clerk)		6	600~1,000
서기관(Clerk)		10	350~545
하급서기관(Junior Clerk)		7	150~300
하급서기관보(Assistant junior Clerk)		4	100~150
사서(Librarian)		7	600~800
사서보(Sub-Librarian)		7	350~545

of the Foreign Office, 1857-1896, (London University, MA, 1958).

직책	인원수	일인당 연봉 (파운드)
총서기관의 서기(Chief Clerk's Clerk)	2	350~545
노예무역 서기관(Slave Trade Clerk)	4	80~300
사서의 서기(Librarian's Clerk)	2	80~300
번역가/통역사(Translator)	1	300
보좌관(Private Secretary)	1	300
기록관(Précis Writer)	1	200

4장

외무부 행정체제의 도약

1782년에 출범한 영국 외무부는 왕실과 의회의 힘겨루기 속에서 한동 안 독자적 입지를 세우지 못했다.[1] 그러나 앞장에서 밝혔듯이 1820~1830 년대에 캐닝과 파머스턴 같은 탁월한 외무장관이 등장하면서 외무부는 독립성을 갖기 시작했다. 특히 두 외무장관은 정치인인데도 불구하고, 유 럽 내 외교문제들을 접하면서 스스로가 행정실무자로서의 자세를 보였 다. 동시에 그들의 활동을 원활히 지원해줄 실무관료들도 실질적으로 세 워 나갔다. 해당 실무관료에는 차관Under-secretary과 총서기관Chief Clerk 등이 돋보였다. 파머스턴이 두 차례 외무장관직을 마칠 즈음인 1841년, 외무부를 움직이는 인원(서기관 및 기관원)이 총 56명이었다.[2] 이는 외무부 성립 초에 비해선 괄목할 만한 내적성장이었다.

한편 파머스턴이 세 번째로 외무장관직을, 이어 내무장관 및 두 차 례의 총리로 이름을 올리면서 영국정치·외교에 지속적으로 등장하던 1840~1860년대에는 유럽에서 큰 외교적 사건들이 몇몇 있었다. 이즈음 영 외무부도 이전보다 한층 주목받게 되었다. 첫째, 파머스턴이 세 번째 외무장관직을 수행하던 1846~1851년에는 유럽혁명(프랑스의 2월혁명, 독 일·오스트리아에서의 3월혁명)이 있었다. 이런 유럽의 정치적 변화는 외교와 도 직결되었다. 프랑스가 공화정으로 돌아서자, 오스트리아는 물론, 독일, 헝가리, 이탈리아 등에서 독립을 요구하는 움직임을 보이면서 유럽외교 의 판이 새로 짜일 듯 보였다. 이런 급박한 환경을 민감하게 주시하던 국 가는 1689년 이후 입헌군주제를 지켜오던 영국이었다. 여기서 영국은 새 로이 정체政體를 수립할 가능성 있는 유럽 국가들과 외교를 어떤 형태로 든 준비해야 했다.

---

1   김현수, 「영국외무부의 대내외적 입지분석, 1782-1822」, 『영국연구』 24 (영국사학회, 2010), 125-150.

2   본 장 마지막의 표 '1782~1870년의 외무부 소속 인원' 참조할 것.

둘째, 파머스턴이 내무장관직을 수행하던 1851~1855년에는 크리미아 전쟁이 있었다. 이 전쟁은 오스만제국을 둘러싸고 러시아 대 영국·프랑스 연합의 대립구도에서 치러졌다. 비록 영국 정부로서는 프랑스가 생각하는 전쟁 목적과 자국의 목적이 달랐지만[3] 러시아란 공동의 적을 두고 있었기에 프랑스와 연합전선을 펼쳤다. 하지만 영 정부로선 나폴레옹 3세가 통치하는 프랑스의 제정帝政을 수용할 수 없었기에 전쟁과 정치·외교를 다른 각도에서 다루려했다.[4] 당시 외무부가 전쟁에선 정보를 수집해야 하고 외교에선 관계설정을 주로 해야 하는 만큼, 그의 활동이 얼마나 복잡해졌는지를 짐작할 수 있다.

마지막으로 파머스턴이 총리로 있던 1856~1865년에는 크리미아전쟁이 끝나고 자유무역 시대가 열렸다. 파머스턴이 이끄는 정당이 휘그당에서 자유당으로 당명을 바꾼 것이 그 증거였다. 이 시기엔 자국의 자유무역을 방해한 중국 정부와 2차 아편전쟁(중영전쟁, 1857~1860년)을 치렀던 것이 대표적 사건이다. 전쟁의 시작은 더비가 이끄는 보수당이었지만 마

---

3   가톨릭 국가인 프랑스가 나폴레옹 3세 통치기에 들자, 오스만제국의 밀레트(Millet)란 종교 공동체를 통해 오스만제국에서 정치적 이익을 꾀하려 했다. 이런 프랑스의 외교에 반발한 나라는 당연히 그리스정교를 지원하던 러시아였다. 결국 러시아가 오스만제국에 직접 정치적 간섭을 시도하다가 프랑스와 충돌하게 되었다; John Shelton Curtiss, *Russia's Crimean War*(Durham N.C., 1979). 1838년에 터키항구인 오데사를 통해 수출되는 러시아의 보리 수량이 급증하였다. 그해는 영국과 오스만제국간의 무역조약이 맺어진 때였기에 러시아의 경제 활성은 영국으로선 불편할 수밖에 없었다. 영국의 불편함은 러시아로 인한 무역저조가 영국 내 경제 불안으로 이어진다면, 선거법 개정 후 중산층 중심으로 구성된 정체가 위협받게 될지 모른다는 생각 때문이다. 당시 러시아도 전제군주제란 정체를 유지하기 위해 재력이 충족되는 무역을 활성화할 길을 찾고 있었다. 결국 양국은 자국의 정체를 유지코자 한 치의 양보도 없이 대립하다가 전쟁에 이르렀다: Vernon J. Puryear "New Light on the Origins of the Crimean War," *Journal of Modern History*, Vol. 3, No. 2(Cambridge: Cambridge Univ. Press, 1931), 219-234.

4   Harold Temperley, *England and the Near East: The Crimea*(London: Longman, 1936); J. L. Herkless, "Stratford, the Cabinet and the Outbreak of the Crimean War", *The historical journal*, Vol. 18, No. 3(Cambridge: Cambridge Univ. Press, 1975), 497-523.

침표는 파머스턴이 이끄는 자유당이었다. 그리고 1860년에 영 정부는 중국의 심장인 북경에 외교관外交官을 두고 중국황실과 직접 외교를 하게 되었다. 이는 영국의 외교활동 영역이 유프라테스와 인도를 넘어 중국에 걸친 유라시아 전역에 이른다는 의미이기도하다. 이 사건으로 외무부의 역할이 앞으로 얼마나 확대되어야 하는지를 가히 상상할 수 있다.

앞서 언급한 바처럼 영 정부의 외교정책이 1840~1860년대에 유럽혁명, 크리미아전쟁, 영중전쟁 등을 집중적으로 다루어야 한다는 점으로 보아 외무부의 업무량도 다양해지고 복잡해졌음이 분명하다. 그러므로 외교업무량의 다양화 속에서 외무부의 내적 모습인 행정체계도 변화했을 것이다. 즉 1841년에 성장 단계에 들어선 만큼, 이를 넘어선 도약의 단계로 들어서야 했거나 그 위치에 섰을 것으로 추정해 볼 수 있다. 이 장에서 집중·분석하고자 하는 내용이 바로 이 부분이다. 기존연구를 살펴보면, 참고할 만한 자료로 1852년부터의 외무부기록이 자료집화 되어 있는 『The Foreign Office list and diplomatic and consular year book』와[5] 컬린지J. M. Collinge의 『Office-Holders in Modern Britain: Foreign Officials 1782-1870』[6] 정도가 있다.

본 장에서는 1840~1860년대에 주요이슈가 되는 영국 행정체계 변화를 다루기 위해 '인원 확충문제'와 '공무원 시험제도'를 중심으로 외무부의 도약 여부를 살펴보고자 한다.

먼저 외교정책이 복잡해짐으로 많은 일손이 필요했을 텐데, 외무부에서 이를 어떤 경로로 충족시켰는지를 분석할 것이다. 이 시기에 외무부의

5　Great Britain. Foreign Office, *The Foreign Office list and diplomatic and consular year book* (London: Harrison & sons, 1953).

6　J. M. Collinge, *Office-Holders in Modern Britain: Foreign Officials 1782-1870*, vol. 8(Institute of Historical Research, 1979).

(실무)인원이 괄목할 만큼 확대되고 있음이 여러 자료들에서 포착된 때문이다.

다음은 그동안 장관 추천을 통해 인원을 확충하던 외무부의 인사제도가 당시 주목받던 공무원 시험제를 제시한 「노스코트와 트리벨리언 보고서Northcote and Trevelyan Reports」(1853년)와[7] 관련하여 어떤 반응을 보였는지, 그리고 결과는 어떠하였는지를 알아볼 것이다. 이 보고서는 정실주의情實主義 인사행정을 실적주의 인사제도로 전환시키는 데 결정적인 역할을 하였기에 그간 외무부의 인사제도와는 많은 차이가 있어 보였기 때문이다.

외무부 소속인원의 확대여부

메테르니히(Klemens Wenzel Lothar von Metternich)

---

7 정식 명칭은 "Report on the Organization of the Permanent Civil Service, Together with a Letter from the Rev. B. Jowett."

1846~1847년은 유럽 전역이 농작물 흉작으로 시작되어 산업 부분까지 영향이 미친 경제공황기였다. 이듬해에 프랑스에서 2월혁명이 터지자 잠재되어 있던 각국의 정치적 불만은 곳곳에서 터져 나오기 시작하였다. 일명 "파리가 기침하면 유럽은 감기에 든다."라는 표현처럼, 2월혁명 다음 달에 3월혁명이 발생했다. 이 혁명으로 빈체제의 수장 역할을 하던 제상 메테르니히Klemens Wenzel Lothar von Metternich가 축출되면서 유럽외교의 중심체였던 유럽협조체제European Concert가 흔들리게 되었다. 그러나 유럽의 정치혼돈은 잠시 스쳐가는 감기에 불구하고, 1850년대로 접어들면 대부분의 유럽 국가들이 1848년 혁명 이전의 모습인 전제군주형태로 돌아갔다. 그나마 혁명에 성공했던 프랑스마저 1852년에 나폴레옹 3세가 등장하면서 완전한 전제군주국으로 돌아섰다.

유럽의 정치파장은 영국 외교 현장에도 그대로 전달되었다. 영 외무부는 유럽협조체제의 흔들림 속에 혁명을 통해 새로이 정체를 세울 수 있는 유럽 국가들(독일, 이탈리아, 프랑스)의 변화에 긴장했다. 1850년 초에 접어들면서 예상한 바와 다른 방향으로 결과가 진행되자 경계를 늦추었다. 하지만 영 외무부로선 그동안의 대륙의 불완전한 외교전선 속에서 분주한 시간을 보냈음이 분명하다. 다시 말해서, 많은 정보가 외무부 창구를 통해 오가며 실무인원들의 활동량이 이전에는 상상할 수 없을 만큼 커졌을 것이다.

1852년 연립정부로 구성된 애버딘 정부 때, 외무장관에 오른 클래런던4th Earl of Clarendon은[8] 외교실무자들의 활동량이 초과되고 있다는 사실을 파악하였다. 파머스턴이 2차 외무장관직을 마감하던 1841년, 외무

---

8   George William Frederick Villiers, 4th Earl of Clarendon KG, GCB, PC (12 January 1800-27 June 1870); 러셀 정부(1846~1847년) 때 무역부장관. 애버딘 및 파머스턴 정부 (1853~1858년)와 러셀 정부(1865~1866년) 때 외무장관을 지냈다.

부가 처리해야 할 외교 관련 문서의 양은 20,047건이었다. 그러나 클래런던이 장관이 된 1853년에 외무부가 처리하는 외교 관련 문서 량은 35,104건으로 증가해 있었다. 이런 문서의 증가는 유럽혁명의 여파보다는 이미 무르익어가던 터키를 둘러싼 러시아와 프랑스의 종교문제 및 러시아와 영국간의 경제적인 이해관계로 인한 내용들이 대부분임을 추정해볼 수 있다. 문제는 외무부에서 취급해야 할 행정업무가 이

클래런던(4th Earl of Clarendon)

렇게 많은데, 당시 실무요원으로는 오직 하급서기관보Assistant Junior Clerk가 2명(1841~1852년 사이에 4명에서 6명으로) 늘었을 뿐이다.[9] 때문에 클래런던은 재임 초부터 실무인원 확대를 실질적인 해결과제로 언급할 수밖에 없었다.

외무부의 인원확대 요구는 언제부터 구체화되었나? 외무부 사무차관Permanent Under-Secretary이던 애딩턴H. U. Addington[10]은 크리미아전쟁이 시작되기 며칠 전[11]인 1854년 3월 9일에 외무장관의 묵인 하에 외무부 인원확대 관련 기획안을 재무부에 제출하였다.[12] 그는 몇 부분에 설득력 있

---

9   Ray Jones, *The Nineteenth Century Foreign Office*, London School of Economics Monographs 9(London: Weidenfeld and Nicolson, 1971) 32.

10 Henry Unwin Addington(24 March 1790-6 March 1870); 사무차관을 지낸 기간은 1842~1854년까지 12년이며, 이후 은퇴하였다.

11 크리미아전쟁은 1854년 3월 28일에 시작되었다.

12 Foreign Office to Treasury,9 Mar. 1854, F. O. 366/499.

는 이유를 제시하면서 인원확대 요구를 주장하였다.

제출내용을 정리해보면, 첫째 총서기관Chief Clerk과 관련된 부분이다. 총서기관은 외교문서들을 명확하고도 적시에 필요한 부서로 전달하도록 관리하는 전문적인 자리이다. 전쟁을 앞둔 시점에 외교문서의 양이 급증하면서 총서기관의 업무가 효율성이 떨어졌다. 애딩턴은 총서기관의 역할이 원활히 진행되도록 하려면 지속적으로 확대되어가던 조약treaty체결 분야만큼은 별개로 분리하고, 이 분야를 독자적인 담당자가 다뤄야 한다고 생각했다. 조약은 국가 간의 정치 및 외교가 얽혀 있기에 단지 분류하고 전달하는 수준을 넘어서 관련전문가의 정확한 판단이 필요하였기 때문이었다. 애딩턴은 이런 조약체결 분야를 통제할 새로운 관리의 필요성을 자신의 기획안에 제시하였다. 덧붙여 그는 영국을 오가는 여행객들이 많아지면서 여권발급 사무를 원활히 수행할 담당인원도 필요하다는 점도 총서기관 관련 기획안건에 첨부하였다. 원래 여권업무도 총서기관의 통제하에 진행되고 있었기 때문이다.

둘째 총서기관의 경우와 달리, 애딩턴은 노예무역부서의 경우엔 인원감축으로 안건제시를 시작했다. 이 부서는 1823년에 캐닝에 의해 성립 되었으나 1850년대에 그 역할이 점차 사라지고 있었다. 때문에 4명이나 되는 관련 서기관들이 정규직인데도 불구하고 부서에서 하는 일은 임시직과 같았다. 만약 재무부가 이들의 활동 정도를 먼저 파악한 뒤 임금지불에 대하여 이의를 제시하면 외무부에서 대응할 명분이 없었다. 이를 파악한 그는 1853년을 기점으로 더 이상 이 노예무역부서에서 인원을 뽑지 않는 것을 기안에 명시했다. 반면 그는 이 부서 대신 점차 부각되는 정치관련 부서를 신설하려는 안을 제의했다. 신설부서를 다룰 인원으로는 선임서기관senior clerk(1명), 선임서기관보First Assistant Senior Clerk(1명), 하급서기관Junior Clerk(3명)을 언급하였다.

셋째 사서Librarian에 관해서도 요청을 하였다. 엄청난 양의 문서를 접수하는 직책인 사서보Sub-Librarian엔 정규직 1명과 임시직 3명이 있었다. 애딩턴은 책임 있는 사서행정이 되도록 기존의 임시직 사서 3명을 정규직으로 바꾸어주길 바랐다. 결국 외무부가 확대하고 싶은 인원은 총 10명 정도이며, 당시 임금을 기준으로 환산해보면 이듬해 국가예산을 증액해야 하는 계산이 나왔다.[13]

한편 애버딘 내각에서 주목해야할 또 다른 인물로 1852년 12월에 재무

글래드스턴(W. E. Gladstone)

장관직을 맡은 글래드스턴W. E. Gladstone이 있었다. 글래드스턴의 재정관 財政觀은 적자 없이도 잉여(재정개혁과 국채감축에 쓰기위한)를 확보할 수 있는 '균형 예산안의 마련'에 맞추어져 있었다. 이 예산안과 함께 그는 중앙정부지출의 최소화와 합리화, 모든 보호관세의 철폐, 직접세와 간접세의 공정한 균형 등도 구상하고 실천해나갔다.[14] 부임 첫 해(1853년), 그는 먼저 필Sir R. Peel 정부가 진행해 놓은 관세정책을 마무리했다.[15] 다음은 소득세의 하한선을 150파운드에서 100파운드로 인하하여 직접세를 납부하는 '도덕적이고 책임 있는' 국민의식을 유도했다.[16] 마지막으로 정부의 재정지출을 줄이고, 전문적인 공무원 집단에 대한 재무부의 통제를

---

13 Jones, *The Nineteenth Century Foreign Office*, 32-33.

14 김기순, 『신념과 비전의 정치가: 글래드스턴』(한울 아카데미, 2007), 18-19.

15 1853년에 140여 개 관세 폐지함, 1860년에는 371개를 폐지함; 김기순, 『글래드스턴』, 19.

16 김기순, 『글래드스턴』, 19.

강화하여 각 정부기관의 긴축도 시도하였다.[17]

특히 글래드스턴의 정부기관 긴축 시도는 외무부가 추진하던 인원확대문제에도 영향을 미치게 되었다.[18] 당시 외교적 환경을 보면 애딩턴의 기획안과 같은 인원확대 건은 기본적 요구사항이었다. 하지만 국내적 환경으로는 긴축재정을 해야만 하는 점도 무시할 수가 없었다. 과연 이런 상반된 환경 속에서 외무부가 인원을 제대로 확대할 수 있었는지, 확대했다면 어느 정도인지, 재무부와는 어떤 타협을 하게 되었는지 등을 주목해 볼 필요가 있다.

애딩턴이 제출한 기안에 대하여 긴축재정을 유도하던 재무부의 반응은 당연히 회의적이었다. 글래드스턴은 외무장관인 클래런던에게 "애딩턴이 보낸 외무부의 기안대로 한다면, 일부 인원 확대뿐 아니라 새로운 부서가 만들어져야하는데 다른 정부기관과의 형평성 때문에 이는 불가능합니다."라고 부정적인 답변을 했다.[19] 그리고 당시 재무관이던 트리벨리언Charles E. Trevelyan을 클래런던에게 보내어 구체적인 반대 이유를 설명했다. 그중 재무부의 입장에서 가장 부정적 시각을 갖고 언급한 부분은 새로운 직책인 '선임서기관보'였다. "만약 외무부에서 원하는 이 직책이 만들어지면 다른 정부기관들도 같은 직책을 신설하려고 요청할 것이다. 이때 재무부로서는 발생할 재정지출을 감당하기엔 불가능하다."[20]

그러나 재무부는 무조건적으로 거부만 하지 않았음도 자료들에서 확인할 수 있었다. 트리벨리언은 "새로운 직책의 허락은 못하지만, 외무부

---

17 H. C. G. Matthew, *Gladstone. 1809-1874*(Oxford, 1986), 127.

18 Gillian Sutherland, *Studies in the growth of nineteenth century government* (London: Routledge & Kegan Paul, 1972), 167-177.

19 Gladstone to Clarendon, 5 Apr. 1854, *Clarendon Papers*, dep. C.14, f.598.

20 Jones, *The Nineteenth Century Foreign Office*, 33.

가 원하는 부서의 기능을 대행할 대안은 있다"고 클래런던에게 제시했다. 대안이란 외무부가 요구하는 새로운 부서 대신 식민부에 'Copying Department(CD)'를 설치해주고 소속인원으로는 하급서기관 5명을 배치해주겠다는 제안이었다. 그의 표현으로는 정치 관련 부서 설립의 이유가 정보수집에 있을 것으로 보았기에 CD가 그 역할을 충분히 할 수 있다고 본 것이다. 하지만 그의 제안의 이면에는 외무부가 원하는 '전문 인텔리'의 확대보다 '기계적인 단순 노동력'이 재정상 부담이 적다는 생각으로 굳혀 있었다.[21]

재무부가 제시한 대안에 대해 외무부는 어떤 반응을 보냈을까? 외무부는 트리벨리언의 제안을 즉흥적이고 모호한 접근이라며 거절하였다. 특히 거절을 공론화한 주역은 새로 사무차관직에 부임한 해먼드1st Baron Hammond였다.[22] 해먼드는 'Observations on the Draft of Treasury Minute respecting the Foreign Office'란 보고서에서[23] "다른 정부기관과 외무부를 동일선상에 놓고 비교하는 의도가 무엇인지 모르겠다."고 지적했다. 이렇게 비교할 수 없는 이유 중 하나는 외무부란 어느 정부기관보다도 전문직이 필요한 곳이기에, 특히 단순노동만으로도 가능한 CD가 중요하게 활용될 여지가 전혀 없다는 것이다. 또 다른 이유는 하급서기관의 경우도 다른 정부기관에 종사하는 동일직책들과는 성격이 다르다는 점을 들었다. 외무부에 봉사할 인원은 적어도 "10년 이상 외무부에 머문다는 결심과 전문가가 될 준비가 된 자여야만 한다. 그리고 교육 받은 중간계급이어야 한다. 또 이들이 상급직책으로 올라서려면 기관 내에서 충분한 경험

21 Jones, *The Nineteenth Century Foreign Office*, 34.

22 Edmund Hammond, PC (25 June 1802-29 April 1890): 사무차관 직책은 1854~1873년까지였다.

23 Memorandum by Hammond, 14 Apr, 1854, F.O. 366/449.

을 쌓고 여타직책을 거쳐야만 가능하다"고 표현했다.[24] 그의 모든 주장은 재무부가 제안한 대안을 외무부로선 받아들일 수 없다는 데 초점을 두고 있었다.

해먼드의 보고서 내용을 검토한 외무장관 클래런던도 외무부에선 재무부의 제안을 받아들일 수 없다고 글래드스턴에게 공식적으로 표현했다. 그는 애딩턴의 보고서가 외무부로선 가장 신중하게 검토하고 내린 결정이므로 재무부에서 수락하지 않는다면, 애딩턴 기획안으로 총리인 애버딘과 내무장관인 파머스턴에게 자신이 직접 올리겠다고 했다.[25]

인원확대 논의는 원점으로 돌아간 듯했다. 글래드스턴은 클래런던의 답변을 놓고 트리벨리언과 상의했다. 그리고 몇 가지 결론을 내렸다. 첫째 해먼드의 보고서 내용은 수용할 수 없기에 클래런던에게 답변을 하지 않는 것으로 결정했다. 둘째, 이 경우 클래런던 취하겠다던 직접보고 건에 대해 어떻게 대응할 것인가를 논하고 결정했다. 외무부 안건이 어떤 형태로든 총리나 내무장관에게 올라가는 것이 기정사실이라면, 차라리 재무부가 준비한 안을 먼저 윗선에 제시하자는 것이었다.[26] 단 파머스턴보다 총리인 애버딘에게 기안을 재출하는 것으로 결정했다. 파머스턴은 외무장관 출신이며 줄곧 인원확대를 주장해온 때문이다.[27]

예상한대로 클래런던도 외무부 안을 애버딘에게 올리고 결정을 기다렸다.[28] 당시 애버딘은 양측의 안을 검토한 뒤에 즉답을 하지 않고 두 차

---

24 Jones, *The Nineteenth Century Foreign Office*, 35.

25 Clarendon to Gladstone, 17 Apr. 1854, *Gladstone papers*, XLVIII, B.M. Add. MSS. 44133.

26 Gladstone to Trevelyan, 17 Apr. 1854, *Gladstone papers*, B.M. Add. MSS. 44134.

27 Gladstone to Clarendon, 19 Apr. 1854, *Clarendon papers*, dep. C.14, f.611. Copy in B.M. Add. MSS. 44529.

28 Clarendon to Aberdeen, 1 May. 1854, *Aberdeen papers*, B.M. Add. MSS. 43189.

례나 트리벨리언을 만나 관련 내용을 들었다.[29] 애버딘의 결정은 1854년 6월 9일에 있었다. 그는 새로운 직책인 선임서기관보를 만들지 않는다는 것과 외무부 내 서기관의 총인원을 다음과 같이 정하여 발표하였다.

1854년의 외무부 확대인원 현황[30]

직책	인원수		일인당 연봉 (파운드)
	1841	1854	
선임서기관(Senior Clerk)	6	7(+1)	600~1,000
서기관(Clerk)	10	14(+4)	350~545
하급서기관(Junior Clerk)	7	10(+3)	150~300
하급서기관보(Assistant junior Clerk)	4	6(+2)	100~150

그해 3월에 크리미아전쟁이 시작되었으므로 총리는 기존의 긴축재정에다 전시재정에 따른 부담마저 안고 있던 재무부의 의사에 손을 들어줄 수밖에 없었다. 한편, 발표 이후에 클래런던은 비공식 선상에서 총리에게 외무부의 입장도 고려해주길 요청했다. 그는 "외무부도 전쟁을 치르면서 많은 업무로 시달리고 있는 것은 분명하니 사기 차원에서라도 임금을 올려주면 좋겠다."고 하였다.[31] 애버딘의 대답은 조금 엉뚱했다. "임금을 올리긴 어렵지만 장·차관을 보조하는 하급서기관을 몇 명 더 두어서 이들을 활용하면 어떻겠느냐?" 이런 표현은 총리가 다른 정부기관과의 형평성

---

29 Aberdeen to Clarendon, 17 Jun 1854, F. O. 366/449.

30 J. M. Collinge, *Office-Holders in Modern Britain: Foreign Officials 1782-1870*, vol. 8(Institute of Historical Research, 1979) 참조.

31 Clarendon to Aberdeen, 26 Jun. 1854, *Aberdeen papers*, B.M. Add. MSS. 43189.

문제가 제기되지 않고, 재무부에도 큰 부담을 주지 않으며, 외무부가 독자적으로 활용할 수 있는 직책이 하급서기관이라 생각하고 있었기에 가능했다.[32] 클래런던의 비공식적 제의도 결국 받아들여지지 않았다. 결과적으로 1854년에 제시된 외무부 인원문제는 재무부의 입장만 수용되면서 일단락되었다.

하지만 크리미아전쟁이 본격화되면서 인원확대문제는 다시 수면에 떠올랐다. 전쟁이 한창 진행되던 1855년에 외무부에 접수되는 외교문서들과 처리해야 하는 업무량을 보면, 1854년 당해 업무량의 2/3 정도가 더 늘어나 있었다. 그리고 전쟁이 끝난 1856년 3월 30일 이후에는 전후외교관계를 재정립코자 각국에 외교사절들이 빈번히 오가야했다. 클래런던은 이런 문제들을 다시 안건으로 삼아 1856년 11월에 재무부에 3명의 서기관을 추가로 임명해줄 것을 요청하였다. 이들 중 2명은 하급 서기관이고 한 명은 하급서기관보였다. 이번에는 재무부에서 긍정적 답을 해왔다.[33] 이는 재무부가 크리미아전쟁의 승리에 연관 있는 외무부를 재정문제로 더 이상 압박하기는 어렵다는 의사표현을 한 것과 같다.[34]

클래런던은 재무부의 융통적인 자세를 읽게 되자, 이전에 언급된 새로운 정치 관련 부서 설치를 다시 언급하였다. 재무부의 대답은 "새로운 직책보다는 CD 사무관을 두는 게 어떻겠느냐"는 원론적인 대답을 해왔다. 이때 클래런던은 '선임서기관보'가 여전히 문제라고 판단하고 이 직책의 임금을 선임서기관의 반 정도로 책정한다는 안을 다시 제시하며 재무부

---

32 Aberdeen to Clarendon, 28 Jun. 1854, *Clarendon papers*, dep. C.14, f.48. Copy in *Aberdeen papers*, B.M. Add. MSS. 43189.

33 Foreign Office to Treasury, 3 Nov, 1856, copy in F.O. 366/499 and Treasury to Foreign Office, 10, Nov, 1856, F. O. 366/386.

34 Memorandum on behalf of the Clerks for ab alteration in the Establishment of the Foreign Office, 9 Dec. 1856, F.O. 366/449.

를 설득하였다. 재무부도 결정을 해야만 했다. 사실 전후 유럽 질서의 재편을 위해서 외무부의 입지가 어떤 정부기관보다 앞서 있었다. 때문에 재무부가 주장하던 여타 정부기관들과의 형평성 문제도 그리 설득력이 없게 되었다. 또 1853년 이후에 노예무역부서가 없어지면서 외무부가 요구하는 새로운 부서를 거절할 명분이 사실상 없었다. 뿐만 아니라, 당시 총리도 외무부 인원확대를 줄곧 주장해오던 인물인 파머스턴이었다.[35]

재무부는 1857년 3월 10일에 공식적으로 정치 관련 부서설립을 지지한다는 성명과 함께 부서의 선임서기관 1명과 새로운 직책인 선임서기관보 9명을 임명하였다. 크리미아전쟁 후 최종적으로 확대된 외무부 인원은 아래 표와 같다.

1857년의 외무부 확대인원 현황[36]

직책	인원수			일인당 연봉 (파운드)
	1841	1854	1857	
선임서기관(Senior Clerk)	6	7(+1)	8(+1)	600~1,000
선임서기관보(Assistant Clerk)			9(+9)	**500~650**
서기관(Clerk)	10	14(+4)	14	350~545
하급서기관(Junior Clerk)	7	10(+3)	12(+2)	150~300
하급서기관보(Assistant junior Clerk)	4	6(+2)	7(+1)	100~150

1840년대를 거치며 그 필요성을 느끼고, 1850년대 초부터 구체화된 외무부의 인원확대문제는 재무부의 긴축재정정책과 상치相馳되면서 쉽

---

35 Minute by Lord Clarendon, 3 Feb, 1857, F. O. 366/368.

36 Collinge, *Office-Holders in Modern Britain* 참조.

게 풀리지 않을 듯 보였다. 그러나 크리미아전쟁이 진행되고 또 승리한 과정이 있는 1850년대 중반을 보면, 외무부 자신이 요구한 인원을 모두 얻어내었다. 또 외무부의 전문성에 부합되는 인원만을 요구한 부분도 그대로 받아들여졌다. 이로써 (크리미아)전쟁이란 환경이 외무부의 내적 성장에 직·간접적으로 기여했음이 확인되었다.

공무원 시험제도 수용여부

공무원조직 개혁은 재무부가 주축이 되어 여러 공공기관에서 장기간 진행되었다. 이 개혁은 경제공황기(1846~1847년)의 영향과 글래드스턴의 예산안에 입각한 정부의 공공긴축의 한 모습이었다. 1848년에 영국의 행정조직개혁 방안을 연구하기 위하여 설치된 노스코트-트리벨리언 위원회Northcote-Trevelyan Committee도 이 개혁과정 중에 만들어졌다. 이 위원회는 실적주의merit system의 기초가 되는 '노스코트와 트리벨리언 보고서'(이후 노-트 보고서로 함)를 1853년 11월 23일에 정부에 제출하였다.[37] 보고서 내용을 보면, 첫째 공무원을 채용함에 있어서는 반드시 공개경쟁 채용시험에 의하도록 할 것, 둘째 시험은 상급 공무원 수준과 하급 공무

---

37 영국의 현대적 의미의 관료제는 1854년에 의회를 통과한 노스코트-트리벨리언(Northcote-Trevelyan)보고서의 개혁정책에 의해 성립되었다. 노-트 보고서는 (1) 정부부처 인력의 개별적인 총원에 반대되는 개념인 직업공무원제에 대한 인식, (2) 정치지도자가 아닌 국왕에게 충성하지만, 국왕을 대변하는 각료들의 명령을 수행해야 할 의무를 지니는 공무원을 강조하였다는 점에서 그 중요성이 있다. 이 보고서는 관료제에 대한 일련의 원칙을 설정하였고, 지금까지도 별다른 변화 없이 지켜지고 있다; 참고로 노-트 보고서의 일부 주장은 당시로서는 너무 급진적이어서 완전한 실행은 1921년 휘틀리 위원회(National Whitley Council)의 보고서가 나온 후에야 이루어졌다. 영국 관료제의 계급체계를 행정계급, 집행계급, 서기계급, 사무보조계급으로 구분하고, 각 계급의 채용조건을 규정한 것도 바로 이 시기부터이다; 김광웅·강성남 공저, 『비교행정론』(서울 : 박영사, 2004) 참조.

원 수준으로 구분하여 실시할 것, 셋째 임용시험의 능률성과 공정성을 기할 수 있도록 내각으로부터 독립적인 지위에 있는 '중앙인사위원회Civil Service Commission'를 설치할 것 등이다.

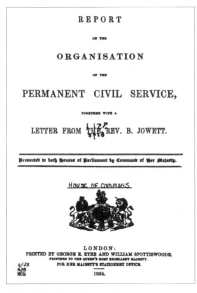

행정조직개혁을 위한 보고서

  사실 보고서 내용만으로는 공공 긴축과 관련 없을 듯 보인다. 하지만, 정실情實에 의해 방만하게 진행되던 정부기관들의 인사 행정을 재무부가 조정하려는 시각으로 보면, 보고서는 공공긴축의 큰 축이 됨을 확인할 수 있다. 사실 노-트 보고서가 제출되기 전인 1850년에 공적임금 특별위원회The Select Committee on Official Salaries에서 이미 공공긴축을 공무원임금과 결부시킨 보고서를 제출한 바 있었다.[38] 주 내용은 체계화되지 못한

---

38 Hansard: Parliamentary Debates, Third Series, 1852, CXXXVIII, 245.

공직임금을 계급별로 균등화하면 부정확한 임금들이 사라진다는 것이었다.

한편 19세기 중엽, 영국 외무부는 정부의 여타기관들과 다른 '무엇인가'가 있었다. 1차 선거법 개정 이후 중산층의 정계진출이 용이해지면서 기관마다 능력 있는 엘리트들로 기관원attachè들이 채워지고 있었다. 그러나 외무부 관련인원들은 그렇지 않았다. 니콜슨이 『외교론』에서 외교관을 '15~16세기부터 왕실 다음가는 계급'으로 표현했음에서 단편적이나마 알 수 있듯, 많은 인원들이 자신의 능력보다는 (상층 및 부유한)집안 배경 하에 추천되어서 채용되었다. 때문에 나이팅게일Robert Nightingale이 쓴 『페이비언 소책자Fabian Tract』의 "영국 외교부서와 외무부서의 종사자들"에 나타난 통계(아래 표)를 보면, 집안배경이 귀족 출신인 인원이 가장 많지만, 이어서 전문가 집안 출신 인원들도 상당수 포진해있었다. 다시 말해 다음에 나오는 표는 사회특권의식을 보유한 자들이 많음을 증명하고 있다. 그러므로 외무부가 능률성과 공정성을 강조한 시험제도를 실시하려는 노-트 보고서를 불편해 했음은 당연하다.

1824~1857년 외무부 내 구성원의 집안 출신성분[39]

집안	인원
귀족	22
의회의원	11
외교가	6
육군장성	3

---

39 Robert Nightingale, "The personnel of the British Foreign Office and Diplomatic Service, 1851-1929", *Fabian Tract*, No. 232(London: Fabian Society, 1929) 참조.

집안	인원
성직자	4
공무원	2
법률가	3
해군장성	2
문인	1
의사	1
영사	1
기타	14

외무부가 시험제도와 얽혀서 불편해진 경우는 노-트 보고서가 처음이 아니다. 1852년 더비가 잠깐 이끌던 보수정부(2~12월) 시절, 의회의원인 덤프리스Edwart Dumfries가 의회에 출석한 외무부 정무차관에게 공개적으로 언급한 내용이 그것이다. 그는 외무부 인원들의 자질이 의심스럽다면서 외무부도 시험제도를 실시하라고 요청했다. 외무부 입장에선 불편한 내용이지만, 이 요청은 내각에까지 안건으로 상정되었다, 다만 조사비용에 대한 준비가 미흡하여 더 이상 안건이 진전되지 못했다.

한편 외무부에서도 시험제도 실시를 전적으로 불편하게 생각하는 것은 아닌 듯싶다. 덤프리스의 언급이 있던 시점에 외무장관 맘스베리Earl of Malmesbury가[40] 런던대학교 총장인 벌링턴 경Lord Burlington[41]과 '외무부도 시험제도가 필요하다'는 점을 서신書信으로 주고받고 있었다.[42] 외무부 내

---

40 더비정권(1852년 2월~1852년 12월) 때의 장관.

41 벌링턴 경은 행정개혁운동의 리더이자 시험제도 추진을 강력히 주장하던 인물이다.

42 R. W. Cavendish, *Society Politics and Diplomacy, 1820-1864* (London: Nabu,

에서 시험제도의 필요성이 구체적으로 언급된 첫 사례이다.

맘스베리를 이어 외무장관이 된 클래런던도 "외무부에서 시험제도가 도입되어야 하는 것은 피할 수 없는 과제이다. 그러나 시험제도의 목적은 행정편의보다 국가의 이익에 합당하게 되도록 할 것이다"라 하였다.[43] 사실 클래런던의 결정 속에는 그의 멘토이며 실용주의자이던 파

맘스베리(Earl of Malmesbury)

머스턴의 의지도 함께 담겨 있었다. 파머스턴의 표현은 이러했다. "공무원 개혁문제는 의회가 주목하고 있는 주제이므로, 시험제도 안건도 무작정 반대만 할 수 없다. 최상의 방법은 외무부가 스스로 가장 적합한 시험제도안을 만들어 외압이 있기 전에 먼저 발표하는 것이다."[44]

궁극에는 클래런던이 외무부서Foreign Office와 외교부서Diplomatic Service의 인원들[45]을 충원할 때 적합한 자체 시험제도의 시행을 준비하였다. 이때 그는 재무부가 원하는 방식이 정확히 무엇인지를 우선적으로 알고 싶었다. 클래런던은 자신의 조카이자 재무부의 재정 비서관Financial Secretary to the Treasury인 콘월-루이스Cornwall-Lewis를 통해서 이를 알아

1913), 230.

43 Clarendon to Palmerston, 27 May 1855, *Broadlands Papers*.

44 Palmerston to Clarendon, 26 May 1855, *Clarendon Papers*, dep. c31.

45 외무부서(Foreign Office) 인원이란 서기관들과 기관원을 의미하며, 외교부서(Diplomatic Service) 인원은 대사, 공사, 영사 등 재외공관의 외교관을 말함. 19세기에 이 둘은 별개의 조직으로 간주되다가 1918년 7월에 외무부(Foreign Service)로 통합 됨; H. Nicholson, 『외교론』(평민사, 1992), 201.

보았다.[46] 콘월-루이스가 보고하길, 재무부가 "시험 당사자들의 개개인의 경력은 상관치 않고 시험에서 요구되는 조건에만 충족되면 합격하도록 구상하고 있다"고 했다. 이어서 콘월-루이스 자신이 정리한 사견私見들도 보고형식으로 적어 귀띔하였다. 첫째 식민부와 내무부를 점검해보았는데 모두 시험응시에 대하여 피상적인 대응만 하고 있지 실질적으로 행하는 곳은 없다고 보고했다. 둘째 외무부가 전문성이 요구되는 곳인 만큼 시험제도는 반드시 있어야 한다고 보았다. 구체적으로 그는 지리, 근대사, 프랑스어는 필수적으로 시험과목에 들어있어야 한다고 했다. 셋째 클래런던에게 노-트 보고서의 사본을 보내며 외무부만의 채용방식과 보고서의 시험방식은 충돌된다는 점을 지적했다. 그는 해결방법으로 외무부 내에 자체시험위원회를 두어 노-트 보고서와 절충된 시험 방식을 만들라고 하였다. 그는 이 방법만이 노-트 보고서와의 충돌을 피하면서 외무부의 적합한 인원들을 선출할 최상의 길이라고 생각했다. 마지막으로 그는 서기관 선출과 재외공관 파견 외교관들의 시험방식은 분명하게 구별되어야 한다고 지적했다. 또 외무행정이 복잡해지고 있는 만큼, 가능하다면 서기관은 전통적인 외무부 방식에서 약식으로 시험을 치르고 선출토록 하라고 했다.[47]

이즈음 사무차관인 해먼드가 제시한 안건이 클래런던에게 올라왔다. 내용은 재외공관에서 근무할 외교관들을 뽑을 시험 방식에 관한 것이다. 사실 해먼드안은 파머스턴의 생각이기도 하였다. 해먼드가 제시한 시험은 언급되는 3가지가 모두 충족되어야 통과되었다. 첫째로 프랑스어만큼은 문법, 읽기, 말하기, 받아쓰기가 완벽해야 하고, 둘째 프랑스어 이외의 다른 언어들 중 한 가지는 읽고 번역이 가능해야하며, 셋째 모국어인

---

46 Clarendon to Cornwall-Lewis, 10 Dec. 1853, *Clarendon Papers*, dep. c.103, f.132.

47 Jones, *The Nineteenth Century Foreign Office*, 44.

영어는 문법이나 쓰기가 완벽해야 했다. 또 시험을 통과한 인원은 재외공관에 부임하기 전에 외무부 기관원으로 3개월간 수습을 밟도록 규정지었다.[48]

클래런던은 해먼드안이 수험자에겐 너무 가혹한 방식이라고 판단했다. 그는 콘월-루이스의 충고를 고려하여 해먼드안보다 완화된 시험방식을 정하여 시행하였다. 그의 방식을 보면, 첫째 영어와 프랑스어를 명확하게 받아쓸 수 있는 자, 영어로 프랑스어를 번역할 수 있는 자, 영어를 프랑스어로 통역할 수 있는 자, 그리고 다른 언어로 번역 가능한 자, 이 중 한 능력만 갖고 있어도 시험에 참여할 수 있었다. 그리고 이들은 자신의 능력에 적합한 시험방식을 택할 융통성을 주었고 이를 통과하면 합격할 수 있었다. 둘째 콘월-루이스가 제시한 지리나 근대사에 대한 일반 상식 테스트는 기록관Precis Writer으로 응시하는 사람에게만 적용했다.[49] 셋째 일차시험을 통과한 사람은 (무보수)외무부기관원으로 발령 났으며, 지정된 국가의 외교관에 파송되어서 일정기간 수습기간을 보내게 하였다. 이후 구두시험이나 쓰기시험으로 파견되었던 나라의 언어를 재차 점검하는 2차 시험을 보아 정식 외교관으로 임명했다.[50] 2차 시험이 존재한다는 것은 원칙적으로는 탈락자가 나와야 한다는 의미이다. 하지만 응시 인원 중에 어느 누구도 탈락할 가능성은 희박하였다. 이유는 시험은 형식일 뿐이고, 응시할 때부터 내부 추천에 의해 내정되는 것을 여전히 묵과되었기 때문이다. 나이팅게일의 『페이비언 소책자』에서 이를 확인할 수 있다. 다음에 나오는 표에서 시험제도가 시행된 1857년 이후를 보면, 외무부의 인사 성

---

48 Draft scheme for the examination of Attachès, undated, *Clarendon Papers*, dep. c.103, f.456.

49 Hammond to Maitland, 17 Dec. 1855, C.S.C.2/2.

50 Report of the Select Committee appointed to Enquire into the Diplomatic Service, *British Parliamentary Papers*, 1861, (459), VI, 476, Appendix no. 2, (23).

향인 귀족주의적이며 전문성 집단 중심의 현상이 1857년 이전과 흡사했다. 오히려 전문가집안 배경 출신들은 확대된 듯 보인다.

1857년 시험제도도입 전후 외무부 내 구성원의 집안 출신성분[51]

집안	인원	
	1857년 전	1857년 이후
귀족	22	19
의회의원	11	12
외교가	6	11
육군장성	3	14
성직자	4	9
공무원	2	8
불로소득자		11
법률가	3	7
해군장성	2	5
교육자		2
문인	1	
의사	1	
공장주		1
사업가		1
영사	1	
기타	14	11

---

51 Nightingale, "The personnel of the British Foreign Office and Diplomatic Service, 1851-1929" 참조.

여기서 클래런던은 시험을 통해 외교관을 선출하는 방식을 따랐기에 노트 보고서와의 충돌은 일단 피했다고 볼 수 있다. 하지만 노트 보고서가 추구하는 실질적인 내용과 그의 방식엔 상당히 거리가 있어 보인다.

클래런던은 외무부의 서기관 선출에 대한 방식도 정했다. 이전의 인원 확충방식을 보면 외무장관으로부터 추천된 자는 무조건 6개월 동안 수습요원이 되었다. 수습기간이 끝난 후, 큰 하자瑕疵가 없으면 이들은 서기관으로 정식임명 되었다. 클래런던은 이 방식을 약간 바꾸었다. 후보가 외무장관의 추천하에 올라오면 비공식적이지만 이들만을 대상으로 경쟁을 시키는 일종의 시험방식을 택했다.[52] 첫째 공석인원 한 명당 3명의 후보를 추천 받아 경쟁시키는 방식이었다. 혹시 추천을 받은 후보자가 3명을 넘게 되면, 독일어 쓰기나 읽기로 3명만 추려냈다. 둘째 선택된 인원들은 3개월 동안 외무부 내에 각 분야에서 경험을 쌓게 하는데 이 기간 동안 점검된 능력으로 최종인원을 선택하게 되었다. 이 방법도 시험이란 형식은 일부 갖추었지만, 장관의 추천으로 시작한 만큼 최종으로 선출되는 자도 개인의 능력보다는 '능력 있는' 환경에 좌우되기 쉬웠다. 이 경우도 바로 앞 표에서 충분히 추정할 수 있다. 결국 행정인원 선출관련 시험제도도 노트 보고서가 추구하는 내용과는 거리가 있어 보인다.

한편 정부가 노트 보고서에 따라 1855년에 추밀원령Order-in Council으로 중앙인사위원회를 설치하였다. 이때부터 이 위원회가 모든 공공의 시험을 관리하기 시작하자, 외무부가 자체로 실시하던 시험제도도 위원회의 영향을 받게 되었다. 대표적 사례로 먼데이Mr. Munday의 경우를 들 수 있다.[53] 그는 브뤼셀에서 기관원 연수를 마쳤지만 외교관이 되기 위한 최

---

52 연령도 제한했다. 지원자의 나이는 런던에 부모의 거주지가 있을 경우 18~24세이며, 이외 지역은 20~24세로 국한했다.

53 Foreign Office to Civil Service Commission, 29 Feb. 1856, C.S.C.2/5, copy in F.O.

종관문인 2차 시험에서 실패한 인물이다. 사무차관이던 해먼드는 중앙인사위원회에 먼데이가 친 2차시험지를 공개해 달라고 요청했다. 그가 시험지를 공개하길 원한 이유는 인사위원회가 외무부 인사권에 대해 부당한 개입을 한 것으로 생각한 때문이었다. 인사위원회는 공무원 시험은 공정해야하며 독립성 있어야 한다는 주장과 함께 시험지 공개를 거부하였다.[54] 이런 사례는 1857년에 공석이 된 재무부의 서기관 자리를 뽑을 때도 그대로 적용되었다. 당시 인사위원회는 후보들을 모두 떨어트렸는데 그들의 시험지를 보여 달라는 총리의 요청을 거절하였다. 이유는 시험기관의 독립성문제 때문이었다.[55] 이때 총리의 반응도 외무부의 요청사항과 비슷하였다. 그의 표현에 의하면, "수습기간 후에 탈락한 후보 중에 한 명은 자신이 주요 기차역의 이름을 못 외워서 떨어졌다고 하고, 탈락된 다른 후보자는 부친의 수입이 얼마인지 정확히 대답 못해서 떨어진 것 같다고 한다. 사실인가?"[56]

중앙인사위원회는 총리의 언급에 대해 즉답은 피하고 대안을 제시했다. 매년 1차 시험에 통과된 수습서기관의 경력사항을 기록한 연차보고서를 출판하여 최종시험결과에 따른 의문과 불만을 해소하겠다는 것이다.[57] 이런 제안에 대해 외무장관인 클래런던은 강하게 거절하였다. 그는 정부가 중앙인사위원회에 '공인公人에 대한 공적功績 조사 관리까지 맡긴 것이 아니지 않냐' 하는 불만을 표현했다.[58] 사실 클래런던이 보였던 불만

366/405.

54 Civil Service Commission to Foreign Office, 1 Mar. 1856, copy in C.S.C.2/5.

55 Draft letter of Shaw Le Fevre in C.S.C.2/35.

56 Sir John Shaw Le Fevre to Palmerston, 22 July 1857, *Palmerston Papers*(Civil Service, 1857).

57 Civil Service Commission to Foreign Office, 6 Feb. 1858, F.O. 366/406.

58 Foreign Office to Civil Service Commission, 6 Feb. 1858, C.S.C. 2/5.

은 인사위원회의 월권越權을 지적하려는 것이 아니었다. 외무부에 후보로 오르는 사람들은 여전히 귀족주의적이며 전문성이 있는 집안의 내부 추천이 많았다. 때문에 이를 기록으로 상세히 남기는 것을 반길 수 없었기 때문이다. 인사위원회는 클래런던의 주장을 무시하고 총리와 내각 전체에게 직접 이 제안을 올렸다. 그러나 총리의 답변은 '수습기간 동안의 경력사항을 인사위원회가 비공식적으로 참고하는 것은 좋지만 출판은 반대한다'였다. 외무부의 의도가 일단 받아들여진 것이다.

정리해보면, 보편성을 원하는 노-트 보고서의 내용이 사회특권의식으로 일관된 외무부의 자체인사채용시스템과의 충돌은 피할 수가 없었다. 다행인 것은 외무부도 무작정 반대만 할 수 없었기에 시험제도를 수용하는 절충 쪽으로 방향을 잡았다는 점이다. 하지만 앞의 표에서 알 수 있다시피, 외무부의 인사제도의 속내를 들여다보면 시험제도 수용 이전이나 이후나 사회특권의식이 여전히 외무 관리들의 중심에 있었다. 결국 노-트 보고서의 내용이 1840~1860년대의 외무부에선 큰 영향을 미치지 못했음을 확인할 수 있다.

결론적으로, 1840~1860년대의 몇몇 중요한 외교적 사건들이 만든 외무부의 빈번해진 대내외적 활동에 비해 외무부의 내적 모습은 도약의 단계에 이르지 못하였다. 외무부의 겉모양은 인원확대와 함께 발전적이듯 보이나 내부는 귀족적, 전문가적 환경에서 오는 사회특권의식을 그대로 간직하고 있었기 때문이다. 다시 말해, 전근대성 모습이 여전히 지속되고 있는 것이 1840~1860년대 외무부의 내부모습이라 할 수 있다.

직위	인원수			변화내용
	~1841	1842 ~1856	1857 ~1870	
Secretary of State, 1782~1870	1	1	1	
Permanent Under-secretary, 1790~1870	1	1	1	
Parliamentary Under-secretary, 1782~1870	1	1	1	
Chief Clerks, 1782~1870	1	1	1	
Senior Clerks, 1822~1870	6	7(54년)	8(57년) ~7(65년)	a. 6명- Consular(1)/ Slave Trade Dept(1)/ 4 political Dept. b. 7/8명; Political dept 확대 c. 다시 7명; Commercial Dept.가 Consular 로 들어가서 줄어듦
Junior Clerks, (third Class Clerk), 1822~1857	7	10(54년) 12(56년) ~	1(57년)	(57년) First/Second Class Junior Clerks로 나뉨
Second Class Clerks, 1822~1857	10	14(54년) ~	1(57년)	(57년) Assistant Clerk/First Class Junior Clerks로 나뉨

---

59 J. M. Collinge, *Office-Holders in Modern Britain: Foreign Officials 1782-1870*, vol. 8(Institute of Historical Research, 1979)를 분석·정리

직위	인원수			변화내용
	~1841	1842 ~1856	1857 ~1870	
Assistant Junior clerks, 1824~1857	4	6(52년) ~7(56년) ~	1(57년)	(57년) Second/Third Class Junior Clerks 나뉨
Assistant Clerks, 1857~1870			9(57년) ~8(60년) ~10(66년) ~	a. Private Secretary to the Secretary of State 또는 Precis Writer 역할 b. 월급은 First Class Junior Clerk 수준 c. Second Class
First Class Junior Clerk,1857~1870			10(57년)	Third Class
Second Class Junior Clerks, 1857~1870			9(57년)	Forth Class
Third Class Junior Clerks, 1857~1870			6(57년)	Fifth Class
Extra Clerks, 1795~1854	2	2(54년)		Probationary(견습) Clerks
Clerks attached to Chief clerk's Department, 1814~1870	1	3(54년) ~	7(68년)	a. (54년) First/ Second/ Third Class b. (65년) Second/ Third는 Third Supplementary Clerk이 됨 c. (66년) First는 First Class Supplementary Clerk 됨 d. (68년) 2 First/ 2 Second/ 3 Third Class Supplementary Clerk

직위	인원수			변화내용
	~1841	1842 ~1856	1857 ~1870	
Clerks attached to Treaty dept., 1817~1870	~	1(54년)	2(65년)	a. (54년) No salary b. (65년) First/ Second Supplementary Clerk
Clerks attached to Librarian dept., 1826~1870	2	5(54년)	12(68년)	a. (54년) First-Third는 Second Class Supplementary 됨/ Forth-Fifth는 Third Class Supplementary 됨 b. (68년) 2 Third Class Supplementary 와 5 temporary 더 들어옴
Clerks attached to consular Dept., 1826~1868	1	1	1	a. (60년) Supplementary Junior Clerk으로 취급 b. (65년) Second Class Supplementary Clerk 됨 c. (68년) Chief Clerk Dept.로 흡수됨
Clerks attached to Slave Trade Dept., 1825-56	4	4(53년)		(53년)까지만 운영됨
Librarian & keeper of the papers and Sub-librarian, 1801~1870	1	1	1/(1)	a. State Paper Office가 전신임 b. (65년) First Class Supplementary Clerks으로 취급됨
Translator, 1890~1870	1	1	1	
Precis Writers, 1793~1870	1	1	1	

직위	인원수			변화내용
	~1841	1842 ~1856	1857 ~1870	
Private Secretaries to Secretary of State, 1795~1870	1	1	1	
Clerks Assistant to Under Secretaries, 1822~1841	1			
Private Secretaries to Parliamentary Under-secretary, 1866~1870			1	
Superintendent of Treaty Depart-ment, 1813~1870	1	1	1	
Superintendent of Slave trade dept., 1824~1845	1	1(45년)		
Superintendent of Consular Dept., 1826~1851	1	1(51년)		
Superintendent of Foreign Min-ister's Accounts, 1827~1839				

직위	인원수			변화내용
	~1841	1842 ~1856	1857 ~1870	
Superintendent of Commercial and Consular Dept., 1866~1870			1	
Office keepers, 1782~1870	2	4(54년)	5(61년)~ 7(68년)	
Housekeeper, 1782~1870	1	1	1	
Office porters, 1785~1870	1	2	2	Head Office Porter/Second Office Porter(Under Porter)
Doorkeepers 1786~1870	1/(1)	1/(1)	1/(1)	1 Door keeper/1 Assistant Door-keeper
Printer, 1800~1870	1	1	1	
Lamplighter and Coal porter, 1806~1870	1	1	1	
Messengers attached to Librarian's dept., 1857~1870			1(57년)	

2부

외무부 조직의 정립

5장

외무부 내
외교관(대사·공사) 조직화

외무부에는 국내에서 부서의 운영을 담당하는 행정관료와 해외공관을 책임지는 외교관으로 구성되어 있다. 외교관이라면 백과사전적 해석으로는 "국가를 대표하여 외교교섭, 파견국의 경제적 이익증진, 자국민보호 등을 위하여 외국에 파견된 자의 통칭"이다. 협의狹義로 본 대표적인 외교관의 부류로는 대사ambassador와 공사minister가 이에 해당된다. 대사는 본래 주요 군주국 사이에서만 교환되었으며, 중요성이 덜한 국가와의 관계를 이끌어가는 일은 공사와 대리대사chargé d'affaires의 몫이었다. 세월이 지나면서 군주국과 동격으로 간주되는 공화국에도 대사는 파견되었다. 광의廣義로 본 외교관 부류에는 특명전권대사·특명전권공사·주재공사·대리공사·총영사·영사·부영사·영사대리 등의 외교사절의 수장과 그에 부속된 보좌관 모두를 포함한다. 이렇듯 뚜렷하게 외무부의 한 축을 담당하는 부류가 외교관인 만큼, 외무부의 초기역사를 이해하려면 외무부 내 행정 관료들과 함께 외교관들의 조직분석도 병행하여야 할 것이다. 단 중심 외교관은 대사급인 만큼, 이들에 중점을 두고 필요시 여타 외교관들을 부분적으로 포함하여 분석하는 것이 합리적일 것이다.

영국에서 외교관의 모습을 제대로 나타내 보인 것은 튜더왕조 때이다. 오랜 전쟁(백년전쟁, 장미전쟁)을 마감하고 새로운 왕국을 향한 내적정비를 하던 튜더집안의 왕들(헨리 7세, 헨리 8세)에게 가장 부담스런 대외적 존재는 신흥대국인 에스파냐와 기존의 앙숙관계였던 프랑스였다.

한편 튜더 왕들은 에스파냐·프랑스 양국과는 당분간만이라도 친분을 쌓고 있어야 영국의 위상을 다시 세울 수 있다고 판단했다. 이런 생각의 결실로 두 나라의 수도에 왕의 대리인을 '핫라인'으로 두고 사소한 오해도 불식하려고 했다. 상주대사가 바로 '핫라인'에 해당된다. 헨리 7세 때인 1505년에 존 스타일이 에스파냐의 상주대사로 파견되었고, 헨리 8세 때로 넘어가면 1518년 토머스 불린Sir Thomas Boleyn이 파리에 상주대사로 보내졌다.[1] 이때부터 외교관은 왕의 의중을 잘 파악하는 측근이 주로 임명되었으며 그 전통은 큰 변화가 없이 몇 세기를 이어졌다. 그러나 1689년 입헌군주제가 법으로 명시된 이후, 왕실의 권위가 점차 약해지는 것은 자명한 사실이고, 1782년 외무부가 독자적인 부서로 성립된 즈음엔 '왕실약화' 정도가 꽤 진행되었다. 그럼에도 불구하고, 외무부 성립초기에 봉사하던 외교관들 중에는 외무행정 관료들처럼 귀족들이나 특권층의 자제들이 꽤 있음이 예상된다. 여기서 1860년대까지도 외무행정 관료들 사이에 남아 있던 뿌리 깊은 계급적 특권의식이 외교관들에게도 공통분모일 가능성을 상기해볼 필요가 있다. 이런 가정이라면 외무부가 초기에 독자성을 갖지 못한 이유로 외교관도 결코 자유롭지 못하다는 것을 추론해 볼 수 있다.

결국 외무부의 초기 현주소를 제대로 알려면, 외교행정 관료들의 분석과 더불어 외교관 조직에 대한 구체적인 분석도 필수조건이라 할 수있다. 즉 외교관들도 특권의식에서 예외가 아니었는지를 제대로 판단하여 외무부의 독자성 성립과의 연계성을 살펴보아야 한다는 의미이다. 이를 위해선 신분 및 역할 등을 통한 외교관들의 입지가 어느 정도인지를 집중·분석할 필요성이 있다.[2]

---

1 H. Nicolson, *The Evolution of Diplomatic Method* (Oxford: Constable & Co., 1954), 34-35.

2 관련하여 외교관 면면을 훑어볼 수 있는 1차 사료로는 1852년부터의 외무부기록이 자료집화 되어있는 『The Foreign Office list and diplomatic and consular year book』과 부분적이지만 관련된 2차 사료로는 컬린지(J. M. Collinge)의 『Office-Holders in Modern Britain: Foreign Officials 1782-1870』, 미들턴(C. R. Middleton)의 『The Administration of British Foreign Policy』, 존스(Raymond A. Jones) 『The British Diplomatic Service』, 존스(Ray. Jones)의 『The nineteenth-century Foreign Office』 등이 있다.

1815년 이전, 외교관 분석

보편적으로 이해되는 외교관의 역할은 파견된 국가에서 자국의 법 태두리 안에서 할 수 있는 외교교섭, 경제적 이익증진 및 자국민보호 등을 위한 조치를 '자치적'으로 행하는 것이다. 역사 속의 초기 외교관의 역할은 어떠했나? 르네상스 시기 이전, 유럽에는 특사envoy가 자국 국왕의 생각을 담아 여타국 정부들에 전달하는 일이 빈번했는데, 이런 역할을 하는 특사가 당시에는 보편적인 외교관으로 일컬어진다. 특히 왕의 의사를 전달하는 특성 때문에 특사가 오랫동안 대외적으로 '왕의 대리인'이라고도 인식되다보니, 대내적으로 '왕의 종복servant'이라고 여겨지기도 한다.[3]

영국도 예외가 아니었지만, 튜더왕조 시기인 16세기에 이르면 외교관의 대외적 입지에 약간 변화가 있어 보인다. 영국은 당시 신흥 강국인 에스파냐의 외교적 능력을 의식하고, 1505년에 존 스타일을 장기간 에스파냐의 수도인 마드리드에 거주시키며 왕의 특사 임무를 수행토록 하였다. 이를 '상주대사'라 한다. 그러나 상주대사도 단기가 아닌 장기간 상대국에 머문다는 것 외엔 임무는 왕의 의사를 전달하는 '대리인'격인 단기특사와 별반 다르지 않았다. 에스파냐에서 시작된 상주대사 제도는 시작 후 60여 년 만에 존 만John Mann(1566~1568년) 때에 끝나고, 이후에는 특명사절special Mission, 특명전권대사an ambassador extraordinary and plenipotentiary, 임시전권공사Minister Plenipotentiary ad interim란 명칭으로 에스파냐에 보내진 (단기)특사로서의 흔적이 대부분이다.[4]

---

3   Jeremy Black, *British Diplomats and Diplomacy, 1688-1800* (Liverpool: Liverpool University Press, 2001), 24.

4   http://en.wikipedia.org/wiki/List_of_ambassadors_of_the_United_Kingdom_to_Spain.

영국에서 외무부가 성립되던 1782 년경은 어떠한가? 일부 정계인사가 대사로 임명이 되었지만, 여기서도 단기특사의 성향은 그대로 남아 있음이 발견된다. 이는 에스파냐의 국력과도 무관하지 않아 보인다. 예로써 필립 경Philip, Stanhope, 5th Earl of Chesterfield의 경우를 들 수 있다. 그는 3년간(1784~1787년) 에스파냐 대사로 임명되었지만 왕의 요청시만 잠깐 마드리드를 방문하는 특사로서의 역할 외엔 에스파냐에 장기

필립 경(Philip, Stanhope, 5th Earl of Chesterfield)

간 머문 적이 한 번도 없었다.[5] 그는 자신이 상주할 만큼 에스파냐가 주요한 곳이 아니라는 판단에서였다. 사실 그 당시 에스파냐는 프랑스의 부르봉 왕가 통치 영역에 속한 국가로 전락해있었다.[6] 결국 에스파냐에 보내는 영국 외교관도 외교교섭, 경제적 이익증진 및 자국민보호 등을 자국의 법테두리 내에서 능동적으로 행하는 오늘날의 대사와는 거리가 먼, 왕의 의사를 전달하는 '심부름꾼' 정도의 위치에만 머물고 있었다.

튜더왕조 때 외교적으로 에스파냐와 버금가게 신경 쓴 국가는 프랑스이다. 장미전쟁으로 피폐해진 영국에서 새로운 왕조를 열고 있는 튜터왕가의 왕들에겐 백년전쟁으로 악연이 되어있던 프랑스와의 새로운 불화가가장 피하고 싶은 외교문제였다. 때문에 1518년에 헨리 8세는 장인(앤 불린의 아버지)인 토머스 불린을 프랑스에 상주대사로 임명하여 외교적 불화를 사전에 차단하거나 견제하려 했다. 이렇듯 프랑스와의 외교적인 관계

5   Chesterfield to Liston 9 June, 10 July 1784 NLS. MS. 5541.

6   John Lynch, *Bourbon Spain: 1700-1808* (London: Blackwell, 1989) 67-115.

가 국가운영상 큰 비중을 갖고 있으므로 상주대사의 존속은 에스파냐와 달리 170여 년간 지속되었다. 프랑스에 머문 상주대사의 경우는 다른 지역보다는 외교관이 능동적으로 외교교섭 등을 시도하기도 했다. 하지만 1689년 권리장전 이후부터는 단기적인 외교역할을 담당하는 특명공사 Envoy Extraordinary로 바뀌었다. 이유는 영국이 1688년 시작된 9년전쟁(대동맹전쟁이라고도 불림)을 필두로 프랑스와 절대왕정 시기의 전쟁들(에스파냐 왕위계승전쟁, 오스트리아 왕위계승전쟁, 7년전쟁, 미 독립전쟁)을 다시 치르게 되었기 때문이다. 이때는 두 나라 사이에 상주대사는 물론 특사들이 정기적으로 오간 기록마저 없음이 자료들에서 발견된다. 단지 각 전쟁들이 끝날 때 마다 특사, 대리대사란 명칭으로 임명된 외교관의 움직임이 잠깐씩 보일뿐이다.[7] 다시 말해서 절대왕정기 전쟁들이 몰려있던 18세기에 영·프 양국은 서로의 대립 과정 속에서 단기적으로 움직이는 특사 외에 제대로 정립된 외교관을 정착시키지 못했다. 결국 프랑스에서 가장 능동적 역할을 보일 수 있었던 외교관의 입지도 영 외무부가 성립되던 즈음엔 '왕의 대리인'이라는 굴레를 벗어나지 못하고 있었다.

그렇다면 위에 언급한 에스파냐와 프랑스 두 나라와 관련된 외교관 지위만으로 영 외교관의 입지를 왕의 '대리인'으로 정립할 수 있는가? 1815년 영국 외무부가 정한 외교관 봉급 기준으로 보면, 1등급에 속하는 파견 국가로 프랑스, 러시아, 오스트리아, 에스파냐, 네덜란드를 1~5위로 차례대로 지목하고 있다. 2등급 국가로는 터키를 6위에 올려놓았고, 3등급 국가로 프러시아와 포르투갈을 7~8위로 놓고 있다.[8] 그러므로 영국 외교관의 초기 입지 정도를 제대로 이해하려면 에스파냐와 프랑스를 제외한 러

---

7 http://en.wikipedia.org/wiki/List_of_ambassadors_from_the_Kingdom_of_England_to_France.

8 *Hamilton's letter to the Treasury of 22 May 1815*, F.O. 83/10 and F.O. 366/525.

시아, 오스트리아, 네덜란드 정도는 알아볼 필요가 있다.

러시아 파견 영국 외교관의 흐름을 보면, 영국은 특사로 외교를 진행하던 것이 1714년에 하노버 출신의 베버Friedrich Christian Weber를 상주공사Resident Minister로 임명하면서 지위가 약간 바뀌었음을 알 수 있다. 외교관 지위의 변화는 영 정부가 표트르 대제Peter I the Great 이후 눈에 띄게 발전한 러시아를 의식한 조처라 본다. 하지만 상주대사보다 상주공사를 파견한 데서 러시아에 대한 외교적 가치를 저울질하는 영 정부의 입장에선 그리 높은 평가를 하고 있지 않았음을 알 수 있다. 18세기 중후반에 가서 영국은 대사급으로 특명전권대사를 러시아에 파견했는데 이유는 영 정부가 예카테리나 2세Catherine II the Great를 통해 러시아가 도약하기 시작한 것에 자극되었기 때문이다.[9] 결국 18세기 후반까지도 러시아에 파견되는 영 외교관은 역시 '왕의 대리인', '왕의 종복'이란 위치에 있음이 확인된다.

오스트리아의 경우도 러시아와 비슷하다. 오스트리아가 신성로마제국으로 국력이 남아 있던 17세기 초반까지엔 상주하는 특별대사Special Ambassador를 파견하였다. 17세기 중반부터 18세기로 이어지면서 신성로마제국의 위상이 급격히 위축되자 단기적으로 왕의 대리인 역할만 하는 특명전권대사로 바뀌었다.[10] 네덜란드 경우, 1648년에 독립 이후 대외무역 부문에서 두각을 나타내면서 영국이 장악한 제해권으로 인해 서로가 충돌이 잦았다. 이런 이유로 영국은 네덜란드의 움직임을 주목하며 외교적 신경을 쓸 수밖에 없었다. 한편 네덜란드는 1648년에 독립국으로 선포되긴 했지만 내부적으로는 단일국가라기보다 연합주聯合州로 구성된

---

9 http://en.wikipedia.org/wiki/List_of_ambassadors_of_Great_Britain_to_Russia.

10 http://en.wikipedia.org/wiki/List_of_Ambassadors_of_the_United_Kingdom_
   to_Austria.

'공화제적' 국가였다. 이렇듯 네덜란드의 정치적 주체의 모호함 때문에 영국은 외교상 중요성에도 불구하고 단기적으로 접촉을 할 수 있는 특명 전권대사를 주로 보냈다. 참고로 영국은 네덜란드가 단일왕국으로 다시 출발한 1815년에 가서야 정식대사를 보내기 시작했다.[11] 결국 영 외무부 가 성립되던 1782년 즈음에는 오스트리아와 네덜란드에 보내는 외교관 도 여전히 '왕의 대리인', '왕의 종복'이란 틀에 놓여 있었다.

전통적으로 특사는 왕의 개인적 대리인 자격으로 상대국을 방문한다. 때문에 가능하면 왕은 자신 및 상대국의 위신을 고려한 정치적 '격'이 있 는 인물들을 보내려는데 신경을 썼다.[12] 예를 들면 사르데냐의 카를로 에 마누엘레 3세Carlo Emanuele Ⅲ는 조지 2세의 친분이 있었기에 대사급 특사 로 에식스 백작을 1732년에 보내는 외교적 배려를 했다.[13] 또 1749년에는 외교관의 격에 관한 대표적 사건이 있었다. 프랑스 왕실에서 영국에서 보 낸 특사로 리치먼드 공작Duke Richmond이 아닌 앨버말 백작Earl Albemarle 으로 격을 낮추어 보냈다고 격분했다.[14] 이런 사례들로 인해 당시 외교관 들의 출신을 보면, 귀족, 관료, 자본가들이 보편적으로 많았음이 이해된 다. 이들은 행정가로서 능력이 인정된 인물이기보다는 왕실과 사적 관계 가 돈독해져 있는 정객政客들이었다. 때문에 이해관계가 얽힌 외교관들 이 자신의 위치를 지키려면 왕의 심기를 건들지 않는 것이 가장 바람직하 였기에, '대리인', '종복'이라 인식되는 것이 그리 문제가 되지 않아 보인다.

더군다나 일부 외교관들은 외교관이란 직책을 국내 고위 공직으로 나

---

11 http://en.wikipedia.org/wiki/List_of_diplomats_of_the_United_Kingdom_to_ the_Netherlands.

12 Black, *British Diplomats and Diplomacy, 1688-1800*, 22.

13 Allen to Newcastle, 9 August 1732, P.R.O. SP. 92/34.

14 Yorke to Duke of Cumberland, 22 March 1749, RA.CP. 43/144.

아가기 위한 발판으로 생각하고 있었다. 1713년에 에스파냐 왕위 계승전쟁을 마무리하던 위트레흐트회담 때 영국 측 외교관으로 참가했던 토머스 경Thomas, 1st Earl of Strafford은 이런 표현을 했다. "앤 여왕께서 나에게 이곳 네덜란드에서는 할 일이 없으니 본국에 와서 적절한 직책을 맡아 달라고 했으면 좋겠다."[15] 두 차례나 에스파냐로 특명전권대사가 되었던 벤저민 킨

토머스 웬트워스 경(Thomas Wentworth, 1st Earl of Strafford)

Benjamin Keene은 1754년 외교관에 대해 이론적인 정의를 하길, "이런 종류의 취업은 사람들이 어떤 직업적 능력이 있는지를 시험해보는 통과의례와 같은 과정으로서, 궁극에는 본국에서 확고한 공직을 얻기 위한 단계일 뿐이라고 이해하면 된다." 하였다.[16] 킨의 정의를 증명해보이듯, 아브라함 스태년Abraham Stanyan은 1730년에 콘스탄티노플에서 외교관 직책을 수행한 후 옥쇄관리국장Commissioner of the Privy Seal이 되었다.[17] 1787년에 필립 경은 에스파냐에서 외교관 직책을 끝낸 후에 조폐국장Master of Mint, 협동 체신공사총재Joint Postmaster-General 그리고 거마관리관Mater of Horse 이 되었다. 토머스 경Thomas, 2nd Lord Walsingham도 1787년에 에스파냐에서 외교관 생활을 마친 후 재무부협동국고국장Joint Paymaster-General이 되

---

15 Bolingbroke to Strafford, 4 March (os) 1713, BL. Add. 73508.

16 Keene to Robinson, 14 December, 1754, Leeds Archive Office, Vyner Papers 11846.

17 Black, *British Diplomats and Diplomacy, 1688-1800*, 23.

었다.[18] 결국 이들의 승진은 왕에 눈에 나지 않으려 각별히 신경을 썼던 결과일 것이며 왕의 입장에선 이들이 '종복' 자체였음이 분명하다.

한편 외교관이 왕에게 예속되어 있음을 가장 명확히 드러내 보이는 증거는 연간왕실비Civil List 관련 부분이다. 연간왕실비는 1689년 윌리엄과 메리가 즉위할 때 의회가 왕실 자산수입원외에 특별히 왕실경비로 60만 파운드를 지출하기로 가결한 때부터 시작되었다. 1697년 최초의 '왕실비용법'에 따라 시민과 왕실을 위한 지출에 충당하도록 약 70만 파운드가 군주에게 할당되었다.[19] 그리고 하노버 왕조에 넘어와서는 80만 파운드까지 확대되었는데 왕실 자산에서 충분한 재정이 충당되는데도 불구하고 가외加外로 받는 비용이기 때문에 여유자금처럼 쓸 수 있었다. 주로 정치적인 수단으로써 이 돈을 의회 내의 자신의 지지자들에게 비밀하사금이나 뇌물로 주었다. 이 글에서 주목하고 있는 외교관의 봉급도 여기에서 지출되고 있었다.[20] 비록 의회의 견제로 인해 1762년에 왕은 왕실상속자산 수입금을 포기했지만 왕실비용만큼은 정부로부터 계속 받고 있었다. 이런 환경 속에서 왕실이 지불하는 외교관 운용비용도 축소되었지만 봉급지불만큼은 여전히 진행되고 있었다.[21]

영국에서 외무부가 성립된 이후에 독자적인 외무장관 역할을 하기 시작한 인물은 1812년에 임명된 캐슬레이였다. 초대 외무장관인 폭스C. J. Fox로부터 그에 이르기까지 13명이 장관직에 임명되었지만 여전히 외무부는 왕의 간섭 비중이 컸고 단독기관으로 만들지 못하였다.[22] 외무부 자

18 Aust to Liston, 22 August 1786, NLs, MS. 5545.

19 Statutes of the Realm: vol. 7: 1695-1701 (1820), 382-85.

20 History of Monarchy, George Ⅲ, http://www.royal.gov.uk/HistoryoftheMonarchy/
    KingsandQueensoftheUnitedKingdom/TheHanoverians/GeorgeIII.aspx.

21 Jones, *The British Diplomatic Service*, 55.

22 김현수, 「영국외무부의 대내외 입지분석, 1782-1822」 참고할 것.

체의 행정적 관료들의 운영도 이러한데, 부서의 한 축이던 외교관들도 예외가 아니었다. 어쩌면 외교관에 대해 '왕의 대리인'이란 표현이 무색하지 않을 만큼, 외무장관을 비롯한 외무행정 요원들보다도 외교관들이 더 왕실과 밀착되어있던 시기였음이 분명하다.

외교관의 출신성분 분석(1815~1865년)

1812년에 외무장관이 된 캐슬레이는 러시아, 오스트리아, 독일 등과 동맹을 맺어 나폴레옹과의 전쟁에 마침표를 찍으려했다. 그리고 1815년에 나폴레옹이 제거되자 그가 주도하여 유럽의 여러 나라들은 유럽협조체제라는 새로운 외교체제를 형성하였다. 하지만 절대왕정국가인 러시아, 오스트리아, 독일과 입헌군주체제하의 영국이 외교적 협조체제를 만든다는 것은 동상이몽同床異夢에 불과하였다. 결국 협조체제를 주도한 캐슬레이는 자살이란 극단적인 선택으로 자신의 부담을 피하였고, 외교적 짐은 그를 이어 외무장관이 된 캐닝George Canning이 지게 되었다. 캐닝 역시 여타 유럽국과의 정치적 체제의 차이로 인해 외교적으로 체제를 함께 꾸려갈 수 없음을 알았기에 과감히 독립적 외교의 길을 선택하였다. 앞서 언급했지만 이를 고립정책Isolation Policy라 한다.

이런 19세기 초 격동기에 영국의 외교관의 모습은 어떠한가? 오랜 기간 왕의 대리인 또는 왕의 종복으로 인식되어 있는 외교관의 모습이 격동기 속에서 변화가 있었을까? 먼저 영국 외교관들의 대외적 지위가 어떠했는지를 살펴보자. 만약 캐슬레이가 의도하는 협조체제가 유지되었더라면 영국은 각국과 긴밀한 외교관계를 유지해야 하기 때문에 파견하는 외교관은 대사급으로 격상했을 것이다. 하지만 캐닝의 고립정책이 진행되었기에 외교관의 지위는 생각과는 무척 달랐다.

주요 각국들에 보내진 영국 외교관의 목록에 보면, 전후 특별 관리가 필요한 프랑스만큼은 대사를 보내고, 다른 주요 절대왕정 국가들-러시아, 독일, 오스트리아-와는 여전히 특사형태인 특명전권대사 정도가 오가는 관계임이 파악된다. 미국의 경우는 1791년에 첫 전권공사를 보낸 후 1893년까지도 특명공사 수준이었다. 그러므로 19세기에 들어서서도 파견국 외교관의 지위는 이전과 별반 다르지 않기에 이들의 모습을 분석하기가 쉽지 않아 보인다.

이런 상황에서 19세기 초의 외교관 모습을 확인할 수 있는 다른 방법은 없는가? 외교관으로 채용된 것이 왕이나 의회의 입김에 의해서인지, 외교관 자신의 독자적 능력에 의해서인지를 분석하여 그의 모습을 살펴보는 방법이 있다. 관련하여 거츠먼W. L. Guttsman이 분석한 영국정치엘리트의 가계흐름에 주목해보면, 이들은 대체적으로 삼·사대에 걸쳐 세습적으로 정가에 진출하고 있음을 파악할 수 있다.[23] 혹여 이런 정치엘리트들의 세습 가계형태가 외교관의 채용 때에도 그대로 지켜지고 있다면 능력위주의 외교관 채용이나 외교관의 독자적 활동 여부도 기대치에서 멀어질 것이다. 결국 이런 방법으로 외교관 모습을 분석하자면 무엇보다도 외교관의 개인적 환경(출신성분)을 다양한 각도에서 분석해 세습귀족을 포함한 특권층들이 얼마나 외교관으로 포진해있는지를 살펴봄에서부터 시작하는 것이 타당할 듯싶다.

대외적으로 외교관의 역할이 커지던 빈체제 성립(1815년) 때부터 1865년 파머스턴 정부가 끝난 시점까지의 외무부에 소속되어있던 외교관 및 직원 370명을 개인적인 출신성분 중심에서 분석해보면 귀족은 203명(55%), 평민은 167명(45%)으로 나눠진다.[24] 귀족들의 비율이 과반은 넘었

---

23 W. L. Guttaman, *The British Political Elite* (London: MacGibbon & Kee, 1963) 참고.

24 Jones, *The British Diplomatic Service*, 13.

지만 생각보다는 세습 출신이 많지 않아 보인다. 이대로라면 50% 정도가 왕실의 입김으로 채용된다는 의미가 된다. 그러나 조사 질문의 방향을 조금 달리해보면 의외의 결과가 나온다. 부모의 영향력에 의해 외교계에 진출한 인물들로 주제를 바꾸어 조사해보면 다음 표에서처럼 관료와 전문인 그리고 귀족 및 지주집안의 자제들로 합하여 총 365명이 이에 해당된다. 결국 출신성분상 평민이라 분류된 무리의 부모도 상당한 재력이나 정치적 능력이 있으므로 자신들의 노력보다는 인맥을 통해서 외무부 내 외교관으로 대부분 채용되고 있다고 판단된다.

1815~1860년 부모직업으로 본 외교관들[25]

부모직업	인원(명)	비율(%)
의회의원과 정부관료	85	21
외교관료	37	9
육해군 장성	59	15
전문인(교회지도자, 공무원, 법률가, 의사)	55	14
상공업자	9	2
특정 직업이 없는 귀족과 지주	120	30

외교관의 교육배경을 통해서도 조사해보자. 귀족 및 중상류층이 다니던 사립학교(영국에서는 'Public School'이라 함)을 중심으로 인원을 분석해볼 때 다음에 나오는 표에서처럼 주요사립학교 출신만 220명에 이른다. 표에서 상위 세 학교(이튼, 해로우, 윈체스터)는 귀족과 지주들의 중상층 자

---

25 Jones, *The British Diplomatic Service*, 13.

제들이 들어가는 곳이지만, 4위부터 7위는 성공한 소상인이나 소작인등 중하층들이 들어가는 사립학교이다. 알다시피 19세기 영제국 시기에 사립학교를 다닌다는 것은 '출세의 통로'가 열린 것과 같으므로 부모영향력과 같은 인맥 외에 학맥이란 또 다른 수단이 외교관 채용 때에 상당히 역할을 하고 있음을 교육배경에서 알 수 있다.

1815~1860년 외교관들의 교육적 배경[26]

주요 사립학교(Major Pubic School)	인원(명)
Eton	105
Harrow	36
Westminster	18
Rugby	16
Charterhouse	11
Stoneyhurst	7
Winchester	7

한편 의회가 두각을 보인 1830년 이후는 외교관들의 정치엘리트들의 출신성분 정도가 어떠한가? 먼저, 전통적인 세습귀족 진출만 놓고 외교관과 하원의원들을 비교분석해보면, 외교관(1815~1860년) 사이에는 귀족출신으로 52명씩 매년 진출했음이 확인된다. 이에 비해 하원의원의 경우는 좀 복잡하다. 1차 선거법 개정 이전인 1831년에는 귀족 진출이 33명이다가 1831~1837년 사이에는 38명으로 약간 확대되었다. 그러나 1865년

---

26 T. W. Bamford, "Public Schools and Social Class, 1801-1850," *British Journal of Sociology* 12 (March,1961), 224-35.

파머스턴 정부가 끝난 시점엔 귀족 진출은 31명으로 줄었다.[27] 여기서 외교관의 상층계급이 의회의원 내 그들보다 상대적으로, 그리고 늘 많음을 알 수 있다. 다음으로 1830~1868년 사이에 정부각료들과 대사들의 상층부류 출신들 중에서 세습귀족들의 분포를 분석해보면, 각료는 103명의 상층계급 중에 세습귀족이 56명으로 내각 전체의 분포율로는 54%를 차지하고 있다. 대사들은 총 20명의 상층계층 중에 10명이 세습귀족으로부서 내에서 50%의 분포율을 보이고 있다.[28] 여기서 부서 내 분포율로는 각료들과 외교관의 귀족층 진출은 비슷함을 알 수 있다. 종합해보면, 당시 주요 정치그룹(의회의원이나 각료)들보다도 외교관들 중에 귀족 출신들이 생각 이상으로 많이 포진해있음이 확인된다. 동시에 출신성분상 19세기 초 외교관들은 보편적으로 상류층을 주축으로 중간층까지로 이어진 특권엘리트 집단으로 이뤄졌다고 단정해도 그리 틀리지 않아 보인다.

외교관의 봉급체계 분석(1815~1865년)

한편, 이어지는 의문점은 외교관의 출신성분이 이렇듯 좋은 이유가 무엇인가 하는 점이다. 쉽게 이해되는 부분은 전통적인 '외교관의 특성' 때문이라 보인다. 앞서 분석된 바이지만 영국의 외교관은 오랫동안 왕의 의사를 전달하는 특사가 주축이었다. 이들 특사는 대외적으로 '왕의 대리인'으로 활동함이 분명하다보니, 사실 왕도 이들을 '대리인'이란 생각 이

---

27 Hester Jenkins and D. Caradog Jones, "Social Class of Cambridge University Alumni of the Eighteenth and Nineteenth Centuries," *British Journal of Sociology* 1 (1950), 93-116.

28 Guttaman, *The British Political Elite*, 38.

상도 이하도 하지 않았다. 때문에 자신의 대리인인만큼 왕은 외교관을 임명할 때 가장 신임하는 계층(출신그룹)을 선호할 것이며, 당연히 측근 귀족이나 고위공직자등 집안자녀가 해당됨은 분명하다.

그러나 주된 이유로는 연간왕실비Civil List 관련한 봉급 부분이 주목된다. 왕의 대리인이란 특성 때문에 그동안 외교관의 봉급은 국가가 아닌 왕의 자금, 특히 왕실비용에서 지불되고 있었다. 관련하여 생각해볼 것은 당시 왕은 자신이 지불할 비용을 조금이라도 절감하는 방법을 찾았을 것이다. 그리고 그가 생각하는 최상의 방법이 '봉급을 받을 필요가 없는 부류들을 무보수 차원에서 활용하는 것'일 것이다. 그러하다보니 이에 가장 적합한 계층 역시 재정적으로 부담 없는 귀족이나 특권층 공직자들의 자녀가 주목된다.

무보수와 귀족자제의 관계를 좀 더 이해하기 위해선 당시 '가족대사관제Family Embassy'를 주목해볼 필요가 있다. 이 제도는 18세기에서 19세기로 넘어온 외교관外交館 운영제도이다. 다시 말해서 상주대사가 거주하는 해당국가에서 그 국가의 간섭을 받지 않고 자국의 지원 하에 모든 외교관내 시스템이 독립적이면서도 원만히 돌아가도록 조처해놓은 제도이다. 이런 외교관에 거주하게 되는 대사는 본국의 왕으로부터 봉급을 받지만, 이 돈이 개인보다 외교관운영에 종사하는 대가족을 이끌 비용으로 거의 활용된다고 할 수 있다.

1819년 미국에 특명정권대사로 임명되어 먼로독트린을 성사시키고 1823년에 런던에 돌아온 외교관 스트래퍼드 캐닝Stratford Canning(조지 캐닝총리의 조카이자 부유한 상인 집안의 아들)의 자서전에 표현된 외교 생활 언급의 일부를 보면 위 상황을 이해할 수 있다.

스트래퍼드 캐닝(Stratford Canning)

미국에 있는 영대사관으로 캐닝이 도착했을 때 두 명의 개인비서와 11명의 하인들이 동반하였다. 그가 가져온 짐은 거의 70톤에 이르렀다… 내용물을 보면 그가 소유하던 귀한 가구들을 다 가져온 것으로 보이며, 이외에 내용물은 프랑스산 요리기구, 컨버터블 자동차, 각종 장식품, 와인 심지어 맥주에 이른다.[29]

개인비서 및 하인들을 운영한다는 것은 상당한 금액이 든다. 또 그의 생활용품을 모두 가져 왔다는 것은 수시로 해당국가의 주요 인사들을 대사관 내에 불러 자국의 위신이 지켜지는 사교모임을 가지려는 의도이다. 왜냐하면 대사는 왕의 대리인 자격으로 국격國格을 항상 고려해야 했기 때문이다. 여기에도 활동비용은 만만찮을 것이다. 그런데 1815년경에 미국에 파견된 공사는 6,000파운드를 받았다. 위에 밝힌 개인 생활 및 관내운영의 정도로 보면 이 금액은 봉급이라기에는 턱없이 모자란 금액임이 추정된다. 그러므로 대사가 받는 금액은 정황상 대사관 운영비로 거의 사용되었음이 분명하다. 그러하다면 자신의 개인생활비는 자국 내에 보유한 자신의 토지 및 자산으로 충당해야 한다. 결국 이런 위치에 있는 자는 당연히 상류계층이 해당될 것이다.

한편 위에 인용된 캐닝의 표현에는 개인비서가 언급되었지만, 특명정권대사가 아닌 정식대사가 있는 5대 도시(파리, 마드리드, 상트페테르부르크, 빈, 헤이그)엔 '외교행정비서Secretary of Embassy'란 직책이 있다. 이는 대사가 중요한 일로 장기간 또는 갑작스레 자리를 비울 때 대리대사chargé d'affaires 자격으로 역할을 행하는 외교직원이다. 이들은 생각보다 큰 역할을 담당하는 것은 아니지만, 외교적으로 없어서도 안 될 위치에 있음은

---

29 S. Lane-Poole, *The Life of Stratford Canning* 1 (London,1888), 296.

분명하다. 때문에 이 직책을 놓고 왕실이나 심지어 내각에서도 재정적으로 고민하고 있었다. 당시 외무장관이던 캐슬레이는 이에 대한 공식적인 입장 표명이 있었다.

> 외교관의 운영을 위해서는 현지 행정직원은 반드시 필요하지만 이들을 재정적으로 충분히 지원해줄 수가 없다. 가능하면 현지 외교관 운영에 자질이 충분한자를 뽑되 소량의 봉급에도 만족하는 지원자를 뽑기를 바란다.[30]

캐슬레이의 발제로 인해 먼저 무보수직원Unpaid Attaches제도가 만들어졌고, 1821년에 외무차관이던 조셉 플란타의 주장으로 이들 무보수직원들 중 일부를 선발하여 봉급을 주면서 대사가 활용하는 외교행정비서를 뽑게 되었다.[31] 앞서 언급한 바처럼 이들은 필요시 대리대사 직책을 맡되 평상시는 거의 대사의 개인비서직으로서의 역할을 하였다.

1815년 외교관들의 봉급[32]

직책(급)		국가	봉급 (파운드)
대사(1급)	1	프랑스	12,000
	2	러시아	
	3	오스트리아	
	4	에스파냐	

---

30 Stuart de Rothesay Mss., vol. 6171, Circular No. 2, General Instructions F.O. 1 January 1816.

31 F.O. 366/525, Salaries, etc., Foreign Office to Treasury, 19 February 1821.

32 BPP, 1850 (611), 15. Oddly.

직책(급)		국가	봉급 (파운드)
대사(1급)	5	네덜란드	12,000
대사(2급)	6	터키	9,000
특명정권대사(3급)	7	프러시아	8,000
	8	포르투갈	
특명정권대사(4급)	9	시칠리아	6,000
	10	미국	
대사행정비서		⋯	1,200

　결국 왕실경비를 가장 줄이면서 외교관들을 이용할 수 있는 최적의 경우가 '가족대사관'제도에서 드러난다. 19세기 초의 가족대사관에선 '무보수직원'들을 선발했다는 부분이 그것이다. 특히 이들 중 대사행정비서 같은 직원의 선발자격 정도를 살펴보면, 유럽 각지에서 임무를 수행해야하므로 유럽에 있는 고등교육기관에서 최종적인 교육을 받은 젊은 영국귀족집안 출신들이여야 했다. 당시 영국에는 무보수직원들이 312명이 있었는데 189명(60%)이 귀족 출신이고 123명(40%)이 특권층에 진입한 평민 출신으로 드러나고 있다.[33] 이때 무보수로 들어온 젊은 귀족층 자녀들 및 특권층 자제들은 영제국을 이끌 리더로서 거쳐야할 해외실습과정으로 이 직책을 이해하고 있었다. 여기서 1815~1860년 사이에 외교관들 중에 귀족 및 특권층 출신이 많은 까닭을 분명하게 이해하게 된다.

　외교관 운영의 원천인 왕실비용과 관련하여 좀 더 살펴보자. 조지 4세가 서거하기 이전인 1820년 말경에 왕실비용에 대한 수정 논의가 정계에

33　S. T. Bindoff, E. F. Malcolm Smith, and C. K. Webster(eds), *British Diplomatic representatives, 1789-1852*, Camden Third Series 15 (London, 1974).

서 간간히 나왔다. 이때 외무부는 부서의 특성을 들면서 외교관 운영비용(봉급)을 왕실비용에서 계속 지원 받겠다는 의도를 비쳤다. 즉 왕실비용 수정안에서 제외시켜줄 것을 요청한 것인데 잠시나마 받아들여지는 듯 보였다.[34]

그러나 외무부의 요청안이 확정되기 전에 조지 4세가 서거(1830년)하였다. 이어 윌리엄 4세가 등극하고, 중산계층이 대거 의회에 진출하는 1차 선거법개정(1832년)이 진행되던 정치적 변화 속에서 외무부가 요청한 상황은 처음과 다르게 전개되었다. '1832년 의회'를 중심으로 윌리엄 4세에 대한 왕실비용이 재점검되면서 외교관 봉급문제가 원점에서 다시 논의되었다. 새로 논의된 왕실비용은 왕의 품위와 국가원수로서의 행사비용으로만 쓸 수 있게 조정되었다.[35] 결과적으로 조지 4세는 1820년 즉위했을 때 84만 5,727파운드의 연간왕실비를 받았지만, 윌리엄 4세 때인 1830년에는 51만 파운드로 삭감되었다. 이런 결정은 외교관 봉급은 왕실비용에서 제외란 의미가 된다.

왕실비용에서 제외된 외교관 봉급액은 1830년에 만들어진 공무원봉급조정특별위원회Select Committee on Civil Government Charges에서 줄곧 논의 되었다. 처음엔 비상대책기금Consolidate Fund으로 배치되었으나 외무장관이던 파머스턴의 지원하에 연간예산Annual Estimates 중에 책정되도록 하였다.[36] 이로 인해 의회가 조절한 외교관 봉급 정도는 다음 표에서 알 수 있는데, 의외로 이전 왕실비용에서 받던 봉급의 경우와 큰 차이 없이 정부, 특히 의회의 승인 하에서 받게 되었다.

---

34 F.O. 366/525, *Draft Foreign Office*, 26 April 1830.

35 BPP, 1830-31(437), 3. Report of the Select Committee on the Civil List.

36 BPP, 1831(337), 4, Report of the Select Committee of House of Commons on Civil Government charges, 333.

1825~1850년 외교관들의 봉급

	1825년 (파운드)[37]		1830년 (파운드)[38]		1850년 (파운드)[39]	
대사	프랑스	11,000	프랑스	10,000	프랑스	10,000
	러시아		러시아			
	오스트리아		오스트리아	9,000	오스트리아	9,000
	네덜란드		터키	6,500	터키	7,000
특명 정권 대사	포르투갈	8,000	에스파냐	6,000	러시아	6,000
					에스파냐	
			포르투갈	5,000	프러시아	5,000
			미국	4,500	미국	4,500
	터키	7,500	시칠리아	4,000	시칠리아	4,000
			브라질		포르투갈	
			포르투갈		브라질	
특명 정권 대사	터키	7,500	네덜란드	3,600	네덜란드	3,600
					벨기에	
…	…	…	…	…	…	…
대사 행정 비서		1,100		1,000		1,000

---

37 Estimate in Treasury Board Papers, TI 2349.

38 Appendix 34 F to First Report of Committee into Fees and Emoluments of public office, BPP, 1837 (162), 44.

39 Minute of Palmerston, 10/8-41, F.O. 366/525.

이렇듯 이전과 큰 차이가 나지 않게 봉급(실재로는 운영비)을 받게 된 이유는 무엇인가? 먼저 이 시기에 외무장관은 의회의 간섭으로부터 자유롭게 정책을 펼치기 시작했기에 봉급도 의회로부터 현실상황에 맞게 조정 및 책정 가능했을 것으로 추론할 수 있다. 이런 추론보다 논리적인 답은 역시 1850년대까지 지속되던 가족외교관제도와의 관련에서 찾을 수 있다.

가족외교관제도는 다른 어떤 제도보다도 운영상 재정문제와 직결되어 있다. 때문에 이 제도가 유지되는 한, 기존에 책정된 금액 부분에 큰 변동을 주지 않음은 당연한 처사일 것이다. 특히 하원에서 가족외교관제도의 문제점을 제시하면서 변화를 주어야 한다는 목소리가 나온 것이 1850년부터였던 만큼 외교관들의 봉급을 나타낸 앞의 표에서 언급된 시기(1825~1850년)까지는 봉급의 큰 변동이 없음이 이해가 간다. 특히 가족외교관제도와 무보수제도는 기본적으로 있어야 하므로 기존의 무보수 귀족 출신 채용 분위기도 그대로였다고 보아도 무방하다.

한편, 봉급과 가족외교관제의 관계를 좀 더 명확히 하기 위해 1850년에 가족외교관제도의 문제점이 제시된 것에 주목해보자. 1850년은 크리미아전쟁의 분위기와 무르익던 때이다. 빈체제이후인 19세기 초는 영 외무부의 주된 관심의 대상이 프랑스였다. 그러나 부동항 확대와 무역 항로의 독점을 둘러싼 영러각축英露角逐이 심화되던 19세기 중엽엔 영 외무부의 관심은 콘스탄티노플과 러시아에 집중되었다. 이런 외교적 상황에서 영 외무부는 터키어나 아랍어를 구사하는 외교관이 절실히 필요하였다. 사실 가족외교관에서 활동하는 젊은 귀족 출신 외교관들에겐 영어나 불어의 구사가 보편화되어 있었다. 하지만 이외 언어는 그렇지 않았다. 때문에 외무부는 전문적으로 아랍어를 공부한 부류를 찾거나, 없다면 양성해야 하는 상황이 1850년 이후에 발생한 것이다.

터키어를 구사할 통역관의 필요성은 1825년에 폰손비 경Lord Ponsonby

에 의해 이미 주장되었다.[40] 1830년대에 동방문제[41]에 신경을 쓰던 외무장관 파머스턴 역시, 터키어를 구사할 통역관의 실질적인 중요성을 강조하였다. 그가 표현한 내용을 보면,

> 나와 스트래퍼드 캐닝은 현재 빈자리가 많은 레반트Levant 지역 영사들로 현지 언어인 터키나 아랍어를 쓰는 젊은 영국인들로 채워야 한다는데 서로 공감하였다 …… 나는 이 지역에 영사들이 채워지지 않는 이유가 현지 언어를 구사할 젊은이들을 추천하기를 옥스-브리지의 부총장에게 요청했던 것이 실수였다고 깨닫게 되었다. 사실 케임브리지 대학이 나의 모교이기에 쉽게 생각했던 것이다. 그러나 각국 언어를 구사하는 젊은이들은 런던대학에 선택의 폭이 큼을 뒤늦게나마 알게 되었다.[42]

위 내용에서 기존의 귀족 출신들이 입학하던 대학보다는 중산층들이 주로 입학하던 대학을 언급된 것을 알 수 있다. 그러므로 전쟁이 운운되던 1850년 이후에 이곳 외교관들의 임명에 있어 주축이던 귀족 출신들이 점차 배제되었으리라 짐작이 간다. 이런 짐작은 전쟁 이후인 1858년에 스트래퍼드 드 레드클리프 경Lord Stratford de Redcliffe에 이어 콘스탄티노

---

40 A. B. Cunningham, "'Dragomania': The Dragomans of the British Embassy in Turkey," *St Antony's papers* 11 (1961), 81-100.

41 근대 이집트 창시자인 무함마드 알리가 터키에게 시리아를 넘겨줄 것을 요구하며 전쟁에 들어갔다. 이때 러시아는 지중해 진출을 염두에 두고 터키와 운키아르 스켈레시조약(1833년 7월 8일)을 맺으며 지원을 약속했다. 이에 영국은 러시아의 움직임을 저지하기 위한 민감한 외교적 자세를 보였으며, 결과 열국의 지원 하에 러시아의 지중해 진출을 막은 해협조약(1841년 7월)을 맺게 되었다. 르네 알브레히트-까리에, 『유럽외교사/상』 김영식, 이봉철 옮김 (서울: 까치, 1990), 60-67.

42 S. T. Bindoff, "Lord Palmerston and the Universities," *Bulletin of the Institute of Historical Research* 12 (1934), 43.

헨리 불워(Henry Bulwer)

풀 대사가 된 헨리 불워Henry Bulwer의 처사에서 더욱 확신을 갖게 해준
다. 그는 다른 나라에 위치해있던 영국 대사관들보다도 파격적으로 전문
화된 외교관들을 대사관에서 선발하였다. 이는 경쟁시험을 통한 고위공
무원임용의 틀을 제시한 「노스코트와 트리벨리언 보고서, 1853」의 실질
적 적용과도 맞물리는 행동이었다. 불워의 활약을 계기로 가족대사관제
도는 1860년대에 접어들자 점차 쇠퇴하게 되었고 외무부도 그렇게 인식
하였다.[43] 이는 기존의 무보수 귀족 출신 채용 분위기도 변화가 있다는 의
미가 된다.

결국 가족대사관제도의 쇠퇴와 외교관의 귀족층 감소가 비례하여 외

---

43 Jones, *The British Diplomatic Service*, 87.

교관 출신의 주축에서 귀족층이 밀려나기 시작한 것이 1860년대부터임이 밝혀진다. 물론 이 층이 갑작스레 감소하지 않았기에 표면적으로는 1860년대도 외무부엔 여전히 일정 정도는 이들의 입김이 존재하고 있었다. 다시 말해서 여전히 능력보다는 정실위주, 즉 귀족들이나 특권층의 자제들이 채용되고 있었음은 분명해 보인다.

6장

외무부 공무원 임용 체계화

헨리 8세 때 왕을 보좌하며 대내외문제를 다루던 최고기관은 추밀원 Privy Council이었다.[1] 왕의 실권이 약해진 즈음인 1660년, 이 기관은 자신의 역할을 남북 국무부로 넘겨주었다.[2] 추밀원의 역할을 이어받은 남북 국무부는 한 세기 정도의 기간이 지나자 자신들의 역할을 세분화할 필요성을 느꼈고, 1782년에 최종적으로 내무부와 외무부란 정부기관으로 재탄생하였다.[3] 이런 변화는 기존에 분리되어 있던 재무부(헨리 1세 이후)와 함께 다양한 정부기관의 모습을 만들어 가는 초석이 되었다. 이후 식민부(1854년),[4] 교육부(1856년), 육군부(17세기)에서 국방부(20세기 초) 등이 만들어졌다.

이런 기관들에 활동하는 공무원제도가 제대로 정립된 것은 1853년에 정부에 시행될 수 있는 '안'으로 받아들여지고 이듬해에 의회에서 통과된 노스코트-트리벨리언Northcote-Trevelyan 보고서(이후 노-트 보고서라 칭함)부터였다.[5] 이는 노-트 보고서가 갖고 있는 보편적 의의를 보면 알 수 있다, 첫째로 정부 각 부처에 등장한 직업공무원제에 대한 인식, 둘째로 형

---

1 출범 당시의 인원은 19명으로 구성되었고, 집행기구로서 1540년 이후에는 정책의 입안 처리, 법원 감독, 회계청 재정 관리, 지방행정 조정 등 광범위한 영향력을 행사했다. 국왕의 영장보다 국가 문서를 통해 국사를 진행시키는 한편, 국왕의 동반자로서 헨리 8세의 수도원 해산에도 직접 참여하였고, 1603~1640년에는 규모가 3배로 늘어나기도 했다. 또 외교문제·통상·식민지 등 다양한 업무를 처리하기 위해 산하에 여러 소위원회를 두기도 했다. Dusan Encyclopaedia.

2 R. Brazier, *Ministers of the Crown* (Oxford University Press, 1997), 199, n.109.

3 John Fortescure, ed., *George III Corresp.: The Correspondence of King George the Third from 1760 to December 1783*, vol. 2 (London,1927-8), 205-206.

4 식민부의 미래를 잠시 살펴보면, 1955년 The Economist에 해군 관련 역사학자인 파킨슨(Cyril Northcote Parkinson)이 기고한 글에서 "1935년 영국 식민부 행정직원은 372명인데, 식민지가 줄어든 1954년에 그 수가 오히려 늘어서 1661명이다"라고 했다. 물론 이 글의 의도는 필요 없는 공무원 수가 늘어남을 지적한 것이지만 식민부의 공무원의 정체성을 엿볼 수 있다. 그가 기고한 내용은 이후 책으로 출간되었다. C. N. Parkinson, *Parkins Law: The Pursuit of Progress* (London: John Murray, 1958).

5 보고서 원본: http://www.civilservant.org.uk/northcotetrevelyan.pdf.

식적으로는 국왕에게 충성하지만, 국왕보다 각료들의 명령을 수행해야 할 의무를 지니는 공무원을 강조한 것이 그것이다.[6]

한편, 킹슬리J. D. Kingsley가 보는 노-트 보고서의 의의는 좀 달랐다. 그는 "19세기 중엽의 공무원임용의 재조정은 귀족세력의 붕괴를 더욱 촉진시키는 역할을 했다"고 하였다. 그는 몇 가지를 전제로 하고 자신의 생각을 전개시켰다. 첫째는 왕실이나 정부기관에서 활용하는 인원은 전통적으로 '추천'이란 방식으로 진행되었으며[7] 둘째는 영국의 상원의원 members of the House of Lord은 1911년 의회법Paliament Act에 의해 전환점을 맞기 전까지는 세습귀족hereditary peer이라 불리는 거의 특권적인 귀족계층Aristocracy들로 구성되었다는 점이다.[8] 셋째는 공무원의 주 대상은 귀족들이라 보았다. 즉 20세기 초까지 유지되던 상원 내 세습귀족이 자신의 힘을 이용하여 추천이란 방식으로 다양한 정부기관에 자신들의 자녀나 측근들을 관료나 공무원들의 요직에 올려놓았다고 판단한 것이다.

이런 전제와 함께 그는 재무부 사무차관Permanent secretary of Treasury 트리벨리언Charles Trevelyan이 공무원 임용에 '추천'이 아닌 '시험'을 통한 방식을 제안한 부분에 주목했다.[9] '추천'이라면 당연히 세습귀족처럼 힘 있는 자들의 몫이며 대체적으로 이들의 측근들이 추천대상이 된다. 그러나 시험제는 능력별이기에 추천에서 드러날 문제점들이 많이 보완되며 기득권을 가진 귀족세력의 측근관료들이 사라지게 하는 절묘한 방법이

---

6 Gillian Sutherland, ed. *Studies in the Growth of Nineteenth-century Government* (London: Routledge, 1972), 65.

7 W. L. Guttsman, *The British Political Elite* (London: MacGibbon & Kee, 1968), 77.

8 1896년을 예로 들어보면 상원의원에는 세습귀족이 502명이며 이들 외에 국교회주교 26명, 선출 스코틀랜드 귀족 16명, 선출 아일랜드 귀족 28명, 왕실귀족들이 포진해있었다. 이는 상원의원 6/7이 세습귀족이며 나머지도 귀족 이상의 반열에 있었다. 김기순, 「19세기 말 영국의 상원 개혁론: 1880~1895년 잡지 논설 분석」, 『영국연구』 32호 (2014년 12월): 212

9 J. Donald Kingsley, *Representative Bureaucracy* (Ohio, 1944).

트리벨리언(Charles Trevelyan)

될 수 있음을 주목한 것이다. 그리고 트리벨리언의 이런 시험방식이 반영
된 것이 노트 보고서라 본 킹슬리는 기존의 보편적 의의와 다르게 판단
한 것이다.

위에서 제시한 노트 보고서의 두 가지 의의를 놓고 볼 때, 관련 선행
연구들은 보편적 의의를 통해 주로 공무원제도의 뿌리와 발전 등에 초점
이 맞추어져 있었다. 그러나 킹슬리 의의인 '시험제를 통해 정부기관 내에
세습귀족의 세력을 약화시킨 모습'은 거의 보이지 않았다.[10] 왜 후자가 거
의 보이지 않는가? 잘못 정의된 것인가? 그래서 여기서는 킹슬리 의의
에 입각하여 노트 보고서의 적용이 진정 "세습귀족의 정치세력을 약화
시켰는지" 유·무를 알아보고자 한다. 활용 대상은 19세기 중·후반 영국
외무부로 삼았다. 이유는 첫째로 다른 부서와 달리 외무부가 노트 보고
서를 도입한 몇 해 뒤인 1857년에 행정공무원 임용을 위한 시험제도를

10 Emmeline W. Cohen, *The Growth of the British Civil Service, 1780-1939* (Lon-
    don: Frank Cass & Co., 1965); B. O'Toole, *The Ideal of Public Service* (London:
    Routledge, 2006); C. Pilkington, *The Civil Service in Britain Today* (Manchester:
    Manchester University Press, 1999); Great Britain, Parliament, House of Com-
    mons, "Public Administration Select Committee, Truth to Power: How Civil
    Service Reform Can Succeed," *Eighth Report of Session 2013-14*, vol. 1 (TSO,
    2014); Shaun Goldfinch & Joe L. Wallis, eds., *International Handbook of Public
    Management Reform* (London: Edward Elgar, 2009); Richard A. Chapman, *Civil
    Service Commission 1855-1991: A Bureau Biography* (London: Routledge, 2004).

시행한 흔적이 뚜렷이 보인 때문이었다.[11] 둘째로 단계적으로 분석해오던 영국 외무부의 대내외 입지 여부를 통한 정체성 정립과 관계가 있다. 19세기 중후반으로 연구영역을 확대시키는 과정 중에 노-트 보고서 적용을 통해 임용되는 외무공무원들의 성향분석이 큰 의미를 가질 것으로 보였기 때문이다. 셋째로 외무부는 추밀원의 전통을 이어받은 정부기관의 대표성을 띤 곳이기에 귀족계급들이 선호할 곳으로 추정된다. 그러므로 이곳에 임용되는 공무원들의 성향분석을 추진하다보면 세습귀족의 약화 정도가 자연스레 확인될 것으로 본다.

노-트 보고서의 성립과정과 목적

노-트 보고서의 성립에 있어 그 뿌리를 어디에서부터 찾아야하나? 휴즈Edward Hughes는 자신의 에세이 'Civil Service Reform, 1853-55'에서 1846년의 역사적 상황에서부터 찾아야 한다고 보고 있었다.[12] 나폴레옹과의 전쟁 후유증인 재정 악화가 1차 선거법 개정(1832년) 이후 조금 마무리된 듯 보였다. 하지만 1845~1848년 사이에 아일랜드를 강타한 대기근은 영국 정부에 다시 재정적인 부담을 주었다.[13] 특히 1847년에 아일랜드 전역에 감자마름병으로 기근이 확산되자 영 정부는 특단의 조처가 필요했다. 1848년 2월, 두 달 후에 만료되는 소득세를 5년간 연장하고 세금

---

11   Z. Steiner, *The Foreign Office and Foreign Policy, 1898-1914* (Cambridge University, 1969), 16.

12   Edward Hughes, "Civil Service Reform 1853-5, History, June 1942", *Public Administration*, Vol. 32, Issue 1, (March 1954): 17-51.

13   Sir Charles G. Duffy, *Four Years of Irish History 1845-1849* (London: Galpin & Co., 1888); James S. Donnelly, *The Great Irish Potato Famine* (London: Sutton Publishing, 2005).

액을 일부 올리겠다고 러셀 정부가 선언하자 각처에서 반발이 일어났다. 결국 열흘 만에 이 문제는 철회하게 되었지만, 재정문제를 풀기위한 의견은 정가나 사회단체에서 계속 회자膾炙되었다.[14]

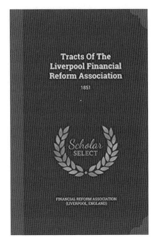

리버풀 소책자

대표적인 단체는 리버풀개혁위원회 Liverpool Reform Association인데 이곳의 목적은 정부의 재정지출 정도를 제대로 안착시키려면 간접세에서 직접세의 전환을 포함한 세금제도의 대대적인 개혁을 하려는 데 있었다. 또 다른 주장도 있었다. 재정문제를 풀려면 공적비용의 절감이 우선되어야 하며, 세금의 근원적인 방식의 변화도 필요하다는 것이다.[15] 후자의 주장과 관련하여 움직이는 단체들은 1849년 4월을 기준으로 보면 36개가 있었고, 대표적인 팸플릿이 '리버풀 소책자Liverpool Tracts'였다. 이들 단체는 주로 의회의 개혁이 필요하다는 데 한 목소리를 냈고, 개혁을 부르짖는 일부는 정부공공기관과 관련한 재정 축소도 고려했다. 이런 경우 주요 표적은 식민지정책이나 국방정책이며, 관련 주장은 정책을 관할하는 기관의 공무원 인원감축이나 봉급을 축소하는 데 있었다.[16] 하지만 1848년 2월혁명을 정점으로 유럽경제가 점차 회복되고 영국 내 경제상황도 1851년 세계 첫 만국박람회를 기점으로 상승곡선을 긋기 시작하자, 1850년 이후엔 '리버풀 소책자'

14 Annual Register, 1948, 43.

15 Gidlow Jackson, *Public Opinion and Administrative reform in Britain between 1848 and 1854*, M. A. thesis of A. D. (London University, 1958).

16 Sutherland, *Studies in the Growth of Nineteenth-century Government*, 69.

를 중심으로 움직이던 단체들의 목소리는 거의 소진되었다.

1846년은 아일랜드 대기근도 있지만 곡물법폐지(완전한 관세철폐)란 역사적 사건도 있었다. 관세철폐로 인한 자유무역이 펼쳐지게 되었는데, 이틈에 해외로 오가는 물품을 보관하던 창구였던 곳dockyards들을 관리하던 재무부 공무원들을 중심으로 사기詐欺나 스캔들이 수시로 발생했다. 이런 문제에 대해 여러 기관에서 비난을 하였다. 특히 아일랜드 노동위원회, 왕실소유지 운영위원회 등에서 그 수위를 높였다. 주로 비난하던 내용은 일을 잘못 처리한 경우나 행정적 실수에 대하여 정부가 너무 관대하다는 부분부터 각 부처마다 많은 공무원 수와 이로 인한 과다봉급을 지적하는 등에 이르기까지 다양했다. 궁극에는 관행으로 추진해오던 추천제도로 인해 생겨난 엽관귀족들, 특히 정치노선을 타고 입성한 무능한 (낙하산)공무원들을 중점 공격하기에 이르렀다.[17] 무능한 공무원이 나오는 이유는 추천을 통해 공무원직에 오르던 귀족들 중 일부는 능력이 출중하겠지만 그렇지 못한 경우들도 많았기 때문이다. 전자는 개인교습을 받으면서 교육적인 능력이 출중해진 경우이며, 후자는 가계의 배경만 믿고 전혀 능력을 개발하지 않고 공무원이 된 경우이다. 이런 공무원들을 공격하는 방법으로 빈번하게 주장된 내용이 '시험을 통해 채용하자'였다.

1851년 경제회복이 되던 시점에 이르면 '리버풀 소책자'가 추구하던 '공공기관들의 재정 축소(특히 공무원들의 인원감축과 봉급 감소)'란 소리들이 약해진다. 이와 달리 시험제도의 필요성은 변함없이 주장 되고 있었다. 경제회복 곡선의 굴곡과 별개로 전문지식을 가진 젊은 층들의 수요가 있어야한다는 보편적 인식이 공무원 비리를 바라보던 정가나 사회일원에서 생겨났기 때문이었다. 한 예를 들어보면 1850년 4월에 흄Joseph Hume

---

17 Sutherland, *Studies in the Growth of Nineteenth-century Government*, 70.

이 의회에서 "무능한 공무원들을 퇴진시키기 위한 독립 위원회를 설치하자"고 제안했다. 동시에 그는 "이곳의 임무가 공무원으로 입성하기 원하는 모든 후보자들이 시험을 치르게 하는 곳"이란 점을 강조했었다.[18]

그렇다면 시험제도는 아니더라도 전문지식을 필요로 하던 움직임이 영국 내에 진행된 사례가 있었는가? 동인도회사에 임용된 사원들의 교육방식이 그 사례이다. 페어William Farr가 1848년 12월에 런던통계위원회the Statistics Society of London에 출석하여 낭독한 '영국공무원들의 통계자료Statistics of the Civil servants of England'를 보면, "동인도회사는 … 자체 내 사원들을 잘 보살피고 있다. 이들은 17세 정도의 젊은이를 채용하여 좋은 교육 여건 하에서 전문 교육을 재차 훈련시킨다. 특이한 것은 이들이 인도와 본국을 번갈아 다니며 수습교육을 받는 동안에는 더더욱 공적 임무에서 제외시켜준다."란 부분이 있다.[19] 이는 동인도회사에서 만큼은 임용 시 교육을 통한 능력 있는 인물 확보를 선호한다는 의미이다. 노-트 보고서의 주역인 트리벨리언의 1849년의 회고에도 이와 비슷한 표현이 나온다.[20]

한편 1848년의 유럽 공황을 영국도 겪고 있었다. 당시 영국 재무부는 재정개혁의 필요성을 절감하고 있었다. 특히 인맥을 통해 무분별하게 임용된 공무원이 많아서 재정적 손실을 현실적으로 느끼던 재무부에선 공무원개혁을 통해 능력 있는 인물들을 발탁하고 기존의 무능력자들을 정리하고 싶어 했다. 이 시점에 재무차관이던 트리벨리언의 동인도회사 내 공무원들의 교육 사례언급은 국내 공무원개혁의 핵심 아이디어가 되었음은 자명하

18 Hansard, 3rd series, CX, cols 1016-17; Ronald K. Huch & Paul R. Ziegler, *Joseph Hume, the People's M.P.* (Philadelphia: American philosophical society, 1985).

19 *Journal of Statistical Society of London*, Vol. XII, 1849.

20 *Emoluments in Public Office* (1856), 86.

다. 비록 재무장관이던 글래드스턴의 지시가 있었지만 트리벨리언은 개혁에 대한 자신의 관심이 더욱 컸기에 보수당 정치가인 노스코트Stafford Northcote[후에 외무장관인 Earl of Iddesleigh(1885~1886년)와 동일 인물]와 함께 능력자를 뽑는 방안을 모색했다. 그것이 바로 노트 보고서이며 중심 화두는 회자되고 있던 '시험제도의 도입'이었다.

노스코트(Stafford Northcote)

1853년에 시험제도를 도입하겠다는 정부의 안건이 노트 보고서를 통해 의회에 상정되었고 이어서 수월히 통과되었다. 당시 정부나 의회에서 시험제도의 도입을 긍정적으로 보게 된 이유는 1847년 이후 모든 공무원들이 시험을 통해 유능한 인재를 뽑고 있는 프러시아의 사례를 높이 평가한 것도 있지만[21] 동인도회사의 사례가 사실상 설득력이 더 있었기 때문이다.

한편 통과된 시험제도를 가장 먼저 도입한 곳은 재무부다. 재무부는 그동안 스캔들이 많던 '관세 부서'에 이 제도를 시범적으로 도입했다. 시험을 주관하던 시험담당위원회가 선호하는 교육조건은 대학졸업자였다. 이유는 관세 부분은 매우 정교함이 요구되므로 높은 지식 소유자여야 하기 때문이라고 했다. 하지만 당시 대학교육은 귀족들의 점유물이기에 시험 칠 자격은 귀족 출신에 국한되었다. 결국 재무부가 시험제도를 활용하는 듯 했지만 이전의 추천제와 큰 차이가 없는 형식적인 움직임만 보

---

21 *The Westminster and Foreign Quarterly Review*, vol. XLVI, (London: Trubner & Co., 1947), 222-24. Review of Report on Andover Union, Annual Reports of Poor law Commissioners, and Report of Railway Termini Commissioners, Entitles 'Patronage of Commissions'.

였을 뿐이다.[22] 오히려 스탁J. Herbert Stack은 자신의 팸플릿(1855년) "Our Government Offices"에서 재무부엔 "학력과 재력이 있는 중간계급들 중 꽤 많은 숫자가 추천제로 공무원직에 임명하고 있다"고 시험제도를 무색하게 하는 표현을 하기도 했다.[23]

그렇다고 시험제도로 중간계급들이 재무부에 전혀 진출하지 못한 것은 아니었다. 더블린 트리니티 칼리지의 수학교수인 그래브스Charles Graves와 말보로 칼리지의 학장이던 커튼G. E. L. Cotton이 의회에 제출한 노트 보고서 관련 조사서에서 '아무런 연고가 없는 중간 계층의 자제들이 경쟁을 통해 고용된 사례들이 다수 있음'을 밝히고 있었다.[24] 그러나 버밍엄의 에드워드 학교의 교장인 기퍼드E. H. Gifferd의 조사서 내 진술 내용도 주목할 필요가 있다. 그의 의견은 중간계급 자제의 진출이 있었지만 기대 이하로 무척 제한적 숫자에 머물렀다고 하였다. 기퍼드는 적어도 공무원으로 발탁되려면 인문학, 언어, 경제 등을 이수해야하므로 나이가 17~18세는 되어야 하는데, 일반적으로 중간계급들 자제들의 교육은 14세에 끝나고 사회에 나가게 되므로[25] 공무원 시험 보기에는 자격미달이 된 것을 지적한 것이다.[26]

---

22 Sutherland, *Studies in the Growth of Nineteenth-century Government*, 71.

23 J. Herbert Stack, *Our Government Offices* (London, Ridgway, 1855).

24 *Parliament Papers, 1854-5*, 21 ff, and 58 ff.

25 1864년 톤튼위원회(Taunton Commission)가 제시한 중등학교의 서열은 3분제가 원칙인데, 선두인 클래런던 스쿨은 옥스-브리지 진학에 가장 유리한 특권을 지니며 18세까지 재학한 후 대학에 진학한다. 다음은 '1류 학교'인데 전일제 주간학교 형태로 라틴어 고전을 배우고 16세에 졸업한다. 마지막으로 '2류 학교'는 라틴어 기초만 배우고 14세에 졸업한다. Young-Suk Lee, "Some Educational Problems in the Late Victorian Age: The Discourses on Examination," *The Korean Journal of Western History* 74 (September 2002): 96-97 [이영석, 「빅토리아 시대의 교육문제-시험에 관한 담론」, 『서양사론』 74호 (2002년 09월): 96-97].

26 *Parliament Papers, 1854-5*, XX, 47-9.

결국 노트 보고서에서 얻고 싶은 실질 목적은 킹슬리가 의도했던 중산층 진출로 귀족층을 쇠퇴시키는 것이 아니고 불필요하거나 무능한 귀족층 공무인원을 합법적으로 걸러내자는 데 있었음이 확인된다. 특히 처음으로 이 시험제도를 도입한 재무부의 진행과정에서 그런 의도가 명확히 읽혀진다.

외무부 내 행정공무원 임용분석

1660년부터 국무부는 국내외 문제를 함께 다루었지만 1782년에 외무부와 내무부로 분리되었다.[27] 그러므로 노트 보고서 적용 이후의 외무부 내 행정공무원 임용의 변화를 추적하기 이전에, 국내의 정치·경제변화가 크던 1832~1850년대 사이 두 기관의 공무원 임용이 어떠했는지를 먼저 살펴볼 필요가 있다.

내무부를 보면, 규모 면에서는 재무부보다 월등히 작고 외무부보다도 조금 작다. 아직 왕실 통치하의 국무부란 이름하의 지부 정도로 인식되어 있어 독자성이 그리 크지 않았을 뿐만 아니라 서기관Clerk 중심의 최소한 인원으로 운영되고 있었다.[28] 내무부는 총서기관Chief clerk 1명과 4명의 시니어 서기관, 9명의 주니어 서기관으로 총 14명으로 운영했다. 이외 보조 공무원을 다 합쳐서도 21명 정도였다.[29](외무부 경우는 1841년을 보면 총

---

27 Hyun-soo Kim, "Transition of Political and Administrative Position of British Foreign Service during the 18th century," *The Korean Journal of British Studies* 22 (December 2009): 120-121 [김현수, 「18세기 영국 외무부서의 정치적, 행정적 입지변화」, 『영국연구』 22호 (2009년 12월): 120-121].

28 Sutherland, *Studies in the Growth of Nineteenth-century Government*, 85.

29 Raymond A. Jones, *The British Diplomatic service, 1815-1914*, (London: Gerrards Cross, 1983), 17.

운영 인원이 56명이다)[30] 결국 내무부는 불필요한 인원이 없어 자연스럽게 노-트 보고서의 목적에 부합되는 모습이었다. 앞서 언급한 바이지만 노-트 보고서의 실질적 목적은 불필요한 귀족층 공무인원을 합법적으로 걸러내자는 데 있었기 때문이다. 이런 노-트 보고서의 아이디어를 이미 갖고 있던 트리벨리언이 1849년에 내무부의 상황을 점검한 뒤, "내무부엔 공무원의 변화가 필요 없다"고 언급했다.[31] 이를 확대해보면 노-트 보고서에 영향을 받지 않고 귀족들이 안주하고 존속할 수 있는 기관이 내무부임을 단적으로 말해주며, 사실 그러했다.

1782년 내무부와 같은 해에 시작된 외무부의 경우는 어떠한가? 노-트 보고서가 제출되던 1850년대까지를 주목해보자. 첫째, 외무부도 1832년 이후 거의 실권이 사라진 왕실의 레임덕lame duck 상태를 따라가고 있었다. 왜냐하면 연간왕실비Civil List에서 외무공무원들의 운용비를 받으면서 사라져가는 '왕실의 특혜'의 중앙에 놓여 있었기 때문이다.[32] 둘째, 외무장관으로 임명된 자들은 캐닝이나 파머스턴처럼 총리들과 버금가는 위치나 추후 총리가 될 자들이었다. 또한 이들은 대부분 귀족 출신으로 상원House of Lord 소속이어서[33] 하원House of Common의 간섭에서 자유로웠다. 그러므로 다른 기관들, 심지어 재무부의 간섭도 거의 받지 않는 독립

---

30 Hyun-soo Kim, "The Inner Growth of the British Foreign Office, 1882-1841," *The Korean Journal of British Studies* 27 (June 2012): 237 [김현수, 「영제국 외무부의 내적 성장, 1822-1841:외무차관의 행정역할 관점에서」, 『영국연구』 27호 (2012년 06월): 237].

31 *Lewis to Trevelyan, 3 July 1848 and July 1848*, HO 36/29 P.R.O.

32 V. Cromwell, 'The private member of the House of Commons and Foreign Policy in the nineteenth century', *The International Commission for the History of Representative and parliamentary Institutions XXVII* (Paris: Louvain, 1965), 202-205.

33 1800년에서 1914년 사이 하원 출신의 외무장관은 3명 정도밖에 없었다. 그중 한명이 아일랜드의 부유 상인 자제인 캐닝이 있다.

적인 고위층 기관으로 남아 있었다.[34] 모든 것이 내무부의 현실과 마찬가지로 외무부에서도 귀족중심을 벗어난 변화가 쉽지 않음을 말해주는 내용들이다.[35]

이렇듯 두 기관은 초기 환경이 비슷하지만 노-트 보고서 적용 이후에 분명한 차이점이 보인다. 내무부는 영국 정가庭柯 전반에 시험제도가 최소한의 관료(서기관이라 불림)들로 운영되므로 시험을 통해 뽑는 여타 관료가 굳이 필요 없다고 스스로 인식하고 있었다.[36] 이런 생각은 1880년 무렵까지 실질적으로 지켜졌다.[37] 여기서 내무부는 노-트 보고서 이후 상당기간 동안 시험제도를 도입하지 않았음을 알 수 있다. 반면 외무부는 노-트 보고서가 적용된 얼마 후인 1857년에 시험제도를 도입한 흔적이 있다. 본 장이 노-트 보고서 이후 내무부보다 외무부의 공무원 임용 변화의 분석에 초점을 둔 이유가 여기에 있다. 그렇다면 노-트 보고서가 도입된 후에 외무부 내엔 공무원 임용이 어떻게 전개되었고 시험제도를 어떻게 받아들였나?

먼저 외무부의 최고위직인 외무장관을 살펴보면, 1854~1914년까지의 60년 사이에 장관직을 수행한 인물들은 14명으로 모두가 시험과 무관한 추천·임용된 자들이다. 이들이 추천·임용된 이유는 왕실이나 정부가 국내 업무와 달리 대외 업무란 특수성을 인식하고 외무부 내에서의 전문인으로서의 역할을 더 중요시했기 때문이다. 다르게 표현해보면, 노-트 보고서 이후에도 외무부 내 최고위층 관료들은 선택받은 한정된 세습귀족

---

34 R. A Jones, *The administration of the British Diplomatic service and Foreign Office, 1848-1906* (Unpublished PhD, thesis, London, 1968). chapter I.

35 Sutherland, *Studies in the Growth of Nineteenth-century Government*, 169.

36 Peel Papers, B. M. Add.Mss. 40347, f.295.

37 Sutherland, *Studies in the Growth of Nineteenth-century Government*, 106.

부류들이란 의미가 된다.

외무장관이 전문성, 특수성 때문에 자리의 변화가 크지 않다는 의미는 외무부 차관급 부류에도 동일하게 해당되었다. 노-트 보고서로 인해 충분히 변화가 이뤄졌을 1880~1910년 사이 차관들의 자리 이동을 살펴보자. 분석의 출발은 외무부에서 보낸 45년 근무기간 중에 해외 특명대사로 나간 시간이 단지 2년뿐이었고, 오직 외무부에서만 보직을 갖고 있었던 샌더슨Thomas Sanderson을 중심으로 전후인물들을 살펴보았다. 먼저 샌더슨에 이어서 사무차관Permanent Under-Secretaries(1894~1906년)직을 맡게 된 하딩스Charles Hardings(재임기 1906~1910년) 경우, 그는 상트페테르부르크 주영 대사로부터 이 자리로 옮겨왔던 인물이다. 다음으로 샌더슨 이전의 두 사무차관인 파운스포트Julian Pauncefote(재임기 1882~1889년)와 커리Philip Currie(재임기 1889~1894년)는 그들의 임기를 성공적으로 마치자 미국과 이탈리아에 대사로 자리를 옮겼다. 이 시기에 차관보 Assistant Under-secretary 출신인 버티Francis Bertie(재임기 1882~1885년), 고슬린Martin Gosselin(재임기 1898~1902년), 빌리어Francis Villiers(재임기 1896~1905년) 등의 움직임도 살펴보면 모두가 대사나 공사로 나갔다. 이상으로 살펴본 30여 년 동안의 고위공무원의 인사이동은 세습적이고 전관예우에 준한 움직임이 전부였다. 결국 이런 현상은 20세기 초까지도 외무부 고위직에 능력 있는 외지 인사가 발탁되거나 입성하는 것이 거의 불가능하다는 의미이기도하다.[38]

그렇다면 중하위급 공무원의 임용 때는 어떠한가? 이 경우도 추천제로 사람을 후보자 선상에 올리는 것은 여전히 존재하고 있었다.[39] 하지만 1855~1857년 사이를 다시 주목해보면 공천된 후보자들은 외무장관이

---

38 D. Collins, *Aspects of British politics* (Oxford: Pergamon Press 1965), 115.

39 추천제는 1902년 외무장관 직에 오른 랜스다운경 때 까지 지속되었다.

제안하고 인사위원장에 의해 인가된 시험을 치른 기록이 보인다. 당시 외무부가 시험을 선택한 이유는 외무 관련 전문가인 장·차관과 특수성 있는 외무부의 일들을 원활히 다룰 전문 인력을 확보하기 위해서였다. 이 시험에는 8가지 필수 테스트(철자법, 산술, 영작, 요점 필기, 불어, 라틴어, 독어 해석, 상식)로 구성되어 있었다. 더군다나 클래런던George Villiers, 4th Earl of Clarendon(재임기 1868~1870)이 외무장관직을 마치던 1870년까지는 추밀원령에 의해 면제받았던 지리와 역사 시험도 1871년부터는 추가로 채택하여 엄중히 치러졌다. 이런 환경 때문에 시험을 치르는 기준 연령대는 18~25세 사이였고, 중등교육의 '2류 학교'를 나온 14살 난 평범한 소년과 열악한 교육을 받은 자들은 지독히 무식한 자grossly ignorant들로 취급받아 시험을 치를 자격이 없었다.[40] 결국 이 시험을 통해서 매년 평균 3~5명 정도만 중하위 외무공무원으로 임용되었다.[41] 그렇다보니 시험제로 채우지 못한 인원은 여전히 존재하던 추천제 형식으로 선정되었다. 결국 추천제는 랜스다운 경Lord Lansdowne이 외무장관직에 오른 1902년까지 시험제와 겸하여 지속되었다. 그러다보니 20세기 초까지도 전문·특수직이란 의식하에 중하위 공무원 임용에 고위관료들의 직·간접적 추천의 입김이 여전했다.

추천제가 배제된 시험제도만으로 공무원을 임용하던 시점인 1902년부터는 시험을 치를 최저 나이가 22세로 올라가 있었다. 이는 당시 외무장관 랜스다운이 대학 졸업자를 선호한 때문이었다. 그는 외무부 지망자라면 시험을 치를 때 의무적으로 외교상 핵심국인 독일과 프랑스의 언어

---

40 Young-Suk Lee, "Some Educational Problems in the Late Victorian Age,": 100 [이영석, 「빅토리아 시대의 교육문제」, 100]

41 Steiner, *The Foreign Office and Foreign Policy, 1898-1914*, 16; *Parliament paper*, 1914-16, Cmnd. 7749,75.

시험을 높은 점수로 받아야 한다는 시험조항도 주문했다.[42] 이런 상황이고 보니 능력 부족의 응시자들은 더더욱 시험을 치를 수 없어서 자연스레 소멸되었다. 반면 대학졸업자로서 능력 있는 젊은이들은 외무부가 기회의 장이 되어 대거 지원하면서 오히려 경쟁이 격렬해졌다. 한두 명을 임용하는 일부 부서에 20여 명이 지원하는 현상까지 발생했다.

이 때문에 1902년에 시작된 시험제도는 1907년에 운영상 또 한 번의 변화가 필요했다. 그 모습은 일부 고위급 공무원(고위공직자의 보좌관, 외교관, 정부의 부처장)이면서도 시험을 치러야 하는 대상의 경우였다. 정부는 선발위원회Board of Selection란 기구를 도입하여 먼저 이들 지원자들의 서류를 접수받는 형태였다. 이후 선발위원회에서 시험에 버금가는 여과 조항(부모, 자산, 학교)들을 만들어 부적격자를 걸러내고 최종합격자를 뽑았다. 이는 일부 고위층 능력자를 뽑을 때 세습형식의 추천제로 돌아가지 않고도 랜스다운식 시험제도를 보완(경쟁자들 때문에 곤욕을 치른 점)을 할 수 있다고 본 응용형 제도였다. 하지만 여론에서는 이 제도가 시행되자 여과조건(출신학교, 부모, 자산 정도)을 악용하여 특정적 집안이나, 학교 출신 지원자를 무더기로 합격시키고 있다고 비난했다. 비난의 이유 중 하나는 사실 응시자 중 떨어진 숫자는 2%밖에 되지 않았기 때문이었다.[43] 다음은 19세기 말 당시 귀족들이나 부유한 젠트리의 아들들(주로 차남)이 전문직을 많이 선호했던 것과 무관하지 않았다.[44] 마지막으로 1908~1913년 사이에 새로 임명된 16명의 외무부 서기관clerk들의 학교 출신을 조사해보면, 모두가 대학교를 나왔다. 특히 이들 중 상인 출신 자녀는 단지 2

---

42 *Parliament paper*, 1914-16, Cmnd. 7749,q.38,693.

43 *Parliament paper*, 1914-16, Cmnd. 7749,10.

44 1898년에서 1907년 사이에 외무부의 28명의 서기(clerk)들의 학교 출신을 조사해보면, 모두 가 주요 사립학교(public School)를 나왔고 이튼(Eton)칼리지를 나온 자들도 12명이나 된다.

명뿐이었다.[45] 이런 점들을 미루어 보면 선발위원회에 대한 여론의 비난
이 어느 정도 수긍이 간다.

결국 노-트 보고서가 적용된 이후의 외무부 내 변화를 추적해보면 외
무부 고위 공무원들은 외무부 내에서 깊이 뿌리를 내리고 있었기에 보고
서의 영향력이 크게 미치지 못했음이 파악된다. 단 고위공무원들이 그들
의 편의를 위해 중하급 공무원을 선출할 시엔 노-트 보고서에서 소개된
시험제도가 도입되고 활용되었음이 분명하다. 하지만 랜스다운이 외무장
관으로 오를 때인 1902년까지 추천제가 존재했다는 것과 그가 전면 시행
한 시험제도를 원활하게 운영코자 도입한 선발위원회(1907년) 체제가 시
험제도의 시행의 본래 의미를 무색하게 만든 것으로 판단된다.

결론적으로 노-트 보고서 적용과 그 일원으로 시행된 시험제도가 20
세기 초까지도 운용상 미비함을 보인 점은 외무부 행정공무원의 임용이
세습귀족들의 입김과 그 범위 안에 놓여 있음을 잘 말해준다. 동시에 영
제국 외무부 조직의 정체성이 무엇인지도 엿볼 수 있게 해준다.

해외주재 외무공무원 임용분석

외무부에서 활동하는 인력에는 국내에서 기관의 운영을 담당하는 행
정공무원들과 해외공관을 책임지는 해외주재 외무공무원으로 나뉜다.
그러므로 외무부 조직의 정체성을 살펴보려면 두 부류의 상황들을 모두
살펴보아야 한다. 이와 함께 해외주재 공무원 임용을 분석할 때엔 추가적
으로 언급해야 하는 부분이 있다. 해외주재 공무원에도 중상위 공무원으

---

45 *Parliament paper*, 1914-16, Cmnd. 7749.

로 외교관에 해당하는 대사와 공사가 있고 실무 담당하는 중하위 공무원으로 나뉘어 있다. 이런 부류에서 중하위 공무원의 선출 및 임명은 외무부 행정공무원 임용과정과 동일하므로 앞장에서 밝힌 절차로 확인 가능하다. 그러므로 해외공관 부분에서 찾으려는 임용 관련 분석은 외교관(대사나 공사)에 국한해서 진행해야 한다는 점이다.

외교관에만 집중한 연구 결과는 영국의 대외능력이 급속히 커지던 1860년에 이르기까지와 비례하여 외교관들의 숫자도 이즈음 급속히 늘어났는데 이들 대다수가 귀족 및 특권층임이 증명되었다. 증명하는 과정 중에 찾은 원인 중의 하나는 '전통적인 외교관의 특성'이었다. 외교관은 왕의 특사로 오랫동안 역할을 하였기에 대외적으로 '왕의 대리인'으로 알려졌다. 왕의 대리인이라면 왕이 가장 신임하는 계층(출신그룹)이어야하며, 당연히 귀족이나 고위공직자들, 그들이 당사자이거나 또는 친척, 자녀가 이에 해당되었기 때문이다.[46]

다른 하나는 분석과정에서 잠시나마 중하위권 공무원처럼 여겨진 '무보수직원'에서 밝혀내었다. 왕은 자신의 대리인인 만큼 연간왕실비Civil List로 외교관을 운영하고 있었다. 하지만 19세기에 접어들어 의회중심으로 정치가 운영되자 왕의 경제적 상황은 제제를 받았다. 때문에 왕실의 주머니에서 나가는 외교관의 봉급이 외교관 보좌 그룹까지 지원해야한다는 점엔 왕실이 은근히 부담을 느꼈다. 때문에 드러내놓고 호불호好不好를 나누지는 않았지만 왕실도 무보수 차원의 외교관을 선호하기 시작했다. 관련되어 주목된 곳이 1850년대까지 이어져오던 '가족대사관Family Embassy제도'인데 이 제도 하에서 '무보수직원'들이 선발되었다는

---

46 Hyun-soo Kim, "Transition of the British Ambassador's Domestic and Foreign Position, 1815-1865," *The Korean Journal of British Studies* 31 (June 2014): 109-111 [김현수, 「영국 외교관의 대내외 입지분석, 1815-1865」, 『영국연구』 31호 (2014년 06월): 109-111].

기록들이 명확히 보였다. 무보수직원은 중하위직이며 무보수이지만 유럽 각지에서 외교관의 파트너로 역할을 한다는 매력 때문에 경제적인 안정권에 있던 귀족집안 출신들 자녀들이 선호했다. 때문에 무보수직원조차 귀족 및 특권계층이 장악했다.[47] 결국 노-트 보고서가 채택된 지 얼마 지나지 않은 시점인 1860년까지의 외교관은 귀족으로 구성되어 있음이 분명했다.

그렇다면 노-트 보고서가 본격적으로 적용된 19세기 후반에서 20세기 초 사이에도 외교관들의 주축이 귀족 계급들로 구성되고 유지되었는가? 이들의 경우도 노-트 보고서의 영향하에 시험을 치르거나 하는 채용의 모습이 있었는가? 1907년 외교관을 선발위원회에서 추천하여 뽑는다는 기록 이외에는 별다른 기록들이 보이지 않는다. 이런 상황에선 1860년 이전의 외교관 분석에서 활용한 출신성분 분석을 적용해서 이후까지 정체성을 확인할 수밖에 없다. 만약 출신성분 분석에서 귀족 출신성분이 높다면 시험제보다는 당연히 추천제가 선호될 것이며, 이 시기의 외교관도 귀족들로 유지되었다고 확정지어도 될 것이다. 이는 곧 외무부 조직의 정체성이 무엇인지도 말해줄 수 있다.

외교관 성분 분석의 기준은 본인의 출신성분, 부모의 출신성분, 본인의 출신학교 등을 중심으로 알아볼 수 있다. 관련 자료는 존스R. A. Jones[48]의 'The British Diplomatic Service' 내용에서 다수 보인다. 첫째 1860~1914년 사이에 외교관(대사 및 공사)으로 임명된 인원은 210명이었다. 이들의 사회 출신성분을 살펴보면 이러하다. 다음에 나오는 표를 보면 귀족

47　Hyun-soo Kim, "Transition of the British Ambassador's Domestic and Foreign Position, 1815-1865,": 115-120. [김현수, 「영국 외교관의 대내외 입지분석, 1815-1865」: 115-120].

48　Raymond A. Jones, *The British Diplomatic Service, 1815-1914*, (London: Gerrards Cross, 1983).

Aristocracy층이 38%이고 중간계급 출신이 62%에 이른다. 이렇게 보면 중간계급이 중심이 된 외교시대가 열렸다고 볼 수 있다. 여기서 조금만 더 분석을 진행해보면 상황이 다르다. 중간계급의 경우에 돈 많은 지주 젠트리Landed Gentry층이 22%인데 이들은 작위만 없지 거의 귀족과 같은 삶을 영위하는 부류였다. 그러므로 교육도 귀족들만큼 받고 전문직화한 다음에 추천제가 존재하는 동안은 귀족들처럼 세습적 해택을 받을 수 있는 계층이기도 했다. 지주 젠트리층을 귀족과 합류시킨다면 60%가 특권을 누리는 결론이 나온다. 다시 말해서 1902년까지 존재하던 추천을 통한 후보자결정 체제와, 1907년 이후에 생긴 선발 위원회 등에 의해 혜택을 받았거나 받을 수 있는 상황에 노출된 외교관의 비율이 60%가 된다는 의미이다.

1860~1914년 사회 출신성분으로 본 외교관들[49]

사회 출신성분	인원(명)	비율(%)
귀족계급(Aristocrats)	81	38
귀족(Peers)	58	27
준귀족(Baronets)	23	11
중간계급(Commoners)	129	62
지주 젠트리(Landed Gentry)	45	22
여타 중간계급(Other Commoners)	84	40

둘째, 외교관의 부모의 출신을 점검해보았다. 1832년의 1차 선거법개정으로 인해 소규모 산업 자본가들이 의회에 진출할 수 있는 기회가 커

---

49 Jones, *The British Diplomatic Service*, 139.

졌다. 교과서적으로는 1851년 만국박람회 이후부터 영제국의 시대가 열리면서 부를 축적한 이들(산업 자본가들)이 주축이 된 중간계급의 시대가 19세기 후반에 도래했다고 알고들 있다. 그러나 다음 표에서 보듯이 외무부 소속 외교관들의 부모직업으로 본 210명의 성분에선 전혀 다른 결과가 보인다. 부모들의 출신성분으로 정치가, 주요고위공무원, 지주층 등을 제하고보면 순수한 산업자본가 출신의 자녀가 외교관이 된 경우는 단지 8%에 불과하다. 외교관들에게는 여전히 귀족들을 위한 환경이 유지되고 있음을 시사하고 있다.

1860~1914년 부모직업으로 본 외교관들[50]

부모직업	인원(명)	비율(%)
의회의원과 정부관료	33	15
관료 출신	37	17
육해군 장성	46	22
전문인(교회지도자, 공무원, 법률가, 의사)	32	16
상공업자	18	8
특정 직업이 없는 귀족과 지주	44	21

그러면, 외무부의 경우와 달리 세간에 중간계급 시대가 온 것으로 알려진 근거는 어디에 있나? 다음 표에서 제시한 영제국의 전성기라 볼 수 있는 1880년 전후 세 차례(1874, 1880, 1885년)에 당선된 의회의원의 부모직업이 중상층 이상인 자들과 바로 앞에 제시한 표에서 외교관들의 경

50 Jones, *The British Diplomatic Service*, 140.

우를 비교해보면 확실히 이해가 간다. 1880년 전후 세 차례를 비교한 의회의원 중에 순수 세습귀족은 평균 22%이지만 순수 중간계급으로 보는 상공업자의 비중이 평균 34%이다.(참고로 외교관은 8%에 불과하다) 중간계급들이 사회적으로 약진했음이 가시적으로 보임을 알 수 있다.

1860~1914년 부모직업으로 본 의회의원과 외교관들의 비교[51]

부모직업	비율(%)				
	의회의원(MP)				외교관
	1874	1880	1885	3차례 평균	
특정 직업이 없는 귀족과 지주	32	19	16	22	21
육해군 장성	18	13	12	14	22
공무원 출신	2	1	-	1	17
전문인(교회지도자, 공무원, 법률가, 의사)	24	26	32	27	16
상공업자	24	40	38	34	8
의회의원과 정부관료	-	-	-	-	15

셋째 외교관의 출신학교로도 살펴보았다. 1968년 사립학교법The Public School Act의 적용대상은 7개 기숙학교—이튼Eton, 해로우Harrow, 럭비Rugby, 윈체스터Winchester, 웨스터민스터Westminster, 슈루즈베리Shrewsbury, 차터하우스Charterhouse였다.[52] 사립학교 법에 의해 지정된 기

51 Jones, *The British Diplomatic Service*, 141.

52 사립학교법 제정을 촉구했던 1862년 클래런던 위원회(Clarendon Commission)가 교육개선안, 기부금 입학, 학생선발 규정들을 정립할 것을 제안했을 때는 위 7개 학교 외에 주간학교인 세인트폴즈(St. Paul's)와 머천트 테일러(Merchant Taylors')를 포함하여 9개 학교였다. Young-Suk Lee , *Modern Scenery: to sketch by a Historian*, (Seoul: Puron Yeoksa,

숙학교에 들어간 학생들은 이곳에서 과학, 언어, 게임, 음악 등을 포함한 일상적인 교육은 물론 정부관료가 될 때를 대비한 교육, 그리고 영제국을 지켜낼 인물들로의 자세 등을 주요하게 배운다.[53] 결국 상위 사립학교를 다닌다는 것은 '출세의 통로'가 열린 것과 같으므로 부모영향력과 같은 인맥 외에 학맥이란 또 다른 수단이 외교관 임용 때에 상당히 역할을 한 것이다. 다음 표에서 드러난 1860~1914년 사이의 외교관 210명의 학교 출신배경을 보면 좀 더 확실하게 이해할 수 있다. 주요 고위관료로 입성하는 관문인 이튼 칼리지 출신만 하더라도 51%에 달한다. 그리고 표에서 존스가 언급한 윌링턴을 제외한 7대 주요사립학교에 해당하는 학교들까지 합하면 89%에 해당된다. 이는 귀족 및 중상층 중심으로 외교관이 거의 운영되고 있다는 것을 단적으로 보여준다. 결국 학맥이란 차원에서 보더라도 19세기 후반의 외무부도 중간계급이 역할을 있던 곳이 아님을 알 수 있다.

1860~1914년 외교관들의 교육적 배경[54]

주요 사립학교(Major Pubic School)	인원(명)	비율(%)
Eton	109	51
Harrow	26	12
Winchester	10	5

2003), 314 [이영석, 『역사가가 그린 근대의 풍경』 (푸른역사, 2003), 314].

53 Heasim Sul, "Why, and, How to Learn History?: Educational treaties of Early Modern England," *The Korean Journal of British Studies* 21 (June 2009): 39-41[설혜심, 「역사를 왜, 어떻게 배워야 하는가?: 근대 초 영국의 교육담론 분석」, 『영국연구』 21호 (2009년 6월): 39-41]; Annette Mayer, *The growth of Democracy in Britain* (London: Hodder & Stoughton, 1999),76.

54 Jones, *The British Diplomatic Service*, 142.

주요 사립학교(Major Pubic School)	인원(명)	비율(%)
Wellington	9	4
Rugby	6	3
Charterhouse	5	2

외교관이 얼마나 귀족 및 특권층화 되었는지는 영국 정치 엘리트를 분석한 거츠먼W. L. Guttsman의 자료 중에도 보인다. 1906년에 당선된 여야 모든 의회의원들과 외교관의 사립학교 출신들을 비교해 본 다음의 사례가 그것이다.

1906년 의회의원과 외교관의 교육적 배경비교[55]

출신학교	비율(%)	
	의회의원(MP)-1906년	외교관(1860~1914년)
	양당 통합	
Eton	14	51
다른 사립학교	24	39

표를 보면 해당 의회의원 중 이튼 경우는 양당 통합이 14%이다. 그런데 외교관 경우는 이튼만 보아도 평균 51%이다. 혹시 의원 쪽은 한 해만 분석했는데 외교관 쪽은 54년의 평균을 낸 분석과 동일하게 비교할 수 있나 하겠지만, 54년 평균이 51%라면 한 해 외교관의 이튼 출신이 최소

---

55 Guttsman, *The British Political Elite*, Table Ⅶ, 90.

한 50% 전후가 된다는 의미가 된다. 결국 이 표는 외교관이 귀족화, 특성화되어있음을 명확히 알려준다.

외교관의 출신성분과 학맥 등을 중심으로 살펴본 결과, 이들은 노-트 보고서 적용 이전이나 이후나 변함없이 귀족의 집합체였음을 알 수 있다. 앞장에서 증명된 외무부에서 활동하는 대내외 중하위공무원이 '여전히 귀족의 입김아래 있다'는 증명과 함께 해외주재 외무공무원도 총체적으로 '귀족적'임이 밝혀졌다.

끝으로 노트 보고서 적용 이후의 외무부 정체성을 살펴보고 있기에 외무부에서 대내외적으로 활동하는 두 부류를 한눈에 볼 수 있는 자료를 찾았다. 거츠먼의 분석을 활용한 다음 표가 이를 잘 보여준다. 거츠먼은 외무부의 국내에서 기관의 운영을 담당하는 행정공무원들 중 실질적 주역일 수 있는 차관들under-secretaries과 해외공관을 책임지는 외교관들 중에 특사envoy(정부 대표 차 오가는 특별대사)를 비교했다. 시기는 19세기 후반부터 20세기 초중반까지이다.

외무 차관(1868~1945년)과 외교관(1851~1929년)의 사회 출신성분 비교[56]

사회 출신성분	외무차관들	외교관 중 특사
	인원(명)	인원(명)
귀족	58	73
중간계급	39	-
노동자층	10	-

---

56 Guttsman, *The British Political Elite*, *Table XVI* , 108; Background of Under-Secretaries 1868-1945.

표에서 보듯이 이 시기 외무공무원이나 외교관 모두가 귀족 출신들의 비중이 컸다. 이는 외무부의 정체성이 귀족으로 운영되는 정부기관임을 확실히 보여주는 사례이다.

7장

외무부 내 영사조직화

백과사전적인 정의로 풀어 본 영사領事란 타국에 머물면서 외무부장관과 대사·공사의 지시를 받아 자국의 무역통상이익을 도모하고 주재국에 있는 자국민을 보호하는 것을 주요임무로 하는 공무원이다. 이런 사전적 정의를 넘어서 세부적으로 분석하기 시작하면 영사의 소속부서와 관련하여 주목되는 부분이 있다.

영사의 소속에 관한 기록들을 보면, 초기엔 왕실독점 무역회사들이 영사를 임명하고 왕실 차원에서 활용했으며 오늘날처럼 외무부와는 관계가 없었다.[1] 그러다가 어느 때부터인가 외무부에 소속되어 활동하고 있음이 보인다. 외무부 소속으로서의 영사의 모습을 알 수 있는 분명하고 객관적인 기록은 1963년의 '영사관계에 관한 비엔나협약Vienna Convention on Consular Relations'이 주목된다. 이 조약으로 영사가 외무부소속 공무원 위치에서 역할을 담당하고 있음이 국제적으로 인정되었기 때문이다.[2] 특히 비엔나 협약 4조에 의하면 영사는 총영사consul general, 영사consul, 부영사vice-consul, 영사대리acting consul 등의 외교관에 준하는 등급으로 세분화되어 관련 역할을 담당하고 있다. 이는 영사가 외무부 소속임을 확인시켜주는 명확한 사례라 본다. 단 외무부와 관계없던 때에 활동하던 흔적이 남아서인지 등급기준에 외무부 직속인 직무영사career consul 외에 일반인에게 주는 명예영사honorary consul[3]란 예외적인 모습도 보인다.

영사의 소속 부서의 변화에 주목하다보면, 영사가 왕실 소속에서 어떻게 외무부 소속이 되었는지 그 '진행 과정'에 대해 의문점이 생긴다. 구체

1 Sir Godfrey Fisher, 'Our Old Consular Service. The Era of the Mercantile Consuls, 1485-1648', unpublished typescript, 163, quoted in D. C. M. Platt, The Cinderella Service: British Consuls since 1825 (London: Longman, 1971), 6.

2 http://en.wikipedia.org/wiki/Vienna_Convention_on_Consular_Relations; 원문은 http://untreaty.un.org/ilc/texts/instruments/english/conventions/9_2_1963.pdf 를 참고할 것.

3 Graham Greene, The Honorary Consul (Vintage Classics, 2004).

적으로는 외무부의 성립 및 발전과정과 영사의 관계가 어떠한지, 자국 내의 영사의 정치·행정적 모습이 어떠한 변화를 겪고 있는지에 관심이 유발된다. 한편 유럽에서 외무부가 독자기관으로 정립된 최초의 국가와 시기는 영국의 1782년을 지목할 수 있다.[4] 때문에 영사의 소속 관련 의문과 관심을 풀자면 영국 외무부 내 영사의 조직을 연구하는 것으로부터 시작해야 할 것이다.

영국의 경우, 시기를 몇 단계로 나누어 주목할 필요가 있다. 영국에서 영사 관련 임무가 정립된 최초의 시점은 외무부 성립 때가 아닌 1825년 영사법Consular Advances Act 제정 때였다. 그러므로 외무부 성립부터 1825년 영사법 때까지의 영사의 탄생과 발전과정 그리고 그들의 정치·행정적 입지가 어떠한지를 먼저 주목하여야 한다. 다음으로 영사가 외교적인 역할을 두드러지게 나타낸 기록을 찾아보면, 외교관을 세우고 중국과 교류가 본격적으로 시작한 베이징조약(1860년) 이후였다. 여기서 1825년에 영사법이 마련된 후부터 1860년까지의 영사의 역할과 변화를 주목해야 한다. 마지막으로 1860년부터의 영사의 역할이 뚜렷이 드러나고 있지만, 플랫D. C. M. Platt이 "1903년까지도 영국에선 영사체제에 있어 뚜렷한 틀이 잡혀 있지 않다"고 언급한 부분도 주목해 볼 필요가 있다.[5] 다시 말해서 1860년에서 1903년까지를 다루면서 '영국 내 영사 체제의 틀이 정착되는 것이 왜 늦어지고 있는지'도 살펴보아야 한다.

단계별로 영국 영사의 정치·행정적 입지에 관해 연구할 필요성은 영사가 외무부 소속이 되기까지의 역사적 전개과정을 명확하게 이해코자 함이 첫 번째 이유이다. 두 번째는 기우杞憂일수도 있지만, 영사의 소속과

---

4   Clive Parry, ed., *British Digest of International Law* (London: Stevens and Sons,1965), 158.

5   Platt, *The Cinderella Service*, 1.

관련하여 명확한 시기가 정립되지 않으면 지금까지 진행되어온 외교 관련 연구결과에 오류가 발생할 수 있다는 판단에서이다. 역사적 사건에 등장하는 영사가 외무부 소속이 아님에도 불구하고, 외무부의 지시하에 움직이는 중요한 외교정책 결정자의 위치에 놓인다거나, 이와 관련된 사실로 연구될 가능성이 생길 수 있기 때문이다. 셋째는 영사의 입지 관련 연구들은 거의 찾아볼 수 없다는 점 때문이다.[6]

본 장에서는 19세기 전반부前半部(1782~1860년)만을 다루되 '1825년 영사법'을 전후로 나누어 살펴 볼 것이다. 특히 이 시기구분을 통해 영사가 어떻게 탄생하고 역할을 만들어 나갔는지, 그리고 외무부 소속이 되기까지의 진행과정은 어떠했는지를 확인할 것이다.

영사법 제정 전의 분석(1782~1825년)

콘술Consul이란 원래 라틴어인 'consulere'에서 유래한 것으로, 조언counsel 또는 충고하다advise의 의미가 있다. 이 단어는 고대 로마공화정共和政 시대의 행정과 군사를 담당하는 최고 관직인 집정관執政官을 말한다.[7] 콘술의 위치는 로마가 제국이 되면서 황제emperor로 대치되었고, 프로콘술proconsul(지방총독)이란 명칭으로 변하여 원로원령領 속주의 통치

---

6 주목해볼 연구 자료들로는 일차사료인 『The British Consul's Manual; Being a Practical Guide for Consuls, as well as for the Merchant, Shipowner, And Master Marine』와 일반적인 영사의 원칙을 다룬 『Consular Law and Practice』, 영사에 대한 보편적인 역할을 언급한 『The Cinderella Service: British Consuls since 1825』와 『The British Consul: Heir to a Great Tradition』가 있다.

7 Gary Forsythe, *A Critical History of Early Rome: From Prehistory to the First Punic War* (California: University of California Press, 2005), 236.

자가 사용하다가 동로마의 유스티니아누스Yustinian 대제 때 사라졌다.[8] 한편 로마의 전통은 중세유럽과 새로운 변화를 꿈꾸는 르네상스 시기를 지나면서 다양한 형태로 변형되어 나타나곤 했다. 그 과정 중에 도시국 가인 제노아Genoa에서 로마시대의 집정관의 명칭이 다른 형태의 직책에 사용된 흔적이 보였다. 즉 'CONSUL'이란 명칭이 주로 지중해 주요 항구 에 포진하여 제노아 상인들과 선원들의 어려움을 지원해주는 역할을 담 당하는 일종의 치안판사magistrate를 지칭하는 명칭으로 다시 불리게 되 었다.[9]

영사는 명칭에서 집정관과 공유됨을 확인할 수 있지만 로만집정관과 영사의 유래가 된 르네상스의 치안판사란 직책에서의 실질적 유기적인 관계는 여전히 모호해 보인다. 굳이 연관을 짓자면 르네상스 도시민들은 자신들의 삶을 유지하는 기준인 상업 부분을 다루는 치안판사를 로마공 화정을 다스리는 정치적 집정관과 같은 무게 중심에 놓고 본 것이 아닌 지 추정해볼 수 있을 뿐이다. 그렇다면 로만집정관과의 연관 부분을 배제 하고 르네상스 시기의 이 직책과 유사한 경우를 엿볼 수 있는 기록이 있 는가? BC 1300년경에 고대 이집트에서 신전에 바치는 성물들을 수송하 는 해상 부분을 집중적으로 담당하는 신관high priest을 두었다는 흔적이 있다. 또 BC 6세기에는 카르타고, 소아시아, 티루스 등의 지중해 해안 국

8   W. R. F. Browning, "*Proconsul*", *A Dictionary of the Bible* (Oxford: Oxford University press, 2011).

9   *Consules marinariorum et mercatorum*이라 불린 것에서 시작됨; Eric R. Dursteler, "The Bailo in Constantinople: Crisis and Career in Venice's Early Modern Diplomatic Corps", *Mediterranean Historical Review* 16 no. 2 (2001), 1-30; Daniel Goffman; Virginia H. Aksan, "Negotiation With the Renaissance State: The Ottoman Empire and the New Diplomacy", *The Early Modern Ottomans: Remapping the Empire* (Cambridge: Cambridge University Press, 2007), 61-74.

가나 소도시에 해양 및 상업을 다루는 직책명이 보인다.[10] 또 해양 및 상업 관련 고대법으로 가장 알려진 것이 로도스 섬에서 제정한 '렉스 로디아Lex Rhodia'인데, 이와 관련해서도 관련 여부가 엿보인다. 고대 그리스에는 이를 수행하는 법정이 다수 보였고, 정치가이자 웅변가인 데모스테네스Demosthenes조차도 높은 관심을 보였다. 당시 스파르타는 '프록셍Proxene'[11]이라는 직책을 두어 이를 시행하였다.[12] 이렇듯 고대 이집트로부터 유래된 활동의 흔적들을 보면 르네상스 때의 경우와 비슷함을 알 수 있다. 결국 직책상 영사의 흔적은 로마보다 앞선 고대 지중해 국가들로까지 거슬러 올라간다고 볼 수 있다.

영국에서 해양 및 상업적인 보호를 목적으로 한 직책의 필요성이 처음으로 언급된 것은 1215년 대헌장Magna Carta 때로 보인다. 왕의 전횡을 못마땅하게 생각하는 귀족들이 성문화를 시도한 '헌장'의 양피지엔 그들의 상업적 보호를 강력하게 주장하고 있었다. 이 헌장에 준해서 에드워드 1세 때인 1283년과 1285년에 두 차례 상업 보호를 위한 영사와 유사한 직책의 필요성이 주장되었다. 하지만 그리 부각되지 못했다. 이후 영사와 유사한 직책 및 임무가 본격적으로 주목받기 시작한 것은 리처드 3세 때인 1485년에 피사Pisa에 스트로치Leonardo Strozzi가 임명되면서부터이다. 이후 헨리 8세 때엔 이웃국가들과의 교역이 활발해져서 1522년에는 칸디아Candia(헤라클리온의 별칭)에 르게Censio de Menesava Lesques가, 1531년에는 스치오Scio에 유스티아니아니Benoit Justianiani가 임명되면서 (유사) 영사직책이 본격적으로 확산되었다.[13] 이렇듯 임명된 이들에 관하여 짚고

---

10 *Judicium mercatorium et maritimum*이라 불림.

11 프랑스어에 같은 단어로 외인(外人) 접대인이란 의미가 있다.

12 Tuson, *British Consul's Maual: being a practical guide for consuls*, 2.

13 Tuson, *British Consul's Maual*, 3-4.

넘어갈 부분이 있다. 당시 영국인을 임명치 않고 현지인으로 임명한 까닭이 무엇인가? 당시 이 직책을 행할 자는 현지에 머물며 그곳 언어를 구사할 수 있고 그곳의 상업 및 해양법을 잘 알고 있어야 하는데, 영국인으로는 적합한 인물이 없었다. 그러므로 영어를 할 수 있으면서 그곳의 상인들과 소통이 있는 현지인을 찾다보니 자연스레 생겨난 현상이었다.[14] 이는 (유사)영사직책의 중요성이 16세기에 영국에 대두되었지만, 감당할 체계가 전혀 마련되지 않고 주먹구구식이라는 것을 알 수 있게 해준다.

영국에서 본래의 영사직책으로서의 체계적인 변화는 언제부터였는가? 중산시민의 권익을 보호하려 중상주의 정책을 시행한 크롬웰 공화정the Commonwealth of England 때가 주목된다. 당시 상업적 이익이 민감한 만큼, 이 부분에서의 자국의 이익을 높이고 보호하려는 목적으로 정부가 파견하는 공무수행 자격의 영사가 생겨났다. 특히 찰스 1세가 처형된 1649년 2월에 제정된 의회법인 "Constituting a Counsel of State for the Commonwealth of England"이 영사들을 다루는 체계적 가이드 역할을 하였다.[15] 1660년 왕정복고가 된 다음에도 왕은 영사를 임명하는 체계를 공화정 때의 방식 그대로 따랐다. 이때부터 영사가 각국으로 확산되어 활동했으며, 필요에 따라선 왕의 뜻을 직접 전하는 전권대사의 임무까지도 수행하였다. 당시에 영국 대내외 정치를 통합적으로 다루는 곳은 두 기관이 있었다. 북 국무부와 남 국무부가 그것이다.[16] 이는 외무 행정을 따로 전담하는 곳이 없다는 의미이며, 필요에 따라선 영사가 외교의 최전선에서 자국의 입장을 전달·표현하는 역할을 했을 것이라는 의미도 된다.

---

14 Tuson, *British Consul's Maual*, 6.

15 Dickie, *The British Consul*, 8-9.

16 R. Brazier, *Ministers of the Crown* (Oxford University Press, 1997), 199.

18세기에 접어들어 유럽 전역이 식민지 쟁탈로 혼탁하던 즈음, 영국도 미 독립전쟁으로 골머리를 앓고 있었다. 이 상황에선 외교가 실질적인 역할의 묘를 보여야 하는데, 통치기관도 일사불란하게 움직여야만 했다. 결국 대내외 문제의 혼재가 갖고 오는 당시의 통치시스템의 불편함을 느낀 정부는 1782년에 위에 언급한 두 기관을 외무부Foreign Office와 내무부Home office로 재편성하였다. 즉 공식적으로 외교업무만 전담하는 기구, 즉 외무부가 탄생했다. 이런 정치·외교 및 관련 체제의 변화 속에 영사(영사관 포함)가 편승하여 점차 수적으로 증가하는 모습을 보였다. 1740년에 15명이던 영사가 1816년의 연간왕실비용 목록Civil List을 보면, 기록된 영사가 44명이며 1822년엔 목록엔 49명이 기록되고 있다. 하지만 실제로는 당시 총 71명까지 영 정부가 공식적인 영사인원으로 파악하고 있었다.[17]

그렇다면 외무부 성립 때문에 '영사가 수數적으로 확대되었다'로 단정 지을 수 있는 것인가? 1782년에 독립된 기관으로 외무부가 성립되었지만, 나폴레옹전쟁이 끝나던 1815년까진 외무부와 외무장관의 정치·행정적 입지가 거의 전무했다. 1689년에 입헌군주제가 시작 된지도 100여 년이 되었지만 여전히 왕권의 입김이 강했으며, 혹여 왕의 영향력에서 벗어났다고 하다라도 새롭게 커가는 의회의 힘이 외무부를 움직일 것이다. 때문에 외무부 성립으로 영사의 수적 확대가 이뤄졌을 것이란 생각은 타당성이 적어 보인다. 당시에도 여전히 왕실비용으로 영사관 운용을 한 것으로 보아 수적 확대는 오히려 왕의 입김이 크게 작용했을 것에 무게중심을 둘 수 있다.

외무부나 외무장관이 제대로 정치·행정적 입지를 세우지 못한 이런 시

17 Dickie, *The British Consul*, 11.

기, 외무부와 영사의 관계는 어떠하였나? 첫째로 외무부 성립 이전에는 영사임명권이 왕에게 직접 있었지만, 이후는 절차상 외무부 장관이 형식을 갖추어 총영사와 영사를 임명하고 있었다.[18] 이는 조직의 상하 지휘체계로 영사가 외무부와 연결된 것으로 보인다. 하지만 1809년에 니더작센 지역 총영사로 있던 코크번Alexander Cockburn이 언급한 표현을 보면 실상이 다르다. "외무부는 영사를 외무부원으로서의 행동지침을 교육하지 않고 외국에 내보낸다. 막상 이들이 자국의 상업적 이익을 위한 조처를 취해야 할 상황이 되었을 땐, 마치 거친 들판에서 길 잃은 양들과 같이 우왕좌왕한다."[19] 코크번의 표현에서 외무부는 영사를 임명한다는 것뿐이지 실질적으로 지휘 및 활용을 하지 않는다는 사실을 확인할 수 있다. 이런 이유로 영사들은 현지에서 상업적 이득을 챙기기 위해선 궁여지책으로 무역에 관한 경험지식을 축적하고 있는 현지 상인들을 빈번히 활용하였다. 그러므로 현지 상인이 영사로 추천되어 임용되는 시례도 종종 있었다. 1799년 리스본Lisbon으로 자리를 옮긴 마데이라Madeira 주재 영사인 머레이Mr. Murray의 차기 영사 추천 경우가 그러하다. 당시 대법관Lord Chancellor이던 러프버러 경Lord Loughborough은 마데이라 주재영사로 머레이를 지원해주던 실무외교요원이며, 그 지역의 유력 상인가문의 자손인 프링글Joseph Pringle을 차기 영사로 외무부에 추천하며 그 이유를 밝혔다. "새로운 인물이 임명되면, 그동안 축적해놓은 관계가 훼손될 가능성

18 1815년에 외무장관이던 캐슬레이가 영사임명권을 장관 책임으로 고정화시키기 전까진 이 권한은 불규칙적으로 운영되었다. 1812년부터 외무장관직에 있으면서 나폴레옹전쟁 후의 유럽 외교를 구상하고 준비한 그이다. 1815년 빈체제가 성립된 후 영국의 외교가 국제 외교의 핵이 되는 만큼 대내적으로 외교적 질서가 그에겐 필요하였다. 그 일부가 바로 영사임명권의 체계화이다.: Charles R. Middleton, *The Administration of British Foreign Policy, 1782-1846* (Durham: Duke University Press, 1977), 245.

19 Memorandum, Cockburn, 4 Nov.1809, F.O.83/16, copy in F.O. 95/592 without date other identifying mark.

이 많다. 이는 국가의 상업적 이득을 얻고자 하는 고유의 목적에 문제가 생겨날 수밖에 없다. 최선의 방법은 그 지역 유력가문의 인물을 활용하여 그동안의 관계를 계속 이어가야 한다."[20]

둘째, 영사는 외무부에서 임명하고 있음에도 불구하고, 여전히 봉급은 왕실로부터 받고 있었다. 더군다나 파견국의 개항지에서 자신이 노력하여 자국 무역보호 및 이익을 성공적으로 이끌어내면 왕실로부터 추가보상까지 받게 되었다. 예로서 니더작센Niedersachsen: Lower Saxony의 영사이던 멜리쉬Joseph Chales Mellish는 왕실비용에서 받은 봉급이 480파운드이며, 1815~1823년 사이에 있었던 성공적인 활동에 대한 추가보상금은 1,200~1,800파운드에 이르렀다.[21] 때문에 1818년 재무장관이던 러싱턴Stephen Lushington이 외무부 사무차관이던 플란타에게 "영사는 왕실에서 충분히 보상받으니 재무부가 봉급에 관여할 필요가 없는 것이 맞지요"라 하기에 이르렀다.[22] 그리고 실재로 리보우Liebau의 영국 영사로 있던 카이니츠Francis Keinitz의 경우엔 외무부에서 봉급을 전혀 받지 못했으며 1821년에 정부로부터 받은 추가 보상금이란 단지 14파운드 7실링 2페니(£14·7·2)뿐이었다.[23] 결국 영사는 봉급을 외무부에서 받지 않으므로 외무부와는 '실질적인 관계가 없다' 해도 틀린 말이 아닐 것이다.

셋째로 총영사나 영사는 외무부가 임명하지만 부영사 임명권은 독특하게 영사에게 주어져 있었다. 이 때문에 외무부와 영사의 관계는 더욱 멀어졌다. 사실 영사의 개인적 의도가 부영사 임명에 많이 개입됨으로

---

20 Tunbridge Wells to Grenville, 12 August 1799, H.M.C (Historic Manuscripts Commission) *Fortescue*, vol.5, 278.

21 Chief Clerk's Department, *Correspondence*, F.O. 366/247 f. 32.

22 14 May 1814, *Treasury Chambers*, private, F.O. 27/197.

23 F.O. 366/247 f. 2.

부영사의 역할이 사사로이 영사의 개인사에 이용되는 사례가 빈번했다. 1810년에 에스파냐에 총영사로 있던 헌터John Hunter가 그곳 영사들의 활동에 관한 보고를 외무부에 했을 때 "발렌시아Valencia에서 부영사인 터퍼Mr. Tupper가 활동한 사실은 알고 있지만, 그가 어떤 일을 했는지는 보고된 바 없다."[24]고 하였다. 이 표현 속에는 외무부가 임명한 총영사 입장에서 부영사를 지휘하지 못하고 있다는 불만스러움을 우회적으로 표하고 있음을 알 수 있다.

1820년대에 접어들면, 외형적으로는 외무부와 연관된 듯 보이나 실질적으로는 연관성이 없던 영사가 시대적인 변화 속에서 외무부의 고유영역에 스며들게 되었다. 변화의 실질적인 배경은 1822년에 캐슬레이에 이어 외무장관직을 수행하게 된 캐닝으로부터이다. 1815년 빈체제를 통해 캐슬레이가 영국 중심의 유럽동맹을 구상하고 영국 외교의 국제화를 시작하였다. 하지만 영국이 원하는 대로 유럽외교가 진행되지 않았는데, 영국을 제외한 주요 유럽국들은 전제왕정 또는 이 체제로 복귀한 상태였기 때문이다. 다른 표현으로는 의회중심의 영국과 체제 방향을 달리하는 나라들이 외교정책에 있어서도 영국과 사사건건 부딪치고 있다는 의미이다. 결국 영국의 의도로 유럽외교가 진행되지 못했고 그 중심에 있던 캐슬레이는 부담감을 이기지 못하고 자결하였다.[25] 이런 외교적 위기감 속에 임명된 캐닝은 업무 초기부터 "여타유럽강국들과의 정치적 성향이 다르므로 독자적 외교를 추구하겠다."는 선포를 하게 된다. 이를 고립정책Isolation policy이라하며, 대표적인 정책행보는 에스파냐 반란 진압문제로 만난 베로나회

24 "List of the Gentlemen employed as consuls in the ports of spain," London, 2 May 1810, Circular, F.O. 27/437.

25 Sir Charles Webster, *The Foreign policy of Castlereagh, 1815-1822* (London: G. Bel and Sons Ltd., 1963), 486.

의 Congress of Verona(1822년 10월 11일)[26]를 거치면서 시작되었다.

　캐닝이 대외적으로 '고립정책' 노선을 걷겠다고 선포한 이상, 외무부가 그에 따른 외교 분야의 책임을 질 수밖에 없었다. 고립정책하에서 유럽국들의 외교적 생각과 움직임을 빈체제 때처럼 공유할 수가 없기에, 외무부가 단독으로 정보수집 및 판단을 하여야만 하는 것이다. 결과 외무부는 부서의 업무량이 이전보다 많아지게 되었고, 비례하여 외무부의 내적 정치·행정 분야에도 변화가 있게 되었다. 첫째로 외교적 정보창구의 일선이 된 외무부의 수장인 외무장관의 실질적인 역할이 커지므로 정부와 의회에서 그의 정치적 입지가 확고해졌다.[27] 둘째로 외무장관의 과중한 업무 부담을 덜기 위해 차관Under-secretary제도가 정착하여 실질적인 외교업무가 이들로 인해 진행되었다.[28] 외무부의 행정 부분이 그만큼 전문화되고 체계화된 것이다. 셋째가 영사활동 관련 부분이다. 영사는 국가 간의 공식적 문제가 아닌 당사국 내 영주하는 국민들의 안전 및 상업 보호가 주목적이다. 그러므로 영국 정부가 원하는 개별적인 정보를 현지 자국인 보호란 명목하에 수시로 얻을 수 있는 중요한 비공식 채널이 영사가 됨이다. 이 때문에 캐닝은 "영사가 외교업무의 낮은 부류로 배정된 것은 부당unjust하다. 이들의 외교업무를 확대하기 위해 그들의 지위를 승격 시켜야 한다."[29]고 하며 영사에 높은 관심도를 보였다.

26　I. C. Nichols, *The European Pentarchy and the Congress of Verona, 1822* (Springer, 1972).

27　Derek Beales, "Canning, George (1770-1827)," *Oxford Dictionary of National Biography*, (Oxford University Press, 2004); Peter Dixon, *Canning. Politician and Statesman* (London: Weidenfeld and Nicolson, 1976); Wendy Hinde, *George Canning* (London: Purnell Books Services, 1973); Dorothy Marshall, *The Rise of George Canning* (London: Longmans, Green and Co., 1938) 참조.

28　E. Jones-Perry, "Under-secretaries of State for Foreign Affairs, 1782-1855", *Historical Review*, xiix (1934), 308-320.

29　"Eastham to George IV, 9 December 1825" in Edward J. Stapleton, *Some Official*

1816년의 외무부 회고록을 보면, 왕실비용목록에 올라 있지 않던 영사들이 사는 방법이 나타나 있다. 영사는 현지 항구를 통해 오가는 수출입품의 수수료fee 중에 일부를 개인이 받고 물건의 원활한 거래를 보장하는 방식을 취하면서 삶을 영위하였다. 그리고 이는 공공연히 묵인되고 있었다. 모로코의 마라케시Marrakesh의 허스키스R. Hesketh 영사는 현지 수수료로만 3,616파운드(£3,616 9s 11d) 정도를 벌어서 영사그룹에서 가장 수익을 올린 올해의 인물이었다. 마르세유의 턴불Alex Turnbull 영사 경우는 왕실비용목록에는 이름이 올라있지만 봉급은 전혀 받지 못하고, 오직 벌어들인 수수료만 1,018파운드(£1,018 13s) 정도에 이른다. 이탈리아의 리보르노Liborno에 근무하던 팔코너J. Falconer 경우는 봉급은 600파운드를 받았지만 벌어들인 수수료는 2,041파운드였다.[30] 이렇듯 회고록의 내용들에서 영사들의 삶이 상당히 수수료에 의존하고 있음이 파악되며, 동시에 영사들의 능력이나 지역별 무역 활성 정도에 따라 수수료의 격차가 크므로, 현 봉급체계가 영사들의 보편적 생계의 수단이 되지못할 것이란 파악도 된다. 또 명목일지라도 영사는 외무부에서 총영사, 영사란 직함으로 파견하는 부류인데, 자칫 수수료로 인해 상거래 중계인 정도의 낮은 부류로 보일 수 있다는 점 역시 주목된다.

회고록에서 파악된 상황은 당시 정부 측에서도 인식하고 우려한 것을 알 수 있다. 1823년에 상무장관이던 허스키슨William Huskisson은 현지 주둔 해군사령관이나 선장들이 보내온 보고서를 통한 회고담에서도 일부 현지 항구사용료 속에 포함된 '영사에 지불되는 수수료'를 언급하고, 이를 분명 문제 삼아야 한다고 지적하였다. 그리고 허스키슨이 제안하길,

---

Correspondence of George Canning(1821-1827), vol. 1 (New York: Cornell University Library, 2009) 341-345.

30 Stapleton, *Some Official Correspondence of George Canning*, 14.

정부가 영사들에게 체계적으로 봉급을 주어야 한다고 했다. 총영사는 연간 1,000파운드 이상을 주고, 영사들 중 500~1,000파운드 정도의 상위 봉급을 받는 부류는 파리, 뉴욕, 카이로나 당시 무역이 활발히 이뤄지던 남아메리카의 주요 항구에 있던 영사들 정도에 국한하며, 보통 영사들은 200~400 파운드 정도의 봉급을 주자는 내용이었다.[31] 그리고 영사의 현지 사

허스키슨(William Huskisson)

私무역 행위를 금하고, 굳이 사무역을 원한다면 봉급을 반으로 줄이자고 했다. 단 영국 정부가 운영하는 공무역의 경우는 영사를 개입시켰다면 이에 응당한 대가를 줄 필요가 있다는 예외 조항도 언급했다. "신선도가 생명인 쇠고기 및 일부 식품들, 그리고 와인은 영사를 중계자로 할 때 유통이 가장 원활하다. 만족스런 거래의 성사를 위해선 그들의 중재를 부탁할 수밖에 없고, 대가로 거래성사금액의 2.5%를 그들에게 수수료 명목으로 주는 것이 좋겠다."[32]

캐닝은 자신의 외교적인 의지인 고립정책을 펴기 위해서 영사의 업무가 중요하다는 것은 안 이상 그들을 긴요하게 사용하려했다. 그러나 위에 언급된 봉급Pay 관련 환경으로서는 영사들에 대해 신뢰할 여지나 여건이 전혀 아닌 듯 보이는 낮은 부류였다. 때문에 그는 이들의 지위승격이 급선무라 보고 1825년 7월 5일에 "Act to regulate the Payment of Salaries and

31 Dickie, *The British Consul*, 17.

32 Dickie, *The British Consul*, 17.

Allowances to British Consuls at Foreign Ports and the Disbursements at such Ports for certain Purpose"란 이름하에 22개의 장으로 영사법을 탄생시켰다.[33] 캐닝은 이 법으로 영사의 능력에 따라 합당한 보수를 줄 수 있는 합리적인 봉급제도를 마련하고, 여타 수수료 명목으로 영사가 현장의 진행 여부에 관여하지 못하게 하였다. 다행히 이 법은 왕실뿐 아니라 의회에서도 큰 반발 없이 무난히 통과하였다.

결국 1825년 영사법으로 인해 봉급을 외무부에서 정립하고 다루자 이에 따른 영사책무가 더욱 체계화되고 무거워졌지만 영사의 실생활은 안정되기 시작했다. 다시 말해서 그동안 외교 부분에서 무분별하게 운용되던 영사 그룹이 외무부가 필요한 실질적 재원이 될 것임은 자명하므로 캐닝 정부가 영사를 긴요하게 사용할 준비가 된 것이다. 동시에 영사들의 입장에선 외무부 내 정치·행정적 입지 정도가 향상될 수 있는 전환점을 맞게 된 것이다.

영사법 제정 후의 분석(1825~1860년)

1825년의 영사법이 시행되자, 영사란 직책이 외교가에서 인정되고 승격되는 조짐이 역력히 보였다. 외무부 사무차관이던 백하우스J. Backhouse는 외무부의 서기직Clerkship에서 승격한 위치가 영사직Consulship이라고 간주하였다.[34] 그 결과 영사법 이후 상당수의 외무부 서기들이 영사나 총영사로 부임하였으며, 귀족들과 여타 영향력 있는 사회그룹들도 자신들

---

33 Act 6 *George IV* Cap. 87.

34 Unsigned minute, Backhouse, on Unsigned Memorandum, J. Bidwell, 24 Feb.1829, F.O. 95/592.

의 친구나 관련 있는 사람들을 추천하기 시작했다. 1841년에 외무장관에 부임한 애버딘4th Earl of Aberdeen이 필R. Peel 총리에게 보고하는 중에, "그동안의 관례를 넘어선 많은 추천된 자들이 영사에 지원하고 있다"고[35] 언급한 부분이 이를 증명해준다.

애버딘 때에 외무부 내에 상인 출신 영사 임명도 보편화된 것으로 보인다. 한 예로 1843년에 리보르노 지역에 영사가 부재하여 애버딘이 지원자를 받았는데, 출신성분을 보면 육군, 해군, 법, 외교 등 다양하였다. 그러나 애버딘은 추천자 중에 영국 상업의 이익에 가장 영향을 줄 수 있는 그 지역 내 평판 있는 거주 상인으로 영사를 결정했다.[36] 이는 애버딘에 앞서 외무장관직을 세 차례나 역임하면서 캐닝과 같은 노선의 경제우선 정책을 지향하던 파머스턴 덕분이라 보인다.

그렇다면 파머스턴이 1830년에 외무장관에 오른 뒤 (애버딘으로 바뀌기까지) 십여 년 만에 상인 출신 영사임명이 외교가外交家에 보편적으로 받아들여진 것은 그에게 어떤 독특한 방법이 있었던 것이 아닌가? 파머스턴은 상인 출신 영사들이 갖고 있던 악습인 '영사관에서 직분을 활용해 자신들의 이익을 우선 얻으려는 부분'을 법적으로 규제하였고, 만약 이를 어길 때는 해고까지 강행하는 방식을 썼다. 그의 표현에 "영사관은 공적업무를 수행하는 공간이지 상인들의 회계업무를 다루는 곳이 아니다"에서 알 수 있다.[37] 또 파머스턴은 일정한 부를 축적한 상인 출신을 영사 자격으로 선호하지 않았다. 파머스턴이 라이프치히 영사로 임명한 하트Mr. Hart에 불만을 가진 백하우스가 1841년에 갓 외무장관이 된 애버딘에게 토로하길, "하층계급들이 드나드는 런던 도박장의 유대계 관리인인 하트

35 Aberdeen to Peel, F.O., 18 Oct, 1841, Copy, Add. MS 43061 ff. 291-92.

36 Aberdeen to Lord Douglas, F.O., 23 Dec. 1843, Copy, Add. MS 43242 f. 26.

37 Minute, *Palmerston*, 26 Sept, 1833, F.O. 27/475.

를 임명한 것은 도저히 이해할 수 없다"고 했다.[38] 결국 파머스턴은 상인 출신의 장점도 알았지만, 그들이 갖고 있는 관습에 의해 취약해질 부분도 제대로 간파하고 있었다. 그 결실로 외교가에 상인 출신 영사 활용이 보편화되었다.

캐닝 때 제정된 영사법(1825년)으로 외무부 내에 입성한 영사의 움직임을 보면, 이후 외무부 내 일련의 자체 변화들로 그들의 위치가 더욱 전문화되고 사회에서 인정받는 위치에 올랐음이 확인된다. 바꾸어 말하면 당시 영사들의 정치·행정적 입지가 가시적으로 세워지고 있다는 의미이기도 하다.

파마스턴이 장관으로 취임한 해인 1830년 5월, 그는 캐닝의 영사법에 준하여 영사업무 관련 비용을 대대적으로 변경시켰다. 즉 봉급에 변화가 있었는데, 이유는 수수료제도가 전면 폐지된 때문이다. 그동안 꾸준히 국고로 들어오던 매년 60,000파운드 정도의 수수료가 들어오지 못하자 영사들의 봉급에 직접 영향이 미친 것이다. 당시 영사계급의 연봉을 보자면, 브라질의 리오 데 자네이로Rio de Janeiro 주재 총영사는 2,500파운드에서 1,400파운드로 줄었고, 페루의 리마Lima의 경우는 2,500파운드에서 1,800파운드로 줄었다. 주재 영사의 경우도, 포르투갈의 섬인 마데이라Madeira는 800파운드에서 300파운드로 벨기에의 오스텐드Ostend는 600파운드에서 400파운드, 보고타Bogota는 2,000파운드에서 800파운드로 줄었다. 심지어 과테말라 주재 영사는 700파운드의 봉급을 받다가 전혀 못 받는 상황이 되었다.[39] 파머스턴의 이런 시도는 봉급체계를 확실하게 정착시켜서 영사를 외무부에서 활용할 때의 부담을 완전히 없애려고만 생각한 조처였다. 하지만 봉급지불 과정에서 생각과 달리 문제의 싹

---

38 Frankfort, *Confidential as to the first point*, 4 Oct.1841, Add. MS 43238 ff. 18-23.

39 Dickie, *The British Consul*, 20.

이 돌고 있었다.

위와 같은 봉급지불 체계가 나오자, 일부 영사들이 불만을 터뜨렸다. 1830년 8월 21일에 에스파냐의 카르타헤나Cartagena 주재 영사인 와츠E. Watts는 "수수료 없이 영사업무를 하라는 것은 마치 우리에게 정부가 자선사업을 하라는 것과 같으며, 노동에 대한 보상 차원에서도 불평등한 사례이다"라 하였다. 그러면서 영사는 "이참에 외무부 소속이 아닌 완전히 독자적으로 운영되어야 한다"는 의견까지 내놓았다.[40] 조금 다른 시각이지만, 총영사의 무용론無用論을 들면서 외무부 내에서 총영사를 임명하지 말자는 주장도 있었다. 물론 이면엔 비용 절감이란 생각을 갖고 한 표현이었다. 1831년 7월 25일에 조지 로빈슨George Robinson이 의회에 출석하여, "총영사들은 일반적으로 무역 관련 업무에서 무지하다고 보아야 할 겁니다. 그들은 단지 얼마나 많은 봉급을 받을지, 그리고 은퇴 후 받게 될 연금은 얼마 정도인지에만 관심이 있을 뿐입니다. 그러므로 경제적 문제를 고려한다면, 우선 본토에서 가까운 지역인 파리나 마드리드의 총영사 임명만이라도 중지하는 것이 바람직할 겁니다."라 하였다. 그는 활성화되고 있던 남아메리카 지역의 일부에도 총영사의 불필요성을 주장하였다. "브라질의 리오에는 이미 대사Ambassador가 있는데 굳이 2,500파운드 정도를 주는 총영사가 있을 필요가 있는가" 하는 것이 요지이다.[41] 1825년에 캐닝이 정립한 영사법 이후 제대로 안착될 듯싶던 영사체제가 그리 오래지 않은 시간에 봉급문제와 얽히면서 새로운 문제의 중심에 놓이기 시작했음을 재차 확인하게 해주는 대목이다.

파머스턴의 조처 이후 약 25년이 지난 1856년 4월 14일, 무역업자인 와이즈J. H. Wise가 의회에 발언한 내용을 보면, 영사의 위치가 1825년 영

---

40 Dickie, *The British Consul*, 21.

41 Dickie, *The British Consul*, 21-22.

사법 이전의 상태로 완전히 돌아간 듯 보인다. 와이즈는 "의회에서 올해 영사를 위해 지불 될 임금총액이 186,455파운드에 이르는데도 불구하고,[42] 극단적으로 불필요하고 지혜롭지 못한 영사의 수수료 관련 기준설정이 만들어졌다는 것이 이해가 가지 않는다"고 했다. 이어서 그는 "영사가 우리들의 권리나 이익을 보호해주는 것이 아니라 마치 세금을 거두는 세금업자 같은 느낌을 지울 수가 없다"라고까지 표현하였다.[43] 그의 표현대로라면 영사법에 준해서 1830년에 사라진 수수료가 다시 부활했다는 의미가 된다.

와이즈와 함께 영사문제를 공동 발의한 스태퍼드 의원Stafford M.P.이 당시 영사들의 봉급액수를 구체적으로 제시하여 수수료의 부활을 확인케 해주었다. 제시된 내용을 보면, 북유럽 쪽은 라이프치히 주재 영사의 경우, 봉급이 750파운드, 수수료는 18파운드이며, 스톡홀름은 봉급이 500파운드, 수수료는 9파운드였다. 남아메리카의 보고타는 봉급이 2,000파운드, 수수료는 8파운드이다. 미국의 경우는 어떠한가? 보스턴은 봉급은 200파운드인데 수수료는 1,600파운드이며 뉴욕은 봉급이 500파운드, 수수료는 870파운드이다. 레반트 무역의 중심지인 다르다넬스의 경우는 봉급은 300파운드, 그리고 수수료는 450파운드이다.[44] 제시된 내용에서 보면, 먼저 무역이 활성화된 지역의 영사는 봉급보다 수수료에 더 무게중심이 가 있음을 알 수 있고, 상대적으로 무역이 활성화되지 못한 지역은 봉급에 주로 의존한다는 것을 알 수 있다. 다음으로 보고타를 주목해보면, 앞서 1830년에는 봉급이 2,000파운드에서 800파운드로 삭감되었었는데, 1856년에는 다시 2,000파운드로 올라간 것을 확

---

42 Dickie, *The British Consul*, 22.

43 Dickie, *The British Consul*, 21.

44 Dickie, *The British Consul*, 21.

인할 수 있다. 이는 외무부가 융통성을 보인 것으로 판단된다. 무역이 활성화될 때는 수수료로 생활할 수 있도록 눈감아주는 대신 봉급을 줄이고,[45] 무역이 비활성화 되면 봉급에 의존토록 재조치하여 생활을 보장하는 방식이다.

그러면 1830~1860년 사이에 영 외무부가 위의 방법(융통성) 외에는 과연 영사들의 생활을 책임질 자금획득의 길이 없었던가? 1825년의 영사법 제정부터 다시 생각해볼 필요가 있다. 앞서 언급한 바처럼 영 정부는 베로나회의를 기점으로 캐닝이 유럽협조체제로부터 떨어져 나와 외교적으로 고립정책이란 독립적 길을 걷고 있었다. 이런 정책에 반드시 수반되어야 할 것은 유럽 제국諸國들과의 관계가 약화된 가운데 자국의 경제적인 이익산출을 '어디로부터 거둘 것인가'이다. 그가 바라본 관심 지역은 레반트(오스만제국을 낀 서아시아 지역) 회사 지역이었다. 그리고 그는 영사의 봉급도 이곳에서 어느 정도 충당될 것으로 판단한 듯싶다. 캐닝은 레반트 회사의 독점을 막고 국가가 운영하기 위해 왕실이 관리하던 영사들을 외무부에서 접수하겠다고 한 점이 이를 말해준다. 레반트 회사 쪽에서도 큰 불만이 없었다.[46] 사실 19세기에 들어서 쇠망의 모습이 뚜렷이 드러나고 있는 오스만제국의 정치상황을 고려하면, 정부의 제의는 반가운 일이며 한 발짝 더 나가서 공식적인 보호를 받는다는 기대감에 한층 부풀어 있었다. 이런 분위기는 당시 레반트 무역의 총감독격인 그렌빌 경Lord Grenville과 타임지와의 인터뷰 기사에서 확실히 알 수 있다.[47]

정부가 레반트 무역 지역을 접수한 이듬해인 1826년에 캐닝이 이곳에 2명의 총영사와 11명의 영사 및 부영사들을 두었는데, 이들에게 들어

---

45 이때 축적된 봉급 부분은 무역이 비활성화된 지역 영사들의 봉급으로 전환시킨다.

46 *The Times*, 4 May 1825, 32.

47 *The Times*, 4 May 1825, 32.

가는 연간 총 봉급 금액이 8,358파운드였다. 사실 레반트 지역을 접수한 때에 회사로부터 정부에 들어온 총금액은 정리공채consols[48]로 6,000파운드와 현찰로 10,000파운드였다.[49] 때문에 캐닝은 우선 적자를 보지 않고 영사의 봉급을 줄 수 있고, 이후는 레반트 무역을 활성화시키면 충분히 이들을 운영 할 수 있다고 계산을 하였다. 30년 후인 1855년에는 3명의 총영사와 41명의 영사 및 부영사들로 확대되었고, 이들에게 책정된 총 봉급 금액은 21,150파운드에 이르렀다. 그러나 이곳에서의 수출은 2백만 파운드 정도였는데 당시 미국엔 2,300만 파운드 수출을 하고 있었기에[50] 레반트 지역의 확대된 영사 및 봉급의 의미는 설득력을 잃었다.

캐닝이 처음에 생각했던 것과 달리 1850년대에 레반트에서 적자를 보고 있었다. 왜 이런 현상이 생겼는가? 당시 레반트 지역의 복잡한 외교정세 때문이다. 캐닝이 외무장관과 총리를 거치면서 영국경제의 중요한 위치에 올려놓은 레반트 무역 지역에 외교적 방해가 지속되면서 무역이 활성화되지 못하고 있었기 때문이다. 근대 이집트의 창시자인 무함마드 알리M. Ali가 쇠약해질 대로 쇠약해진 오스만제국령 중 시리아 지역을 요구하다가 오스만제국의 반대로 둘 사이에 러터전쟁Russo-Turkish War이 일어났다. 이 전쟁을 중재하고 운키아르 스켈레시Unkiar Skelessi조약(1833년 7월)으로 평화로 이끈 러시아는 지중해와 흑해로 이어지는 해협(다르다넬스와 보스포루스)을 독점하기에 이르렀다.[51] 캐닝의 노선에 있던 파머스턴 외무장관은 러시아의 남하가 영국의 레반트 무역 활성에 치명적 방해가 된

---

48 1751년에 각종 공채를 정리하여 연금 형태로 한 것에서 유래.

49 (543) XVIII,Q 6232.

50 Platt, *The Cinderella Service*, 127-129.

51 William C. Fuller Jr., *Strategy and Power in Russia, 1600-1914* (New York: Free Press, 1992) 참조.

다는 결론에 이르자, 주변 이해 당사국들과 러시아의 독주를 막기에 주력하였다.

아시아와 유럽 사이에 있는 보스포루스 해협

　결과 파머스턴이 중심역할을 하여 해협조약the London Straits Convention (1841년 7월)을 맺었다. 내용은 해협을 오스만제국의 권한에 두고, 관련 국가들은 이런 해협의 권한이 지켜지도록 감시감독하자는 것이었다.[52] 이 조약으로 영국으로선 러시아의 남하를 일시적으로는 막을 수 있었지만 러시아의 움직임을 항시 신경 써야 할 영러각축英露角逐의 본궤도에 제대로 들어서게 되었다. 때문에 해협조약 이후에도 레반트 지역 무역은 조약의 원래의 취지와 달리 회복되지 못하고 있었다. 더군다나 아일랜드 감자 흉년(1846년)을 비롯하여 유럽 전역에 걸쳐 진행되는 경제 침체기로서 레반트 지역의 무역활성화는 현실에서부터 더욱 멀어져만 갔다. 그렇다고 영 정부가 이곳을 무작정 포기할 수는 없었다. 이후 양국의 각축이 전쟁(크리미아전쟁)으로 확대된 상태에서도 영 정부는 이곳에 희망의 끈을 놓지 않았는데, 그 증거가 1855년의 영사 인원 확대와 맥을 같이 하고 있음에서 알 수 있다.

52　Christos L. Rozakis, *The Turkish Straits* (Martinus Nijhoff Publishers, 1987), 24-25.

결국 복잡한 지역적 외교정세 문제로 레반트 무역은 활성화되지 못하였지만 계속 지불되는, 오히려 증가하는 영사 봉급 건으로 영사 운용자금 관리에 문제가 발생했다. 다시 말해서 레반트 무역의 기반이 무너진 것이 영사를 운용할 총괄 자금의 폭이 축소된 것과 비례하는데도 불구하고, 이 지역의 영사는 확대·운영한 것이 문제가 된 것이다.

한편 와이즈와 스태프트 의원의 보고내용을 살펴보면, 1856년에 전 세계로 펼쳐 있던 영국 영사의 총 인원은 533명이었다. 총영사는 27명, 영사는 119명, 영국인 부영사는 228명, 고용외국인 영사는 159명에 이른다. 특히 이들 중 48명이 1850년 초에 동아시아에 주재토록 확충된 새로운 영사들이라 밝히고 있다. 스태프트의 동아시아의 주요 지역 영사 봉급에 관한 분석을 보면, 홍콩의 경우는 총독 겸 무역 감독관Superintendent of Trade에게 6,000파운드를 지불, 대표적 무역항인 광저우Guangzhou/Canton의 경우는 1,800파운드가 지불되고 있었다.[53] 여기서 앞서 언급한 남북아메리카나 레반트 지역들보다 이들은 월등한 차이의 고액봉급을 받고 있는 것이 확인된다. 관련하여 두 가지 의문점을 지적할 수 있다. 첫째는 이 지역 영사들이 여타 지역보다 고액 봉급을 받는 까닭은 무엇인지? 둘째는 레반트 무역으로 영사 운영자금 확보에 고충을 받고 있는 당시, 영 정부에게 상당한 금액이 지출되는 동아시아 경우가 오히려 악재가 되고 있지 않는지?

광저우는 1757년 이후부터 외국거주자들이 존재했고 외국무역항으로의 역할을 한 중국의 대표적인 대외창구였다. 원래 이곳을 통해 동인도회사는 비단과 차를 수입하고, 면화나 세직물을 중국에 팔았다. 양측 물품들 사이에 인기는 당연히 유럽에서 수요가 급증한 비단과 차인 만큼, 동

---

53 Dickie, The British Consul, 23.

인도회사 입장에선 무역의 '역조현상'이 발생하였다. 이에 동인도회사는 지불될 돈 대신 편법으로 아편을 광저우에 풀어 팔게 되었다. 결과적으로 아편 중독에 따른 광저우의 아편수입이 급증하면서 영국계 회사들은 자신들의 역조현상을 회복하게 되었다. 한편 두 나라 간의 문제는 동인도회사가 역조현상을 회복하면서 활용한 아편무역에 있었다. 중국으로선 자국의 결제수단인 은의 유출이 커지고, 중독자로 인한 사회적 폐해가 커지면서 정부가 아편무역을 정치·외교적 문제로 확대하였기 때문이다. 1840년에 아편이 광저우에 대량 판매되고 있던 시점에, 그곳에 파견된 금차대신 린쩌쉬林則徐가 아편 판매를 금지했다. 이에 두 정부의 불신이 커지고, 궁극에는 정치·경제·외교 모든 분야에 한 치도 양보를 할 수 없게 얽혀져 전쟁(1차 아편전쟁)으로 이어졌다. 결과는 강한 무기체계를 갖춘 영국 함대에 중국이 굴복하고 1842년에 양국 사이에 난징조약이 맺어지면서 두 나라 간의 충돌은 일단락되었다.

중국에 대한 영국의 아편무역을 풍자

당시 외무장관이던 파머스턴은 경제중심의 외교적 결실을 얻으려는 기본 원칙하에, 조약 체결 시 5대 항구(후조우, 광저우, 닝보, 상하이, 아모이)

개항에 심혈을 기울였다.[54] 그리고 유럽의 경제침체가 심하던 1840년 후반부터 전쟁(크리미아전쟁)을 치른 1850년대 중반에 이르면서 그가 이곳 5대 개항지를 침체된 자국경제의 탈출구로 생각한다고 해도 그리 놀랄 일이 아닐 것이다. 앞서 언급한 것처럼 1850년대에 초중반에 동아시아에 부임하는 영사들의 숫자가 갑작스레 48명이나 늘어난 것이 이런 맥락에서의 조처라 할 수 있다.

여기서 영사들의 봉급이 다른 지역에 비해 월등히 높았던 이유를 살펴보자. 난징조약을 맺었음에도 불구하고, 초기에 나타난 문제점이라면 무역 상인들을 보호할 공관 설치가 어렵다는 점이다. 이미 확보한 5대 항구쪽 중국인들의 저항이 커서 항구에 임시가 아니라 장기적인 형태로 정착할 공관을 세우는 것은 엄두도 못 내었고, 중국황제가 있는 베이징은 물론, 내지內地로의 접근은 원천적으로 봉쇄하다보니 중국 정부 상대의 대표외교 공관설립은 더더욱 불가했다.[55] 외교 차원에서 보면 자국의 이익과 중국 내 거주 자국민을 보호하고 대표할 대사나 공사의 부임이 거의 불가능하다는 의미이기도 하다. 그나마 임시방편으로 영 정부가 조처를 취할 수 있는 것은 무역을 하는 영국의 자국민을 보호하는 영사들의 확대 및 권한을 강화시켜주는 정도이다. 의문점을 갖고 있던 이곳 주재 영사들의 봉급이 다른 지역보다 많은 이유가 여기서 설명된다. 다른 지역에는 정식 외교 관리인 대사나 공사가 있기에 영사의 봉급이 그리 많지 않지만, 동아시아 지역엔 영사가 주요 외교관의 역할과 자국민 보호의 영사 업무를 동시에 해야 하는 특수성 때문에 봉급액수가 컸다. 이런 동아시

---

54 왕소방, 『중국 외교사』, 한인희 옮김 (지영사, 1996), 35-49.

55 광저우의 현지 영사인 파크스(Harry Parkes)의 불만 및 관련 보고 등에서 이를 쉽게 추측해 볼 수 있다; Stanley Lane-Poole, *The Life of Sir Harry Parkes I* (Methuens & Co, 1901) 참조.

아 지역 주재 영국 영사의 고액봉급은 개항지에 공관이 세워져 무역활동이 제대로 진행되고, 베이징에 외교관을 개설함은 물론 정식외교관리인 공사minister가 부임한 베이징조약(1860년) 때까지 이어진다.

결국 1840년 후반에 중국의 무역 활성의 기대감 속에 봉급지불의 부담감에도 불구하고 영사의 확대를 꾀했지만 중국 정부의 방해로 무역이 활성화되지 못하면서 1860년까진 경제적 이득은 고사하고 손실까지도 보았다 할 수 있다. 이는 레반트 무역의 부진으로 영사 임금확보에 고충을 받고 있는 영 정부에게 '동아시아 경우가 악재가 되질 않을까'란 의문점에 대해서도 '그렇다'는 답을 주고 있다.

1825년에서 1860년 즈음에 영 정부는 영러각축과 관련된 레반트 무역의 부진과 중국 정부의 모호한 외교 속에 휘말려 있었다. 결과 외무부로서는 영사를 운영하기 위해선 19세기 중엽에 영사의 수수료 관례가 다시 살아나는, 즉 캐닝의 1825년의 영사법을 무無로 돌리는 부정적 결과를 초래하면서까지 봉급지불에 운용의 묘를 살리는 방법밖에 없었음이 분명하다. 그러나 과정 중에 영사법의 취지가 완전히 사라진 것은 아니다. 외무부가 관리하는 영사 봉급체계만큼은 흔들림 없이 지속되고 있었다. 이로써 영사의 봉급을 주는 주체가 외무부이며 동시에 영사의 소속 기관이 외무부란 정체성은 세간에 분명하게 인식되었다. 결국 영사들의 외무부 내 정치 행정적 모습이 이 시기에 제대로 정립되었다고 보아진다.

본 장의 부수적 이득이라면 그동안의 외교사연구에서 오류까지는 아니더라도 명확하게 해석되지 않던 부분도 몇몇 짚고 넘어갈 수 있게 된 점이다. 첫째로 대한제국 시절에 구미 지역 주재 한국 총영사주미특별

모건(W. Pritchard Morgan)

지역들을 보면 거의 주재국 현지인들임을 알 수 있다. 영국은 중남부 탄광지대의 부호였던 모건W. Pritchard Morgan이다. 주프랑스 총영사는 로우리나C. Roulina, 주벨기에 총영사는 르혼Emile Le Hon, 주미 뉴욕 총영사는 스티븐슨William H. Stevens이 있었다.[56] 이런 현지국가 출신들을 주재 한국 총영사로 임명한 것은 초기 영사의 전통적인 '현지인 활용' 방식이 그대로 적용된 사례라고 이해할 수 있었다.

파크스(Harry S. Parkers)

둘째로 애로우호사건이 일어났을 때, 영국의 특별전권공사인 보우링Sir John Bowring이 있었는데도 불구하고 광저우의 대리영사Acting Consul이던 파크스Harry S. Parkers의 활약이 두드러졌었다.[57] 그리고 영국 내각이나 외무부에서 그의 활동을 크게 문제 삼지 않았다.[58] 결국 당시 동아시아의 경우엔 대사나 공사를 임명하기가 쉽지 않아서 영사가 거의 자국의 대표자 역할을 하고 있었던 것으로 이를 이해할 수 있다.

56 김원모 편저, 『근대한국외교사년표』 (단국대학교 출판부, 1984), 287-288.

57 Sir J Bowring to Parkes, October 16, 1856, quoted in Lane-Poole, *The Life of Sir Harry Parkes I*, 244-245.

58 김현수, 『대영제국의 동아시아 외교주역, 해리 파크스』 (단국대학교 출판부, 2011), 67-69.

8장

외무부 내 영사 지위의 완성

영사가 영국 내에서 가장 두각을 드러낸 시점은 '1825년 영사법 Consular Advances Act' 제정 때이다. 당시 외무장관이던 캐닝은 자유방임 laissez-faire 무역정책을 펴는 데 방해가 되는 전제주의 유럽제諸국들과 단절하는 고립외교정책을 선택했다. 고립외교정책하에 그는 영사를 전방위 全方位 외교의 중요한 도구로 삼고 싶었다. 다시 말해서 유럽 내 여타 국가들과 단절된 상황에서 영사를 통해 외교적 정보를 접수하고 이를 외교 차원에서 뿐만 아니라 무역통상정책에도 반영하자는 의도였다. 그의 의지가 결실을 맺은 '1825년 영사법', 이 법을 통해 추진하려는 바는 외교적으로 중요해지는 영사를 제대로 활용하기 위해서 첫째 그들을 외무부의 통제 속에 두는 것과 둘째 통제방법으로 봉급지불의 주체가 왕실이 아닌 외무부가 되는 것이었다.

한편, '1825년 영사법'의 흐름을 구체적으로 살펴보면 이 법을 도입한 이후의 영사 정체성의 변화가 흥미롭다. 정체성의 변화를 시기를 정하여 단계적으로 분석·연구해보면 1825년부터 캐닝을 이은 파머스턴의 외무장관 및 총리 시절인 1860년대 중반까지가 우선적으로 주목된다. 앞장에서도 밝혔지만, 이 시기에 대내외적으로 흉년과 크리미아전쟁 등의 악재가 있었지만 외무부 관리하의 봉급지불 체계만큼은 흔들림 없이 진행되어 영사의 외무부 내 지위가 구체적으로 세워지고 있음이 드러났기 때문이다.[1] 다음은 일부 시기가 겹치지만 파머스턴 정부의 시작년도인 1855년부터 1차세계대전 전까지로 관심테제는 '외무부 내 영사지위의 완성여부'인데, 특별히 주목되는 부분은 플랏이 "1903년 이전엔 영국에선 영사에

---

[1]   Hyun-soo Kim, "Analysis of Consular political and Administrative Position in the British Imperial Ministry of Foreign Affairs, 1782-1865" *The Korean Journal of British Studies* 29 (June 2013):190-99 [김현수, 「18세기 영제국 외무부 내 영사의 정치적, 행정적 입지분석, 1782-1865: 1825년 영사법(Consular Advances Act) 제정 전후를 중심으로」, 『영국연구』 29호 (2013년 06월): 190-99].

관한 뚜렷한 틀이 잡혀 있지 않다"고 언급한 부분이다.[2] 바로 플랏의 그 언급을 기반으로 '1855년 이후의 외무부 내 영사의 지위'를 분석할 필요가 있다.

본 장은 후자의 경우를 살펴볼 것이며 분석을 원활히 하기 위해 이 시기에 새롭게 등장한(1872년 성립) 영사처領事處, Consular Department의 이해가 우선적으로 필요한데 간략하게나마 이 부분을 짚어보고자 한다. 첫째 영사처에 관한 소개가 영국국가자료 보관소TNA에 1906년 이전 외무부 기록들에서 확인되고 있다. 내용에 따르면 1865년에 외무부 내 지원부서로 상무부서商務部署가 만들어졌는데, 이곳에 해외영사관을 통해 수합되는 상업 관련 외교문서들을 외무부로 전달하는 역할을 하였다. 이듬해인 1866년에 외무부 내 상무부서가 영사부서란 이름으로 바뀌더니 1872년에 영사부서는 외무부 소속이지만 좀 더 독립성을 보이며 고유한 영사업무는 물론 상무원商務院, Board of Trade 소관이던 통상조약 조정권마저 접수한 영사처로 바뀌었음을 알 수 있다.[3]

둘째 1872년 영사처의 역할과 비중을 이해하기 위해선 상무원도 알아볼 필요가 있다.[4] 상무원의 첫 모습은 1696년 윌리엄 3세 때 추밀원privy Council 소속 무역위원회Lords of Trade란 이름으로 출발하였다가 1782년 로킹엄Rockingham 총리 때 사라졌다. 1784년에 소피트William Pitt 총리는

---

2 Hyun-soo Kim, "Analysis of Consular political and Administrative Position in the British Imperial Ministry of Foreign Affairs, 1782-1865": 201 [김현수, 「18세기 영제국 외무부 내 영사의 정치적, 행정적 입지분석, 1782-1865」: 201].

3 Foreign Office: Commercial and Sanitary Department, *General Correspondence from 1906, F.O. 368, biographical background*, http://discovery.nationalarchives.gov.uk/details/r/C7682.

4 BIS(Business Innovation, & Skills, The Board of Trade 1621-1970, http://www.berr.gov.uk/aboutus/corporate/history/outlines/BT-1621-1970/page13919.html; http://webarchive.nationalarchives.gov.uk/20090609003228.

'무역 및 식민위원회Lords of Trade and Plantation'란 이름으로 다시 상무원적 기능을 부활시켰다. 이 또한 역할을 제대로 하지 못하여 1820년 이후부터는 무역 관련 사무국the secretariat에서 해당 업무를 접수하여 운영하였으며, 1850년 12월 23일에 그나마 흔적이 남아 있던 '무역 및 식민위원회' 이름도 공식적으로 사라졌다. 무역 및 식민위원회의 역할이 이렇게 미비했던 것은 주요 기능이 국내 및 식민지의 경제활동을 왕실에 자문하는 역할에 머물렀기 때문이다. 하지만 1861년에 상무원이란 정식이름으로[5] 다시 시작하면서 사무국에서 관할하던 무역 관련 업무가 이곳으로 이관되었다. 이렇듯 독자적 기관인 상무원이 새롭게 등장한 것은 당시 제국으로 펼쳐나가던 영국 정부가 무역 및 통상과 관련된 새로운 내용들을 다룰 필요성과 맞물린 결과였다. 새로운 내용들이란 특허권, 디자인, 상표, 회사규정, 노동력 및 상선 관리, 광물 및 농산품 운송 등 다양하다. 한편 제국적 성격하에 놓여 있던 상무원 소속 관리들은 상무원의 목적이 제대로 수행되려면 정치·외교적 지원이 절대적으로 필요하다는 것을 인식하고 있었다. 사실 경제적 보고寶庫로 떠오르는 동아시아 국가들과 접하며 치러야 할 여러 수호통상조약 체결 절차만큼은 외무부의 도움 없이는 되지 않기 때문이다. 여기서 앞 단락에서 무엇 때문에 상무원이 영사처에 통상조약권을 넘겨주었는지를 이해할 수가 있다.

이렇듯 영사처와 상무원의 형성과정을 통해서 추정되는 바로는 1872년의 영사처가 외무부에서 독자적인 역할을 한 그 시점 전후로 외무부 내 영사의 지위 정도가 많은 변화가 있을 것이란 점이다. 본 장은 이 점을 착안하여 파머스턴 집권기가 시작되던 1855년 이후부터 1872년 사이, 1872년부터 1차 세계대전 직전까지의 기간을 나누어 영사의 외무부 내

---

5   Section 65 of 'The harbours and Passing Tolls etc Act, 1861'의 공식명칭.

지위에 있어 완성 정도가 어떠했는지를 살펴볼 것이다.

영사의 지위(1855~1871년)

캐닝은 1823년 베로나회의 이후 고립외교정책을 시작하면서 주목한 그룹이 있다. 바로 외교의 최전선에서 외교뿐만 아니라 경제(무역·통상) 범위 내에서도 요긴하게 활용할 수 있는 영사그룹이 이에 해당된다. 궁극에는 캐닝이 '1825년 영사법'을 통해 외무부가 봉급을 주며 실질적으로 외교현장에서 영사들을 직접 통제하며 활용하기 시작했는데 캐닝의 움직임이 외무부 내 영사들의 지위를 부각시켜주는 전조前兆 효과가 된 것이 분명하다.

캐닝의 영사활용정책은 파머스턴이 외무장관과 총리로 있었던 1830~1865년 사이에도 넓은 의미에서는 같은 맥락에서 진행되고 있었다. 그러나 총리로 있던 1855~1865년 사이는 좀 더 주목해볼 필요가 있다. 당시 영 정부가 영러각축英露角逐과 관련된 레반트 무역의 부진 및 중국 정부의 모호한 외교 속에 휘말려 2차 아편전쟁을 치르는 외교적인 어려움이 피부에 와닿던 때이다. 이즈음 영사의 봉급삭감이 필요하다는 소리들이 정계에 들리기 시작하자 파머스턴 총리 입장에선 기존의 영사법 내용을 수정할 필요를 느끼게 되었다. 궁극에는 봉급은 일부 삭감하되 영사들이 개인적 능력을 발휘하며 현지에서 부수입을 얻는 것을 허용하자는 쪽으로 재조정하였다.[6] 이는 캐닝 때의 영사법의 취지가 희석된 것이

---

6 Hyun-soo Kim, "Analysis of Consular political and Administrative Position in the British Imperial Ministry of Foreign Affairs, 1782-1865": 192-194 [김현수, 「18세기 영제국 외무부 내 영사의 정치적, 행정적 입지분석, 1782-1865」: 192-194].

아닌가 하는 의구심이 가게 하는 부분이다. 하지만 좀 더 생각해보면 파머스턴이 캐닝의 의도를 제대로 알고 있었기에 오히려 불리한 상황을 지혜롭게 극복한 사례로 판단된다. 왜냐하면 방법적으로는 약간의 변칙을 두더라도 외무부가 영사법을 통해 기본적으로 관리하는 영사 봉급체계만큼은 흔들림 없이 유지하므로 영사들을 외무부 차원에서 통제하고 활용하겠다는 의지가 현실적으로 유지되었기 때문이다. 이로써 파머스턴이 생을 달리했던 1865년까지도 외무부가 영사의 봉급을 주는 주체로 있다 보니 영사의 소속 기관이 외무부로 확고해지면서 그들의 외무부 내 지위가 가시적이고 체계적으로 세워지고 있음을 실감케 해준다.

하지만 파머스턴에 의해 "영사가 외무부 내에서 지위가 진정 체계적으로 정립되고 있는가?" 하고 되묻는다면 1861년에 파머스턴 정부의 외무장관이던 러셀 경Lord John, Russel(1859~1865년)이 자신이 몸담고 있는 현(파머스턴) 정부를 대상으로 영사제도의 문제점을 언급한 부분을 주목하게 된다. "세계 여러 곳에 새로운 영사들의 역할이 커지는 것은 사실이다. 그러나 업무상 불필요한 영사인원까지 관리하고 채용하는 정부의 영사정책은 문제가 있으며 정부가 갖고 있는 생각으로는 기존의 전통적 영사제도마저 붕괴하는 게 아닌가 싶다." 이 내용은 러셀이 외무차관 피츠제랄드Sir William Robert Seymour Vesey-FitzGerald가 분석한 내용을 참조하여 표현한 것이기도 하다.[7]

원래의 질문에 답하기에 앞서 먼저 러셀의 표현 중에 나온 '전통적 영사제도'란 무엇이며 왜 '붕괴했다'고 했는지를 알아볼 필요가 있다. 1820년대 후반 캐닝과 그의 정부 전후 시기에 무역위원회의 대표와 전쟁 및 식민지 장관Secretary of State for War and Colonies을 지낸 허스키슨W. Huskission

---

7   164 *Parl. Deb.*, 3s, 1077, 1081 (18 July, 1861).

이 영사의 가장 중요하고 확실한 역할은
해상과 관련된 경제 부분을 지원하고 보좌
하는 데 있다고 하였다. 다시 말해서 영사
들은 상선운송법Merchant Shipping Act에 의
거해서 타국에 나가있는 선박주인이나 선
장, 선원들의 대리자이자 대변인 역할을
하는 것이 그들의 최상의 업무였다. 좀 더
풀어서 표현하자면 영사는 타국과의 통상
을 열거나 원활히 하고 경우에 따라 항구
에서 노예무역을 하지 못하도록 압력을 가
하며 해당 지역의 막노동꾼들의 활동을 감
시하는 역할 등이 이에 해당 된다. 결국 의
회의원들이나 정부각료들도[8] 영사의 역할
을 위와 같이 이해하고 있었고, 러셀 표현
의 뿌리도 여기에 있었다.

피츠제랄드(Sir William Robert
Seymour Vesey-FitzGerald)

그런데 파머스턴 총리는 영사의 활동
을 외무장관들을 포함한 여타 정부각료들
과 의회의원들의 생각과 다르게 이해하고
있었다. 한마디로 그는 영사를 정치적 기
능을 수행하는 자들로 생각한 것이다. 당
시 바르샤바 총영사는 러시아의 움직임을
정부에 보고하고 있었고 브레멘Bremen의

해먼드(Edmund Hammond)

부영사는 북해에 면한 독일 도시인 빌헬름스하펜Wilhelmshaven의 해군기

---

8   1850년대 외무장관들이던 클래런던 경(Lord Clarendon, 1853~1858년)과 맘스베리 경
    (Lord Malmesbury, 1858~1859년) 도 같은 전통을 갖고 있었다.

지 내 진행사항들을 정부에 보고하고 있었다. 또 라이프치히, 프랑크푸르트, 콜로냐, 밀란 등에 있던 영사관에서는 이탈리아와 독일 통일 움직임 관련정보들을 수집하여 지속적으로 보고하고 있었다. 더욱이 파머스턴은 1855년에 의회에 출석하여 '영사제도 운영 시 전통적인 경제 부분을 특별히 강조할 필요가 없다'고 하였고, 1854년부터 1873년까지 외무정무차관이던 해먼드Edmund Hammond도 당시 파머스턴 때부터 지속해온 (정치중심의) 영사 운영제도가 큰 문제없이 진행되고 있다고 했다.[9]

결국 한 정부 내 각료들, 특히 총리와 외무장관 사이에서 영사에 대한 이해가 상업과 정치란 두 면으로 활동을 달리 표현하고 있는 것을 확인할 수 있다. 그리고 앞의 질문이었던 '진정 체계적으로 세워지고 있는가?'에 대한 답은 '아니다' 쪽에 무게중심이 간다.

여기서 파머스턴이 세상을 떠나고 네 명의 총리들이[10] 영국정치의 바통을 이어가던 1865년에서 1872년 영사처 성립 직전 사이에도 위 질문을 대입해 보면 어떤 결과가 나올까? 이때에는 파머스턴 때와 달리 전통적인 내용이 강조되고 있음을 알 수 있다. 한 증거로는 1871년에 리스본 주재 영사 브랙컨버리J. M. Brackenbury가 "우리는 선주나 선장, 선원들이 현지에서 겪는 과실, 경솔한 행동, 싸움, 불행한 사건들로부터 그들을 보호하는 것이 첫째가는 업무다"고 한 부분이 주목되기 때문이다.[11] 하지만 이듬해에 영사처가 생겼다는 것은 기존의 상업 활동뿐 아니라 정치 활동을 함께, 어쩌면 상업보다 정치를 우위에 놓고 다루겠다는 정부의 의도가 엿보

---

9   138 *Parl. Deb.*, 3s, 907 (22 May 1855):Minutes of Evidence, *Second Report of the Select Committee on Diplomatic and Consular Services*, 1871(386) Ⅶ, QQ1 565, 1579,1682.

10   러셀(1st Earl Russell, 1865~1866년), 더비(14th Earl of Derby, 1866~1868년), 디즈레일리(1868년 2월~12월), 글래드스턴(1868~1874년).

11   *Reports relative to British Consulate Establishments, 1858 and 1871*, Part Ⅱ, 1872(confidential print 501) LX.

인다. 때문에 여전히 영사의 업무가 정치와 경제 사이에서 정체성을 세우지 못하던 파머스턴 때와 흡사함을 확인케 되며 동시에 영사들의 외무부 내 지위도 여전히 부정적인 측면에 놓여 있음을 알게 해준다.

위와 같이 영사업무의 정체성 문제가 깊이 자리잡고 있던 시기에 영사들의 지위 정립에 문제를 제기할 만한 또 다른 이유들이 있는지 살펴보자. 첫째로 전체 업무의 20% 정도의 분량에 해당되는 일반업무General Work 관련 부분이 주목된다. 일반업무란 영사가 현지에 머물거나 방문하는 자국민들의 보호 및 이들의 상업적 활동을 지원해야하는 것이다. 1870년 초, 외무부에서는 영사들의 업무를 정치·경제 관련 부분만 생각하고 일반업무를 업무라기보다는 영사의 의무봉사조항처럼 생각하고 있었다. 그렇다보니 외무부의 생각이 현지 자국민들의 생각에도 그대로 고착되어서 그들의 잡다한 일을 영사에게 스스럼없이 요구하고 영사는 이에 거부하지 못하고 이행하곤 하였다. 예를 들면, 어떤 현지정착 본국인은 영국식 공공정원을 가꾸고자 하니 지원 가능한 영국인 정원설계사를 소개해 달라거나, 영국에서 백신을 공수해 달라고 하는 경우도 있다. 여행 중 철도에 귀중품을 담은 가방을 놓고 내린 귀부인은 자신의 가방을 찾아달라고 하기도 하며 레반트 지역을 여행하는 어떤 이는 통역을 부탁하기도 했다. 이와 별도로 영사의 집은 거의 공짜로 투숙하는 게스트하우스로 인식된 지 오래전 일이었다.[12] 결국 영사의 일반업무 수행을 국가의 공공의 이익을 위한 공무원 입장이라기보다 정착이나 방문 해외자국민들의 봉사자 입장에서 진행하듯 해야 하니 영사들에게는 큰 불만으로 남게 되었다.

물론 정부가 잡다한 일을 함에 상응한 재정적 보조를 해준다면 영사

---

12 D. C. M. Platt, *The Cinderella Service* (London: Longman, 1971) 18.

들이 일반업무들을 자신들이 해야 할 업무로 여기고 그들의 불만을 어느 정도 줄일 것이다. 하지만 앞서 언급한 바처럼 정부가 이를 전혀 염두에 두고 있지 않았다. 그 이유가 무엇인가? 앞서 언급한 파머스턴이 영사의 봉급을 삭감하는 대신 영사가 그 부족 부분을 개인적으로 현지 거래를 성사시키고 부수입식으로 얻는 방식을 정부가 허용한다는 것과 연관이 있음을 알 수 있다. 다시 말해서 정부가 부수입을 통해 영사가 재정 충당할 기회를 묵인해 주니 현지와 관련된 일반업무는 정부와 관련 없이 영사 본인과 현지인 사이에서 행해야 한다고 본 것이다. 하지만 현실은 그렇지 못했다. 영사의 개개능력 정도나 현지의 상황에 따라 모두가 공평하게 일정한 부수입을 얻지 못하고 있었다. 때문에 부수입이 턱없이 부족하던 영사들(아마도 대다수)을 주축으로 무료봉사와 같은 일반업무의 진행여부는 불만의 대상이 됨이 자명했다.

둘째로 영사들의 불만을 일으키는 데 큰 몫을 한 봉급과 부수입 관련 부분에서도 그들의 지위 정립에 있어 부정적인 면이 보인다. 외무정무차관을 지낸 해먼드는 영사가 개인적으로 어떤 지원이나 보조가 없이 봉급만으로는 생활하기 힘들다는 점을 지적하였다. 그는 한 사례로 여러 경로를 통해 개인적인 경제적 축적을 해온 말라가Malaga(에스파냐)에 파견된 막크W. P Mark 영사의 1857~1858년 사이의 현지경험을 언급했다. 막크 영사의 표현엔 "일 년 평균 175파운드를 받는데 가끔 현지에 조난하는 본국 배를 기준으로 로이드Lloyds 보험회사의 중개상으로부터 현지 정부 관리와의 원활한 행정 처리를 부탁하며 생기는 약간의 부수입을 챙긴다고 하였다. 그러므로 얼마 안 되는 봉급과 불규칙적 부수입이 생계를 꾸려나갈 재정의 전부다"라고 하였다.[13] 기록에 나오는 다른 사례들은 어떠

---

13 Minutes of Evidence, *Report from the Select Committee on Consular Service and Appointments*, 1857-58 (482) Ⅷ, QQ 579,738,4046-51, 5139.

한가? 트리에스테Trieste(이탈리아)에 파견된 찰스 레버Charles Lever 영사는 "나의 공적 봉급은 나의 일 년 치 개인 생활비용에 일부 보탬이 되는 기부금 정도 수준이다"라고 했다. 알제Algiers(알제리 수도)에 파견된 플레이 페어Playpair 총영사는 "봉급만으로 경제적인 삶을 영위할 수 없었다"고 하였다. 니스Nice에 있던 한 영사는 "매년 200파운드의 봉급과 100파운드 수당을 받아 살았는데 이는 너무나 부족한 금액이었다. 때문에 개인적으로 부수입을 마련하여 일부 경제적 부분을 충당하여 살았다. 그리고 7년째 그곳에서 머물다보니 그때서야 겨우 보통 가정이 유지할 수 있는 정도의 비용을 벌고 있는 나 자신을 보았다"고 토로하였다. 구체적으로 봉급보다 생활비가 더 드는 경우를 밝힌 경우도 있는데, 버턴Richard Burton은 페르난도 포Fernando Po(브라질)에서의 봉급은 750파운드인데 개인적으로는 3,000파운드를 쓰고 있다고 밝혔다.[14]

그렇다면 영사들이 개인적으로 어떻게 부수입을 마련하였는가? 당시 영국선박을 보호하는 빅토리안 선박법Victorian Shipping Acts 조항 중에 해외에서 선박관리 서비스를 확실히 하는 업무가 영사들에게 주어져 있었다. 그러다보니 영사가 우정국, 우편 수송선박회사, 로이드 선박보험회사 등에서 봉급 이외의 부수입을 챙기는 것이 관례처럼 굳어져 있었다. 1858년을 기준으로 보면 리오Rio(브라질) 주재 영사는 봉급과 별도로 매년 500파운드를 우정국으로부터 받고 있었다. 발파라조Valparasio(칠레) 주재 영사는 320파운드를, 푸에르토리코Puerto Rico 주재 영사는 300파운드를 받았고, 이후 영국우정증기소포회사Royal Mail Steam Packet Company로부터 400파운드를 추가로 더 받기도 하였다.[15] 이런 특별한 예를 제하고 대

---

14 Minutes of Evidence, *Report from the Select Committee on Consular Service and Appointments*, 1872 (314) Ⅶ, QQ 2047-8.

15 *Return of Consuls restricted from trading and of Appointments other than Consular*

부분의 영사들은 부수입이 다양했지만 평균 100~225파운드 정도의 적은 금액이었다. 더군다나 영 정부는 영사의 활용도를 높이기 위해선 천차만별의 부수입액을 통합하여 일정량의 고정금액을 책정하고 이를 봉급에 합해서 지불해야 한다는 생각을 갖고 있었지만 1870년 초까지 논의가 가시화되고 있지 않았다.

이렇듯 영사들의 외무부 내 지위를 확립함에 있어 봉급과 부수입 문제와 관련하여 불안정한 상태라고 지적할 수 있는 점이 두 가지가 있다. 하나는 부수입이 있지만 현지 생활비를 감당하기에는 턱없이 부족한 금액이었기 때문에 영사의 불만이 여전히 해소되지 않는다는 것이다. 다른 하나는 영 정부, 특히 외무부가 1870년대 초에 영사처를 운영하면서도 여전히 봉급과 부수입을 통합시키는 대안을 정책안으로 언급하지 못한 점이 그것이다.

셋째로 영사들의 채용 후 적응훈련 과정에서도 그들의 지위정립과 관련하여 부정적 모습이 보인다. 한 예로 해먼드의 언급을 보면 확실하게 알 수 있다.

> 나는 한 명의 영사가 훈련을 통해 완성된다는 데에 회의적이다. 사실 5~6개월의 실습으로 외교관으로서의 의식이나 감정조절, 판단 등을 배울 수 있다고는 보지 않기 때문이다… 내 생각엔 영사들이 외교관으로서의 특권적인 의식 체제를 구축하는 것보다 차라리 외교의 목적에 가장 좋은 공적 고용인(또는 하인servents) 역할만 잘 해준다면 더 이상 바랄게 없다고 생각한다.[16]

---

held by such Consuls, 1872(confidential print 472) IXI.

16 Minutes of Evidence, *Report from the Select Committee on Consular Service and Appointments*, 1857-58 (482) Ⅷ, Q 270.

한마디로 해먼드는 영사를 외교관으로 기대하지 않는다는 것이 위 표현에서 여실히 드러나고 있다. 이런 생각은 해먼드만의 생각이 아니라 19세기 초부터 기본적으로 영사에 대해 정가에서 인식되고 있었던 내용이다. 1809년에 이미 '거친 들판을 헤매는 잃어버린 한 마리의 양처럼'이란 표현으로 영사를 묘사하는데 그 배경에는 현지에 영사를 보내기 전에 거의 외교적 교육을 시키지 않는다는 의미가 내포된 표현이다.

하지만 영사의 필요성을 강조하던 파머스턴은 위의 문제점을 해소하고자 1842년에 영사교육양성기관 설립을 제시하였다. 여기서 주목할 부분은 당시 타임지가 이 제시안에 관해 실현 불가능성을 논했는데, 주된 내용이 "유럽 언어들이나 상업 및 해양법 등을 기본적으로 채득한 젠틀맨으로 바꾸는 어떤 교육도 포함치 않고 다양한 현지정보에 관한 교육만을 진행한다는 영사교육양성기관 설립이란 전혀 의미가 없어 보인다"는 것이었다. 또 반박에 동조하는 해외에 파견된 영사의 인터뷰기사도 함께 실어서 타임지로의 무게감은 더해졌다. 기사를 실은 그 영사는 "현장의 경험만으로 일을 처리하기에는 역부족임을 느꼈다. 상인들의 회계를 돕거나 술집 같은 대중적인 장소에서 정보를 얻으려면 역사를 좀 더 알거나 또는 정치 및 경제상황을 제대로 이해하거나, 현지 지형에 대한 지식을 알고 있었다면 하는 생각이 절실했다. 이에 관심을 갖고 조금이라도 노력할 때 나 자신의 현지 활동의 질이 더욱 풍부해짐을 확인했다."고 하였다.[17]

위와 같은 지적들에도 불구하고 파머스턴이 총리로 부임하던 1855년, 그는 자신이 주장한 원안原案을 그대로 적용해서 영사교육양성기관을 만들었으며 첫 책임자로 외무장관 클래런던 경을 임명했다. 그리고 10여 년이 흐른 1864년, 이 교육기관에 대해 맨체스터 상공회의소 의장은 "맨체

17　The Times, 16 March 1842, 5a.

스터 지국支局에선 경제 관련 교육을 확실히 시켰기에 이곳에서 교육 받은 모든 영사들이 성공적으로 부임했다"고 긍정적인 평가를 하였다. 하지만 이곳에서 교육 받았던 한 영사는 현지 공관에 부임하여 경제나 상업 관련 업무를 받아 수행했는데, 얼마 후 공관 책임자로부터 "당신의 경제 지식으로는 현지 상황과 마찰이 있을 뿐이다"란 부정적인 지적을 당한 경험이 있었다고 하였다.[18] 결국 영사 교육에 있어서 교육기관은 많은 허점이 보이면서 영사들이 자신들의 지위를 세우기엔 여전히 불안정한 상태에 놓여 있었고 1870년대 초에도 그 연장선상에 있었다.

1825년 이후부터 줄곧 외무부가 봉급체계를 책임지고 있어서 영사들의 외무부 내 지위가 구체적으로 정립된 듯 보이지만 1855~1871년 사이엔 영사업무의 정체성은 물론, 교육 및 훈련, 봉급체계들에서 여전히 그들의 지위가 모호한 상태에 놓여 있었음을 확인할 수 있다.

영사의 지위(1872~1914년)

1870년대 전前반에 영 정부는 외교적으로 경제와 정치를 함께 다뤄야하는 분위기가 커지기 시작했다. 이런 외교적인 분위기를 어떻게 해석해야 하나? 영제국의 순수한 전성기를 보통 1850~1870년대로 본다. 1851년 세계만국박람회 개최이후 영국 상품의 우수성이 입증되자 유럽은 물론 전 세계의 무역을 영국이 독점하기 시작했다. 여타 유럽 국가들이 1870년 초까지도 혁명분위기에 놓여 있다 보니 경제적으로 자신들의 역량을 발휘할 수 없어서 그 반사이익을 영국이 홀로 누렸음도 무시할 수

---

18 Minutes of Evidence, *Report from the Select Committee on Consular Service and Appointments*, 1864 (493) Ⅶ, QQ 946-7.

없다. 단 1870~1871년 이탈리아나 독일이 확실히 통일하고 프랑스도 나폴레옹 3세하에 커진 중산층들이 제3공화정을 열면서 본격적으로 경제활동을 시작하자, 얼마 있지 않아 영국의 독점무역이 상대적으로 불안정해지는 황색경보가 켜졌다. 영 정부는 유럽 내 이런 정치·외교적 분위기를 간파한 것이다.

그러면 당시의 동아시아는 어떠한가? 영국은 1856년 파리조약을 통해 크리미아전쟁을 종결하고 파머스턴 정부가 들어서자 본격적으로 자유무역을 통한 해외로의 경제적 확대를 꾀하기 시작하였다. 그 일환으로 파머스턴 정부는 1860년에 2차 아편전쟁(2차 중영전쟁)을 끝내고 베이징조약을 청 정부와 맺으며 본격적으로 중국에까지 무역 확대를 꾀하였다. 이렇듯 베이징조약 이후 중국에 무역의 활로가 열렸지만 이곳을 중심으로 동아시아 전역에 본격적으로 교류가 진행되고 있지 못했다.[19] 한 사례는 1858~1864년 사이에 일본 공사로 있던 알콕Sir Rutherford Alcock이 동아시아 상황을 잘 파악할 수 있었기에 중국과의 무역관계를 정부에 이렇게 귀띔했다. "영 정부는 중국과의 무역에 있어 독점을 바라는 것 같지 않다. 오히려 영 정부가 중국과의 통상에서 얻는 성과의 사례를 여타 강국들과 공유하기를 원하는 듯 보인다."고 하였다.[20] 영 정부가 '중국에 대해 관심이 없는 것이 아니냐'는 질문을 우회하여 표현한 내용이다.

한편 베이징조약 후 첫 번째 북경 공사로 부임했던 브루스Sir Frederick Bruce가 1862년 9월에 중국 내 영사들에게 "만약 거주하는 자국민들과 자산이 위험에 처하면 즉시 근처에 주둔하고 있는 자국함대에 보고하라"

---

19 D. C. M. Platt, *Finance, Trade, and Politics in British Foreign Policy, 1815-1914,* (Oxford: Clarendon press, 1968), 262.

20 Sir Rutherford Alcock, *The Capital of the Tycoon: a narrative of three years' residence in Japan* (New York : Bradley Co., 1863) II. 352.

고 훈령하였다. 당시에는 큰 문제가
없었다. 그로부터 7년 뒤인 1869년
에 클래런던 외무장관이 알콕에게
언급하길, "요즈음 중국 전역에 사
전허가 없이 제멋대로 시행되는 현
지무역 관련 법안들이 난무하니 정
부 차원에서 청 정부에 압력을 넣
어 이를 단속해달라는 베이징 공
사관 요청이 빈번하다"고 하였다.[21]
1872년에 일본 공사이던 파크스

브루스(Sir Frederick Bruce)

Sir Harry Parkes가 하원특별위원회
the Select Committee에 말하길 "도대체 우리 정부가 원하는 정치적 이익과
상업적 이익의 명확한 정의를 모르겠다. 둘은 너무 밀접하게 얽혀져있기
에 서로를 떼어서 보거나 어느 하나가 다른 하나를 이끌어간다고 말하기
조차 힘들다. 해서 나는 개인적으로 경제를 정치보다 좀 더 우선시하는
외교방식을 좋아하지만 현재엔 둘을 동시에 놓고 진행하는 방식으로 하
고 있다"[22] 영 정부는 동아시아 현장의 정치·외교적 분위기를 경제와 연결
하여 단계적이며 발전적으로 진행할 필요성을 파악하고 있었음을 알 수
있다.

이런 분위기하에 파머스턴 정부 초기에 고민하던 영사업무의 정체성
문제는 해결되었다. 정치와 경제 모두가 영사의 업무영역임이 확인된 것

---

21 A. J. Sargent, *Anglo-Chinese Commerce and Diplomacy* (Oxford, the Clarendon
    press, 1907), 181.

22 Minutes of Evidence, *Report from the Select Committee on Consular Service and
    Appointments*, 1872 (314) Ⅶ, Q. 1135.

이다. 그리고 1872년에 성립된 영사처를 중심으로 영사들의 역할이 한층 강화되고 업무량이 과중해지기 시작했다. 이전부터 영사들은 특별 지역의 무역과 운항 관련 연차보고를 내고 있었는데 당시 정부는 현지국가들의 정치상황까지 파악하고 새로운 무역 활로나 아이디어를 함께 보고하라고 요구하기 시작했다. 소위 무역확대를 위한 정치·경제 양면에서의 '싱크탱크' 역할까지 강요한 것이며 동시에 '멀티형 영사'의 필요성마저 제기된 것이다.

물론 정부의 뜻에 잘 부합하여 통계나 수치로 일목요연하게 보고하기도 하고 일부 현지 정치·경제계 인사들과의 우호적 관계를 맺고 정보를 캐어 보고하는 일급first-class 영사들도 있었다. 하지만 대부분의 영사들은 열악한 현지 상황 속에서 자국에 적합한 정치·경제적 통합 아이디어를 찾기는 쉽지 않았고 이를 뒷받침해줄 시간이 부족하거나 영사 스스로의 역량 부족, 심지어 타성 등의 함정에서 헤어나지 못해 정부로부터 비난의 중심에 놓이기 일쑤였다. 이런 분위기가 20세기 초에까지 이어져 아이리쉬 출신 의회의원MP인 레드먼드William Redmond가 1903년 의회에서 "세상 어느 곳에서도 우리를 대표할 만한 영사를 한 명도 찾지 못했다"고 극단적인 비난까지 쏟아냈다.[23]

위의 표현대로라면 1872년 이후 20세기 초까지도 정부가 처處를 통해 영사들을 필요에 따라 활용하지만 그 자체의 능력에 대해 여전히 부정적 시각을 갖고 있다는 의미가 된다. 이는 영사의 지위도 여전히 불안정하다는 표현으로 이해할 수 있을 것이다.

사실상 영사처가 성립된 후 영사의 정치·경제적 관련 업무량은 전체의 약 90%를 차지할 정도로 확대되었다. 그런데 이와 상응한 일반업무

---

23 126 *Pal. Deb.*, 4s, 1010 (30 July 1903).

의 양도 남은 10%가 아니라 20%로 올라가 있었다. 한마디로 영사업무가 100%가 되어야 하는데 110%로 된 것이다. 그러다보니 당시 영사들은 현지가 전운이 감돌면 거의 사무실에서 밤을 지새웠고 평화 시에도 오후 6시에 사무실을 떠난 적이 없었다.[24] 또한 이렇게 격무에 시달리면서도 준비한 자료들이 본국에 보고되었지만 평가절하 되거나 소용없게 될 때 그들의 낙심은 너무나도 컸었다.

여기서 영사가 격무에 시달리면서도 보고서 작성에 투자했지만 결과가 만족스럽지 못한 데는 여러 이유가 있을 텐데 그 원인은 무엇인가? 앞장의 문제점들이던 교육 및 훈련, 봉급체계들과 연관이 있어 보이며 특히 채용에 있어 원초적으로 부족한 인물을 뽑은 것이 아닌지도 주목된다.

여기서는 그동안 다루지 않았던 채용 부분에 우선순위를 두고 다른 부분까지 확대하며 분석해보고자 한다. '1825년 영사법' 도입 직전까지 활동하던 영사들의 채용은 왕실에서 필요한 만큼 최소인원을 추천받아 뽑는 방식을 취하고 있었다. 사례를 보면 1822년 연간왕실비용 목록에 기록된 봉급을 주던 영사가 49명 정도였기에[25] 초기 영사채용은 그리 문제가 되지 않았다. '1825년 영사법'은 독자적 외교의 강화를 꾀하던 캐닝 외무장관이 외교 최전선에 나가있는 영사의 활용도를 높이기 위한 조처로 시행한 법이다. 이 법의 주 내용이 외무부가 주관하는 봉급제도를 마련한 것이므로 이 법이 성립된 직후에 상당수의 외무부 서기들이 영사나 총영사로 직위를 바꾸면서 해외로 나갔다. 이때부터 영사직Consulship이 정가에 주목받게 되면서 채용 부분에서 인기가 올라가기 시작했다.[26] 그

---

24 E. W. Thurstan, *Memorandum, Foreign Office, December 1917*: P.R.O. F.O./369/971.

25 실제로는 당시 총 71명까지 영 정부가 공식적인 영사인원으로 파악됨; Dickie, *The British Consul*, 11 참조.

26 Unsigned minute, Backhouse, on *Unsigned Memorandum*, J. Bidwell, 24 Feb.

조짐으로 정부각료 및 의회의원, 귀족들로부터 추천된 인물들이 외무장관에게 집중·소개된 현상을 들 수 있다. 이때 외무장관에게 몰리는 현상은 영사 채용원칙상 외무장관이 현지에 장기간 임무를 수행할 수 있는 인물들을 비공식적으로 추천받아 채용을 진행하는 것이기 때문이었다.

캐닝에 이어 자유방임주의를 주창하며 해외무역에 박차를 가하던 외무장관 파머스턴도 영사의 역할이 점점 커짐을 알고 있었다. 그는 영사채용을 확대한다는 차원에서 1835년 외무부 '영사채용인사위원회'를 조직하고 이곳이 채용을 주관하도록 하였다. 이 위원회는 경력 제한을 없애고 다양하게 추천을 받는 방식을 취하였다.[27] 그 결과 1856년을 기준으로 보면 전 세계에 퍼져있는 영국 영사의 총인원이 533명에 다다랐다.[28] 이렇듯 영사 인원수가 많아지자 1858년 위원회에서는 공급과다를 우려하며 오히려 채용심사대상을 줄이자는 데 초점을 두게 되었다. 방법으로 경력이 전무全無하다시피 한 학생들을 대폭 제한하였고 추천서에도 추천된 자의 이전 경력 및 봉급 정도를 기재하게 하였다.

한편, 세계시장을 독점하다시피 한 영국의 상품들이 세계 곳곳으로 판매되며 무역의 절정을 이루는 1870년대에, 막 독립한 독일이나 이탈리아, 공화정으로 상품을 생산하면서 도약을 꿈꾸는 프랑스 등이 도전장을 내밀고 있었다. 동아시아 지역도 신경이 쓰이기 시작하였다. 1876년에 중국 공사minister이던 웨이드Sir Thomas Wade가 외무장관 더비 경Lord Derby에게 보낸 보고를 정리해보면, 영 정부가 커가는 두 나라의 무역 관계로 상호교류를 한층 가속화할 필요가 있다는 점과 중국 내지로 여행하는 영국

1829, F.O. 95/592.

27 Minutes of Evidence, *Report of the Select Committee on Consular Establishment*, 1835(499) VI, Q. 1125.

28 총영사는 27명, 영사는 119명, 영국인 부영사는 228명, 고용 외국인 부영사는 159명; Dickie, *The British Consul*, 23.

인 포함 외국인 보호건, 이미 맺은 조약의 조건에 준해 무역 및 일반외교업무 상황의 성실한 집행, 인도와 서중국 사이의 상업적 교류관계 활성을 위한 중재 등의 지목이었다.[29]

웨이드(Sir Thomas Wade)

이 모두를 실질적으로 담당해야 하는 외교 쪽 관련자는 당연히 영사가 일순위이다. 관련하여 외무부로선 이전보다 월등히, 그리고 다양한 분야에서 역할을 할 잠재적 가능성 있는 초보영사들을 채용할 필요가 절실했다. 하지만 채용방식은 여전히 1858년 위원회의 그 방식을 활용하고 있었다. 이 채용방식하에선 잠재적 능력이 있는데도 경력이 없다는 것만으로 추천대상에서 제외되다보니, 사실상 외무부가 바라는 '가능성 있는 인물'을 찾기란 쉽지 않았다. 또 경력만을 너무 강조하다보니 주로 경제 분야의 경력자는 보이지만 외교적 공무까지 함께 감당할 멀티형 경력자를 찾기란 더더욱 어려웠다.

이런 상황이 외무부의 고민이 되다가 랜스다운 경Lord Lansdowne이 외무장관직에 오른 1902년에 만들어진 월런드인사위원회Walrond Committee[30]를 통해 다행히 해결의 실마리를 찾았다. 이 위원회는 그동안의 추천 방식의 채용을 마감하고 응시 연령을 22~27세 사이로 제한한 외무공무원 시험을 통한 채용방식을 시작한 것이다.[31] 내용대로라면 개인의 어떠한 경력이

---

29 Sargent, *Anglo-Chinese Commerce and Diplomacy*, 188.

30 위원회의 주요 구성 인원은 의장에 Sir William Warlrond, 외무부 차관 Lord Cranborne, 비지니스 대표로 인도를 대상으로 하는 무역선박회사 Mackinnon Mackenzie사의 Sir James Mackay, 무역부 소속 정무차관 Barnar Law 등이 있다.

31 당시 외무장관 랜스다운이 대학 졸업자를 선호한 때문이다. 그는 외무부 지망자라면 시험을 치를 때 의무적으로 외교상 핵심국인 독일과 프랑스의 언어시험을 높은 점수로 받아야 한다는 시험조항도 주문했다:*Parliament paper*, 1914-16, Cmnd. 7749,q.38,693.

나 환경의 고려 없이 능력(가능성 포함)만을 염두에 두고 채용하기 위해 객관성을 보장하는 필기고사의 성적만으로 뽑는다고 되어있었다.[32] 1903년 이후 채용된 영사들은 월런드위원회의 시험제도가 적용되어 채용 시 객관성은 물론 잠재적 능력보유자를 발굴하는 데 어느 정도 성과가 있던 것이 사실이었다.[33]

특히 앞 장에서 비중 있게 지적되던 봉급체계 부분도 이때 함께 해결되었음을 주목해 볼 수 있다. 월런드인사위원회는 해외주둔영사들의 봉급을 국내 공무원 지급 수준에 적용시켜 체계화하였다. 특히 지역성을 고려하여 봉급의 단계도 세분화하여 정립시켰다. 예를 들면 총영사는 그들이 부임해 있는 지역의 중요도에 따라 1200, 1000, 800파운드 중에서 차등으로 지급되었고, 영사는 800 또는 600파운드로 나누어 지불되었다. 부영사는 지역보다는 개인의 능력에 따라 기본은 350파운드로 시작하여 450파운드까지, 또는 300에서 500파운드 정도로 적용이 되었다. 그러나 지역수당은 아직 영사들에게는 책정되지 않았다.[34] 그래도 체계화된 봉급과 공정한 시험 덕분에 영사들의 지위는 꽤 정립되는 계기가 되었음은 분명하다.

한편 랜스다운식 시험제도에선 너무 많은 응시자가 발생하여 선발에 있어 정부가 곤욕을 치르기 일쑤였다. 이런 점을 고려하여 1907년에 정부가 일부고위공무원[35] 선발 경우엔 편의를 제공한다는 취지로 선발위원회 Board of Selection를 구성하고 이곳에서 시험에 버금가는 여과조항(부모,

---

32 Minutes of Evidence, *Report of the Select Committee appointed to inquire into the Constitution of the Consular Service*: Foreign Office, Confidential Print 7973.

33 As explained by Lord Cranborne, a member of the Committee: 126 *Parl. Deb.*, 4s,1016 (30 July 1903).

34 Platt, *The Cinderella Service*, 81-82.

35 고위공직자의 보좌관, 외교관, 정부의 부처장이 해당됨.

자산, 학교)들을 정하여 부적격자를 걸러내고 최종합격자를 뽑았다. 이는 일부 고위층 능력자를 뽑을 때 세습형식의 추천제로 돌아가지 않고도 시험제도의 틀 안에서 선발할 수 있다고 본 응용형 제도였다.[36] 1912~1914년에 가면 왕립위원회Royal Commission[37]도 모든 공무원 시험에 원활한 선발을 위해 구두시험을 포함할 것을 권고하였는데 이는 1907년도 제도의 연장선상에서 구상된 것으로 파악된다.

20세기 초는 영국이 동아시아나 아프리카에서 제국을 유지하려는 각축을 유럽국들과 첨예하게 벌이고 있었다. 이런 대외적 환경에서 외무행정과 일반업무를 함께 관여할 영사Salaried consular service를 뽑는 필기시험 중에 외국어 시험이 강조되다보니 핵심적 역할을 할 인원이 만족스럽게 선출되지 못하였다.[38] 캠브리지임명위원회Cambridge Appointments Board 위원장인 로버츠H. A. Roberts는 영사들의 숫자는 많지만 핵심적인 역할을 하는 영사들은 5~10퍼센트에 불과하니 선발위원회에서 능력 있고 젠틀하면서도 결단력 있는 영사인원을 좀 더 보충해야 한다고 지적하였다.[39] 로버츠의 말을 다른 각도에서 표현하자면 전문적인 인물도 좋지만 제국을 유지할 사고를 갖고 충성하는 애국심 있는 중산층 이상 그룹들의 역할이 현장에선 절실하다는 의미이다. 충성된 그룹을 영사로 뽑자면 필기시험만으로 될 수가 없고 구두시험을 통해 학력, 지연, 재산 정도를 확인하는 작업이 필요한 것은 자명했다.

---

36 *Parliament paper*, 1914-16 Cmnd, 7749,10.

37 영국에서 특정 법률의 검토·개정·도입을 논의하기 위한 정부 자문 위원회.

38 외무부 소속 영사를 봉급영사(Salaried consul)라 하고 주로 총영사나 영사에 해당하며 영사에게 임명권이 있는 부영사는 봉급이 워낙 적어서 주로 현지에서 사적 중계를 하면서 부수입을 챙겨 활동하는 부류들이 많았다.

39 Minutes of Evidence, *5th Report of the Royal Commission on the Civil Service*, 1914-16 (Cd 7749) XI, QQ 37, 356-8:41, 575-6.

결국 외무부도 왕립위원회의 권고를 받아들여 외국어 필기시험의 강도를 낮추고 구두시험을 도입하면서 사실상 채용방식에서 객관성을 지키자는 월런드위원회 원래의 뜻이 희석되었다. 뿐만 아니라 경제와 외교를 모두 다룰 경력자보다 애국심만 강조하는 비非경력자를 의도치 않게 채용하는 사례가 빈번해졌다. 그러나 외무부는 일정량의 필기와 구두시험을 통과한 자들을 외교업무 관련 능력자로보고 외무요원으로서의 실질적인 적응교육 없이 경제 부분 단기교육만 시킨 후 현지에 파견하곤 하였다.[40] 왕립위원회 의장인 맥도널 경Lord MacDonnell은 "1907~1913년 사이에 채용된 영사인원은 63명이다. 이들 중에 17명만이 상업, 은행 보험 등 분야에서 비즈니스 경험이 있고 그중에서도 영사로서 적합한 상업적·외교적 경험을 한 자는 단지 5명밖에 없다"고 구두시험의 문제점을 언급하면서 상공회의소 회장과 함께 내린 그의 결론이 "1902년부터 시작된 시험제도 원칙이 거의 무효화된 거나 마찬가지다"였다. 또 보수당 정치가인 호어Sir Samuel Hoare는 인터뷰를 통해서 채용가능자들을 선별한다는 것은 "특정 지역, 특정인들 위주로 뽑히므로 공공성에 대한 그동안의 긍정적 인상이 많이 흩어진다는 점"에서 장점보다는 단점이 더 많다고 지적하였다.[41]

결국 1914년 이전을 보면 정부의 영사채용 문제점이 교육·훈련의 문제점으로 이어져 일반외무공무원들보다 그들의 능력이 질적으로 많이 부족하게 된 것임을 확인할 수 있다. 이 때문에 비록 봉급문제는 1902년 이후에 어느 정도 해결되었을지 몰라도 외무부 내 영사의 지위 정도는 1914년까지도 여전히 불안정하였다.

---

40 Minutes of Evidence, *5th Report of the Royal Commission on the Civil Service*, 1914-16 (Cd 7749) XI, QQ 37, 356-8:41, 575-6.

41 116 HC(House of Commons) *Deb.*, *5s*, 493-4 (21 May 1919).

그렇다면 1914년까지의 결론과는 별개로 외무부에서 적합한 채용과 제대로 된 채용 후 적응교육을 행하기 시작한 것은 실제로 언제부터인가? 1차세계대전 후에 새로 만들어진 해외무역국department of overseas Trade[42]의 정무차관인 스틸-메이틀런드Arthur Steel-Maitland와 새로운 영사제도개혁을 주장하는 부류들이 함께 숙의한 후, 1918년 2월에 하원에 제출한 안건이 있었다. 그것은 외무부에서 채용한 인원은 수습 직원으로 특정 대학에 얼마간 위탁 교육을 통해 외무전문가로 만들자는 내용이었다. 먼저 리즈대학교University of Leeds가 대학 일반 교육뿐 아니라 산업현장 경험까지 함께하는 프로그램을 제시하며 발 빠르게 움직였다. 그러나 외무부는 실제 위탁교육 학교를 런던정경대학the London School of Economics으로 결정했다. 이곳에서는 2년 과정을 외무부로부터 위탁받아 운영하면서 통화, 재정, 선업조직, 운송 및 유통, 상업지리, 상업 및 산업 법 등을 집중적으로 가르쳤다. 이후 기록 속의 위탁교육 최종대학교는 1923년 성미카엘마스(9월 26일)에 옮길 것을 결정한 캠브리지대학교University of Cambridge였다.[43] 1930년대에 들어서면 수습보다는 첫 임지에서 임무를 수행한 인원 중에 능력 있는 자를 선발하여 집중 교육시키는 선택제로 바뀐 기록도 보인다.

결국 1920~1930년대에 들어서서 정치·외교를 다룰 외무부원으로서의 적격자이며 영사의 고유역할인 경제 부분이나 일반행정까지 모두 담당할 '멀티형 영사'[44]들이 위탁교육제도로 큰 무리 없이 배출되고 있었음을 알 수 있다. 이런 연장선상에서 외무부와 해외 무역국의 통합과정 중에 영사 관련 행정조직을 포함하자는 보고서가 1939년에 올라와 무난히

---

42 외무부과 상무부의 공동관리 하에 있으며 해외무역에 관한 일체의 사무를 취급함

43 P.R.O. F.O. 369/1830.

44 19세기 후반부터 필요했던 그룹이다.

통과되었고[45] 드디어 1943년에 대사·공사처럼 영사들도 정식 외교직급의 반열에 오르게 되었다.[46]

결론적으로 영사의 여러 업무를 분석해보면 첫째로 영사들이 외교의 모세혈관과 같은 위치에서 자신의 역할을 감당하고 있었기에 그들의 활동과 외무부에서의 지위여부가 전체적 외교성과와 결코 무관하지 않음을 확인했다. 둘째로 그런 의미에서 본다면 1914년까지도 채용 때문에 영사의 지위가 여전히 확고하지 못했다는 점과 이 시점에 영제국의 쇠퇴가 가시화된 점, 이 둘이 일정량의 관계가 있음을 부정할 수 없음이 나타났다.

45 Lord Strang et al., *The Foreign Office* (London, 1955),77.

46 387 *HC Deb.*, *5s*, 1361-2 (18 March 1943).

에필로그

외무부 형성 후
영국의 대對중국
외교정책의 추이
(1860~1914년)

나폴레옹전쟁이 끝나자 유럽에는 빈체제Vienna system(1815년)가 형성
되었다. 전쟁을 승리로 이끈 중심적 역할을 한 국가가 영국이었는데 막
상 체제가 출범하자 삼국(러시아, 오스트리아, 독일)이 스포트라이트를 받
게 되었다.[1] 그들은 유럽 대륙 내 전통과 역사를 이끈 점을 강조하고 애써
영국을 경계국境界國으로 취급하며 자신들의 국제적 위치만을 구축해갔
기 때문이다. 심지어 삼국은 전범국이던 프랑스마저 끌어들여 체제의 주
요 역할분담을 맡기기까지 하였다. 결국 영국은 빈체제 내에서 진행되는
일련一連의 비정상적인 외교적 상황을 견디지 못하고 결단을 내렸다. 빈
체제를 주도하는 국가들과 공생할 수 없다는 판단하에 캐닝 외무장관이
1822년 베로나회의에서 고립정책을 표명하고 체제에서 이탈한 것이다.[2]

이렇듯 유럽에 속하면서 이방 또는 경계국으로 취급당하다 홀로선 영
국이 유럽대륙국들의 주목을 다시 받게 된 시점, 다시 말해서 19세기 영
국이 부富를 기반으로 하는 제국으로의 가시화된 시점은 1851년 세계만
국박람회the Palace of the Great Exhibition of the Works of Industry of All Nation
였다. 당시 런던에 세워진 수정궁Crystal Palace에는 세계 주요 25개국 주요
정상들이 모두 초대되었다. 박람회는 볼거리를 위해 식물원, 동물원들도
준비하였지만 상품 전시가 주요 내용이었다.[3] 특이한 것은 세계박람회인
데도 불구하고 상품들은 모두 영국제들뿐이었다. 결국 박람회 기간 동안

1   3개국이 주인공이 된 사건은 기독교 정신에 입각한 동맹을 주창한 러시아 황제 알렉산드르 1
    세의 요청에 오스트리아와, 독일이 화답을 하면서 맺은 빈체제의 첫 열매로 신성동맹(Heilige
    Allianz)이라 부른다; Jarrett, Mark, *The Congress of Vienna and its Legacy: War
    and Great Power Diplomacy after Napoleon* (London: I. B. Tauris & Company,
    Ltd., 2013).

2   C. Nichols, JR. "The Congress of Verona, 1822: A Reappraisal", *The Southwestern
    Social Science Quarterly*, Vol. 46, No. 4 (MARCH 1966), 385-399.

3   Jeffrey A. Auerbach, *The Great Exhibition of 1851*, New Haven: Yale University
    Press,1999; John R. David, *The Great Exhibition*, London: Stutton, 1999; C. H.
    Gibbs-Smith, *The Great Exhibition of 1851* (London: HMSO, 1981 edn).

영국은 자국의 물건을 여한 없이 자랑하며 승리감에 도취되었고, 여타 국가들은 부러움과 충격이 교차하는 시간들을 보내야만 했다. 박람회장에서의 영국은 더 이상 유럽의 경계국이 아닌 유럽의 핵심국이자 주인공이었다.

만국박람회

그렇다면 유럽 국가들과 결별하고 홀로선 지 30여 년 만에 영국이 이렇게 부국의 모습이 된 것은 '무엇' 때문인가? 바로 1832년 선거법 개정 Great Reform Act 이후에 정계에 진출한 중산층들이 수정된 공장법Factory Acts들을[4] 연차적으로 선포하며 노동자들의 복지를 꾸준히 개선한 것이 첫 번째 '무엇'이었다. 다음은 1846년에는 코브던R. Cobden이나 브라이트 J. Bright 등이 펼친 자유주의운동과 정부의 생각이 공통분모를 찾아 진행된 반곡물법Anti-Corn Law이 그 '무엇'이었다. 두 가지 '무엇'을 종합하여 보면 이러하다. "반곡물법이 선포되자 곡물의 가격이 기존보다 두드러지

---

4 공장법은 1802년 최초로 영국에서 제정되었고, 개선된 법을 발의한 1833년 공장법 때부터 조금씩 효과가 드러났다. 이후 꾸준히 새로운 공장법안들이 개정되고 만들어졌는데, 핵심 내용은 영국 의회에서 여성과 아동의 노동시간 규제 및 노동자 관련 환경 개선들이 주된 내용이다; 김현수, 『영국사』 (서울: 대한교과서, 1997), 187.

게 하락했다.[5] 이로 인해 노동자들은 먹고사는 데 드는 비용을 크게 줄였
고, 축적된 임금은 공장법으로 인해 개선된 환경하에서[6] 인간다움을 충
족하는 데 투자하게 되었다. 그 결과 노동자들의 삶이 안정감을 찾게 되
었고, 이에 비례하여 그들은 자연스레 최고의 질을 뽐낼 물품을 생산하게
되었다." 이렇듯 국내의 상품생산력에 자신감을 갖게 되자 1856년 파머
스턴 총리는 한 발짝 더 나아가 자신이 소속된 당명을 '휘그'에서 '자유'로
바꾸고 자유주의 무역을 외교정책 기조로 삼게 되었다.

한편 세계만국박람회를 접한 후 유럽 국가들 중 새로운 독립 국가를
꿈꾸던 독일이나 이탈리아, 그리고 수차례 불안한 혁명기를 거친 프랑스
등은 자국을 부강하게 하려면 궁극엔 영국의 자유주의 무역정책을 따르
는 것이 최상의 방법임을 인식하게 되었다. 결과 독일, 이탈리아가 독립국
으로 세워지고 프랑스에 제3공화정이 들어선 1871년을 기점으로 10여
년이 지난 1880년 즈음엔 그들은 자국의 상품의 질들을 영국의 질에 근
접하게 만들었다. 이즈음엔 유럽 정치·외교가街에 두 가지 이슈가 부각되
었다. 하나는 각국 상품들이 질적으로 격차가 없어지다 보니 유럽 내 서
로의 시장성을 잃어버리고, 여파로 자국 내 공장들의 가동률이 식어가며
경제위기가 온 것이다.[7] 이런 위기는 노동자들의 불만으로 이어지고 여러
형태의 사회운동으로 확대되어 국가들마다 국내정치문제가 핵심과제로

---

5 Lawson-Tancred, Mary, "The Anti-League and the Corn Law Crisis of 1846."
   Historical Journal 3:2,1960, 162-83.

6 18세 미만 취업제한(1833년), 여자와 10세 미만 광산고용자 금지(1842년), 노동시간 10시간
   제한(1844년), 잉글리시 위크(1850년): 토요일은 반휴일, 일요일은 전휴일 등.

7 1873년부터 시작하여 1879년까지 지속된 장기 침체기(the Long Depression)를 말한
   다. 경우에 따라선 1896까지도 보고 있다; Rosenberg, Hans, "Political and Social
   Consequences of the Great Depression of 1873-1896 in Central Europe". *The
   Economic History Review*, 13 (Blackwell Publishing, 1943), 58-73.

떠올랐다.[8] 다른 하나는 각국들이 공장의 열기를 다시 올리고 국내경기회복을 꾀하기 위해서 아시아를 새로운 시장으로 보기 시작했다. 그러나 아시아 시장에 삶의 사활을 걸기 시작하면서 서로의 외교적 충돌이 생길 가능성이 무척 높아졌다. 결국 각국들은 충돌을 피할 방법을 마련하기에 전전긍긍하게 되었다. 결과는 충돌을 더욱 조장하는 제국주의 틀을[9] 만들며 이를 역사에 흔적으로 남기게 되었을 뿐이다.

코브던(R. Cobden)

같은 시기에 부의 제국이 되었던 영국은 어떠했나? 제품에 대한 자신감을 갖고 유럽은 물론 세계경제의 주역으로 떠올랐던 영국이지만 1880년대 즈음에 각국의 물건들의 질이 좋아지자, 그 역시 위기의식을 느끼기 시작하였다. 위기의식은 곧 정치적으로 민감하게 표출되었는데 그 중심에는 국내체제의 변화를 꾀해야 위기를 극복할 수 있다

솔즈베리(3rd Marquess of Salisbury)

고 주장을 한 글래드스턴 자유당 총리가 있었는가 하면, 영국의 대외적 위축이 이런 위기를 만들어가니 좀 더 강한 영국의 모습으로 전환시켜야 한다고 주장하던 보수당 총리인 디즈레일리Benjamin Disraeli도 있었다. 둘

---

8 김현수, 앞의 책, 1997a, 199-200.

9 제국주의 틀로는 ① 생산과 자본의 집중·집적에 의한 독점의 형성, ② 산업자본과 은행자본의 융합에 의한 금융자본의 성립, ③ 상품수출 대신에 증가되는 자본수출, ④ 국제카르텔에 의한 세계시장의 분할, ⑤ 열강에 의한 식민지 분할의 완료 등이 있다.

다 정권을 잡았을 때 정치적 색깔은 달랐지만 영국의 위기극복을 위한 노력만큼은 동일했다. 하지만 이들의 노력에도 불구하고 19세기 말미에는 정치의 중심축이던 자유무역주의 정책마저 포기해야 하는 상황에 이르게 되었다. 그나마 마지막까지 자유무역주의 정책을 고수하려던 솔즈베리 Robert Gascoyne-Cecil, 3rd Marquess of Salisbury 총리가 있었지만 그의 사임과 맞물려 20세기에 들어서자마자 영국도 유럽을 감싸고 있던 제국주의의 소용돌이에 예외 없이 빠져 들어가게 되었다.

한편, 19세기 후반, 영국을 포함한 유럽 전체가 제국주의의 격동기에 휘말리게 된 것은 상품수출 및 시장 확보를 다루던 각국의 외교정책과도 무관하지 않다. 여기서 특히 주목한 곳은 외무부 성립 후 영국의 대對중국외교정책이다.

중국은[10] 1차 아편전쟁(1839~1842년) 이후부터 줄곧 무역을 선점하고 있던 영국의 시장이었다. 그러나 19세기 후반에 가면 각국들이 중국시장에 진출을 꾀함으로 상황이 달라졌다. 이 시기엔 영국이 중국 정부에겐 간섭을, 각국들과는 각축角逐을 펼쳐나가는 외교정책을 수행할 수밖에 없었다. 때문에 유럽 각국들은 물론 영국의 다양한 외교정책 현황을 집약해서 볼 수 있는 방법이 대對중국정책을 통해서 가능할 것이다. 영국의 대對중국외교정책을 주목해야할 첫 번째 이유가 이것이다.

국내엔 동아시아 삼국(한국, 중국, 일본)과 관련된 대외관계(또는 각국의 근·현대) 연구가 꾸준히 진행되고 있고 그 연구의 중심엔 영국 외교가 빠짐없이 언급되고 있었다. 하지만 영국 외교를 언급할 경우, 영 정부의 외교방향(흐름)을 정확히 이해하고 그 중심에서 삼국과의 관계를 분석하기보다는 현장에서 형성된 외교현상만을 놓고 관계를 분석하는 대외정책

---

10 당시에 중국은 대청국, 청나라, 청왕조 등으로 불렸지만, 나라의 대표성을 띤 표기는 중국이므로 이 명칭으로 통일한다.

연구가 대부분인 것도 부정할 수 없다.[11] 사실 후자의 경우엔 자칫 모순이 나올 가능성을 배제할 수 없다. 한 예로 1883년 11월에 조영통상조약을 맺은 영국과 조선은 대등한 국가의 대외관계를 약속했다. 하지만 2여 년 만인 1885년 5월에 거문도(포트 해밀턴) 점령을 시행한 영국의 모습은 조선을 국가로 인정하지 않은 상태에서 일방적 행동을 한 것으로 확인된다. 이는 통상조약 이후 2여 년 사이에 영국의 동아시아 외교의 근본적인 흐름이 바뀐 것이 주원인이었다. 하지만 이를 직접적으로 언급한 연구는 극소수이었다.[12] 그러므로 국내학계의 대외관계 연구의 발전을 위해서 대對중국외교정책에서 드러나는 영 정부 외교의 총괄적인 흐름을 파악할 필요가 있어 보인다. 이것이 영국의 대對중국외교정책을 주목해야 할 두 번째 이유이다.

이렇듯 영국의 대對중국외교정책 분석의 필요성은 확실하지만 이를 위해 충족시켜주는 국내의 연구는 극히 미미하다. 단 해외의 연구는 그렇지 않고 다양하다. 그중에서 플랏D. C. M. Platt의 "Finance, Trade, and, Politics in British Foreign Policy, 1815-1914"이[13] 대표적이다. 이 책은 영국의 외교정책 전반을 심도 있게 연구한 고전적인 글이며 동아시아 지역과 관련해서 활용할 기본적인 연구서라고 볼 수 있기 때문이다. 여기에 플

---

11 영국과 얽힌 다양한 연구들이 있어 전체적인 소개는 불가능하다. 동아시아 관련 기존의 대외관계사 논문 몇 편만 사례로 소개한다; 최문형, 「한영수교와 그 역사적 의의」, 『한영수교 100년사』 (한국사연구협의회, 1984); 김기혁, 「초기 한영교섭의 전개과정」, 『한국근현대사료문선집』 34, 대외.4 (삼귀문화사, 2000); 최동희, 「1880년대 조선의 문제와 구미열강과의 외교관계」, 『한국외교사 I』 (집문당, 1996); E. V. G. Kiernan, *British Diplomacy in China, 1880-1885* (Cambridge: Cambridge University Press, 1939); Stanley Lane-Poole, *The Life of Sir Harry Parkes I, II* (London: Macmillan and Co., 1894).

12 김현수, 『대영제국의 동아시아 외교주역, 해리 S. 파크스』 (단국대학교 출판부, 2011); 한승훈, 「영국의 거문도 점령 과정에 대한 재검토: 갑신정변 직후 영국의 간섭정책을 중심으로」, 『영국연구』, 36 (영국사학회, 2016.12), 61-96.

13 D. C. M. Platt, *Finance, Trade, and, Politics in British Foreign Policy, 1815-1914* (Oxford: Clarendon Press, 1968).

랏의 책에서 펼쳐진 동아시아 관련 영국정책 부분을 응용하면서 외무부 성립 후의 영국의 대對중국외교정책변화 추이를 살펴보고자 한다.

자유무역정책 유지기(1860~1890년)

영국·프랑스 연합군과 러시아 사이에 벌어진 크리미아전쟁Crimean War (1853~1856년)은 1856년 2월 25일에 파리강화회담을 맺으며 끝이 났다. 이 전쟁의 가장 큰 수혜자는 영국이었다. 그동안 흑해를 통해 지중해로 진출하려던 러시아의 남하정책을 여타 유럽 국가들과 협력하에 국제법적 효력을 가지고 있던 1841년 7월의 '해협조약the London Straits Convention' 을 다시 한 번 러시아에 주지시켰다. 해협이라면 흑해와 지중해를 잇는 터 키해협을 말하며, 내용은 "해협의 권한을 터키(오스만투르크제국)에게 두 며 전쟁 시엔 동맹국만 해협에 들어올 수 있고 이 원칙을 지키기 위해 유 럽전체가 터키를 대신하여 감시한다는 것이다."[14] 이는 러시아가 지중해로 나올 수 있는 어떤 경우수도 영국이 원천 봉쇄한다는 의미이기도하다.

크리미아전쟁의 종결은 영 정부에게도 여러 면에서 청신호가 되었다. 무엇보다도 정치적 힘과 직결되어있는 경제적 부를 축적할 기회가 커졌으 며 그 중심에 자유무역정책이 있었다. 당시 전쟁을 끝낸 파머스턴 총리는 자신이 이끌던 휘그당의 당명黨名을 아예 자유당으로 바꾸면서까지 대외 무역에 박차를 가하였다. 이즈음 중국에서는 2차 아편전쟁the 2nd Opium War or the Arrow war(1856~1860년)이 터지며 영국과 중국의 새로운 대외 관계 국면에 들어섰다. 사실 영국과 중국은 1차 아편전쟁을 치렀고 둘 사

---

14   Jasper Ridley, *Lord Palmerston* (London: Constable, 1970), 248-60.

이에 맺은 강화조약인 1842년 난징조약the treaty of Nanjing을 기점으로 무역외교가 시작되었다. 그러나 이후 수십 년 동안 난징조약의 내용은 거의 지켜지지 않았다. 심지어 영국이 필요로 한 중국과의 최소한의 교역마저 재대로 이뤄지지 않다보니 중국과의 무역에서 예상하던 경제이익에 제약을 받게 되었다. 결국 이를 개선하려는 움직임이 1856년 애로우사건the Arrow incident으로 시작되었다.[15] 이 사건 이후 수년에 걸친 두 나라 간의 전쟁은 1860년에 베이징조약으로 종지부를 찍게 되었다.

1856년 애로우사건(the Arrow incident)

여기서 잠깐 짚고 넘어갈 부분은 두 차례의 전쟁에서 중국에 대한 영국 외교정책의 특색 있는 모습이 확연히 드러났다는 점이다. 1차 아편전쟁의 경우는 중국의 아편 수입 금지에 대한 불만이 가장 큰 원인이었다. 비록 영국이 자유무역이라는 외교적 틀을 인식하고 있었지만 이를 안착시키긴 못하였다. 때문에 이 전쟁은 영국의 독점적 무역을 방해한 데 대

---

15 J. Y. Wong, "Harry Parkes and the 'Arrow War' in China," *Modern Asian Studies* 9:3, 1975, 303–20.

한 보복 차원으로 진행한 일종의 자국의 보호무역정책이 그 근간이었다.[16] 하지만 2차 아편전쟁의 경우는 좀 달랐다. 아편무역 수입금지보다는 영국을 포함한 프랑스가 중국 정부에게 시장으로의 개방을 요구하는데 초점이 가 있었기에 결국엔 베이징조약으로 중국 정부에게로부터 완전하게 개방 허락을 받아내었다. 여기선 자유무역에 대한 인식 정도를 넘어서 자국의 자유무역주의정책을 근간으로 한 것이다.

1860년 베이징에 들어가는 엘긴

베이징조약 전후, 영국의 중국 관련 외교적 움직임에 대하여 좀 더 살펴보자. 영국은 1851년 이후부터 자국의 상품이 최고임을 자부했고 어느 국가도 이를 넘보지 못한다는 것을 알고 있었다. 한 예로 중국 시장을 열어 가던 과정인 1858년 톈진조약(6월 26일) 때 엘긴 경 Lord Elgin이 보여준 협상 자세에서 자국 상품에 대한 자신감이 확연히 나타남을 알 수 있다. 회담 중에 엘긴 경이 영국의 이익을 위한 기본적인 조건들은 분명하게 주

---

16 A. J. Sargent, *Anglo-Chinse Commerce and Diplomacy* (Oxford: Clarendon Press, 1907),87.

총리아문(總理各國事務衙門,
Tsungli Yamen)

장했지만 영국만을 위한 독점적인 무역의 조건을 내걸지 않았다. 즉 영국이 먼저 점유한 중국 내 독특한 상업적 권리나 지역 등의 사례를 여타 유럽 국가들이 참조하자고 한다면 기꺼이 공유할 수 있음도 협상 중에 내비쳤다.[17] 비슷한 시기에 자유주의자의 대표자인 코브던의 경우도 자국의 무역과 투자를 활성화하기 위해선 중국의 개방이 더 필요하다는 점을 강조하였다. 그가 1857년 1월에 인도와 중국위원회에서 주장한 바로는 당시 중국에서 펼쳐진 외교적 분위기와 달리 "중국 정부가 이미 전쟁으로 상처를 입고 약해졌으니 이 틈에 본국의 이익을 위한 개방책을 힘으로 더 강하게 밀어붙여야 하지 않는가?"였다.[18] 이런 코브던의 발언을 접한 엘긴은 개인적으로 "더 이상 중국에서 충돌이나 전쟁이 일어나선 안 된다"고 단호히 거부의사를 표했다.[19] 두 사람 모두 영국 자유무역을 통한 경제이익을 얻기 위한 생각들이었지만, 역사 속의 결론은 엘긴의 생각이 받아들여졌다. 그 증거가 1861년에 급조된 중국 외무부의 초기모습이랄 수 있는 총리아문總理各國事務衙門, Tsungli Yamen이 발족하고 그 역할이 드러난 것과 무관하지 않다.

애로우사건 때부터 영 정부가 주장하던 것이 "비록 지역에서의 발생한 외교문제지만 중앙에서 책임을 져야하는데, 왜 중국 정부가 이를 분리시켜 책임을 지지 않으려 하는가?"였다. 그 결과가 황실이 있는 베이징의 자

17 *Ibid.* 109.

18 J. A. Hobson, *Richard Cobden, International man* (London: T. Fisher Unwin, 1918), 199, 355.

19 Masataka Banno, *China and West, 1858-1861* (Cambridge, Mass., 1964), 10.

금성 인근에 영국의 외교공관을 두고 모든 외교문제를 중국 정부와 직접 접촉하고 협상한다는 점을 전쟁을 치르면서까지 얻어낸 것이다. 영국의 이런 조처에 상응하듯 중국도 중앙정부 차원에서 교섭체제로 다루겠다는 의지를 총리아문의 성립으로 보여주었기 때문이다. 이때부터 외교란 채널을 통해서 두 나라 간의 무역, 특히 영국의 자유무역정책은 자연스레 확대되었다.

중국 측 입장에서 본 총리아문의 성립에 대하여 잠깐 살펴보자. 1860년 10월 18일, 영국군이 프랑스군과 연합하여 베이징의 황제가 있는 자금성에 입성하였다. 여전히 중화사상에 젖어있던 중국 입장에서는 이민족이 도성을 침략하고 그들이 황제와 마주한다는 것은 상상할 수 없었다. 하지만 전쟁(제2차 아편전쟁)에서 패배한 상태이므로 순순히 받아들일 수밖에 없었다. 베이징 입성이 자명해지던 1860년 초, 다급해진 중국 측은 최대한 이런 수치를 막으려고 영국 측 대표와 만나려 하였다. 그러나 영국 대표와의 접촉은 쉽지 않았다. 기록에 의하면 중국 동부 연안해 위치한 장쑤성江蘇省 총독이 영국 대표와 수차례 접촉을 시도했지만 거절당하였다는 보고가 있었다.[20]

당시 중국 정부가 깨달은 것은 영국은 물론 프랑스, 러시아 등 서구 국가들에게 자국에 대한 신뢰가 떨어져 있었다는 것이다. 그리고 8월 20일에 영·프 연합군이 베이징에 무혈점령하고 황실 별장 원명원圓明園은 약탈당하는 다급함 속에 일부 관료들은 침략군을 막기 위한 새로운 대화 창구(중앙 집중식 외교기구)가 필요하다는 것에 생각이 모였다. 그 중심에 공친왕恭親王, prince Kung과 그의 조력자들이 있었는데 이들은 함풍제咸豊帝(청제국 9대 황제, 1850~1861년)에게 급히 상소를 올려 새 외교창구로

---

20 IWSM:HF(Hsien-feng-ch'o-pan i-wu shih-mo 咸豊朝籌辦夷務始末) (Peking, 1930),
    51:11.

총리아문의 설치의 필요성을 피력하였다.

공친왕은 중국(청나라)의 세습친왕제의 한 모습으로, 4대에 걸쳐 3명이 이 제도의 틀에 있었다. 시조는 함풍제의 이복형이자 총리아문 설립을 주장한 혁흔奕訢이었다. 공친왕 혁흔은 이전처럼 황제특사도 소용이 없는 상황 속에 교섭을 위해 황제가 침략자와 직접 대면해야한다는 것은 더더욱 불가하다는 점을 강조하였다. 그리고 황제에게 그를 대신하여 교섭을 담당할 총리아문의 빠른 설치와 함께 그곳에서 진행할 행정임무까지 구체적으로 언급하였다. 그동안 중국외교의 한 축인 남북무역을 담당하던 기관들인 회동사역관會同四譯館[21]과 이번원理藩院, The court of Dependencies[22]의 권한은 물론 각 변방 지역 무역권까지 총리아문에서 일괄적으로 관리·행사하는 것이 효율적이라고 제안한 것이다. 그리고 베이징을 점령한 영국을 비롯한 프랑스군들을 철수시키는 임무까지 총리아문에서 행할 수 있도록 권한을 요청하였다. 특히 그는 서구국가들에게 신용성이 떨어진 정부의 어떤 부서도 이 역할을 담당할 입장이 아니라는 점을 분명하게 지적하면서 요청하였다.

황제는 공친왕의 주장을 모두 수용하였고 먼저 영·프 연합군의 베이징 점령을 풀 수 있도록 공친왕에게 권한을 주었다. 1860년 9월 21일, 공친왕이 중국 측 황제 특사로 임명되었고 그를 보좌하는 위치에 내각대학사 쿼이리앵奎良, Kuei-liang과 호부좌시랑 웬시앙文祥, Wen-hsiang이 임명되었

---

21 이곳은 황궁이 있는 베이징으로 조공사절단이 도착하면 이들이 올리는 상소문을 황제에게 통역하거나 전달해주는 역할, 사절단 무리들과 중국상인들과의 거래를 감독, 황제가 개최하는 연회에 초대하려는 사절단 주요인물 관리, 그리고 황제가 주는 하사품 등을 준비하는 기관이다. Li-tai chih-kuan Piao 歷代職官表, Canton, 1896, 11:10; S. M. Meng, *The Tsungli Yamen: Its organization and Function* (Harvard: Harvard University Press, 1970), 5.

22 이번원은 내륙 아시아와 접한 중국 영토의 관리 및 감독을 진행하고 관련 지역 상인에 대한 허가 업무를 맡아보았다. CSL:TTW(C'ing t'ai-tsung wen-huang-ti shih-lu 靑太宗文皇帝實錄) (Man-chou-kuo, 1937), 42:2.

다.[23] 이들에 의해 강화조약인 베이징조약이 10월에 성공적으로 이뤄지게 되었다. 조약 내용 속에는 각국 공사의 베이징 상주常住, 외교공관 지역 상시 제공, 황제 알현 방식의 재조정, 톈진 등 개항지 추가허락, 배상금 지불, 북쪽 경계선 확정(영국의 러시아를 경계한 조처) 등이 나열되었다.

총리아문의 틀 안에서 공친왕과 그 일행이 강화조약을 성공적으로 맺자, 황제는 총리아문의 상

공친왕(恭親王, prince Kung) 혁흔(奕訢)

시 설치의 필요성을 마음에 굳히게 되었다. 이에 황제는 1861년 1월 19일에 또 다른 이복동생인 순현친왕醇賢親王, Prince Hui, 여러 황족 및 황실 관료들, 어전대신御前大臣, the Grand Chamberlains들과 군기처 관료Grand Councillors들에게 공친왕이 추진하는 총리아문 설립에 적극 지원해줄 것을 명하였다. 이튿날인 20일에는 공친왕과 쿼이리앵, 웬시앙을 총리아문의 정식 상주관리로 명하는 칙령을 내렸다. 이제 총리아문은 주요 관료가 임명되면서 공식적으로 설립을 서두르게 되었는데 설립공표일은 1861년 3월 11일이었다.[24]

한편 총리아문으로 불리지만 공식적 명칭은 총리각국사무아문總理各國事務衙門 또는 총리각국통상사무아문總理各國通商事務衙門이었다. 전

---

23 Weng T'ung-ho 옹동화(翁同龢), Weng-wen-kung jih-chi 翁文恭公日記 (Shanghai, 1925), keng-shen 庚申 38b.

24 IWSM:HF 72:1b.

자는 공친왕과 그의 조력자들이 생각한 이름이었고 후자는 황제가 칙령을 내릴 때 보낸 이름이다. 여기서 통상이란 의미가 들어가면 외교는 진행할 수 없고 통상 부분만 관리하게 되어서 공친왕이 원하는 외무부의 역할이 제약을 받게 될 수 있었다. 공친왕은 황제에게 지속적으로 상소를 올려 공식명칭에서 통상 부분을 빼줄 것을 올렸다. 황제의 답변은 통상이라는 부분을 빼버리기보다는 둘을 모두 공식문서에 사용하도록 결론을 내렸다.[25] 이후부터 근대 외무부가 설립(1901년)되기 전까지 이 기관은 총리아문으로 불리지만 공식명칭 때는 위에 언급된 두 명칭이 함께 사용되었다.

총리아문의 성립으로 영·중 상호 간의 외교정책이 정립된 이후부터 1880년 초까지의 상황을 보면, 중국과의 상품교역을 위한 영국 외교관들의 융통성과 원활한 접촉이 두드러져 보였다. 왜냐하면 두 나라 사이에 교역 부분만큼은 국가적 충돌이 야기될 만큼의 외교자료들이 거의 보이지 않기 때문이다. 그나마 관련 자료라면 1876년 더비 E of Derby 외무장관에게 보낸 중국 공사 웨이드 Sir Thomas Wade의 보고서 정도였다. 그의 보고서에 의하면 첫째 외교적으로 적절한 대표급 설정건, 둘째, 중국 내 외국인 여행객들의 적절한 보호, 영국의 무역이나 기타 외교적 상황 위치를 상향 조정하기 위해 맺은 조약 내 기타조항들의 조속한 이행, 그리고 인도와 중국 서쪽 지역의 상업교류의 원만한 관계 개선 등에 대해 자신이 주력하고 있다고 하였다.[26] 이는 이전처럼 교역 자체에 방해를 받는 외교적 문제는 없고 오직 원활한 교역관계를 만들기 위한 세부조항에 집중하고 있는 외교적 모습을 확인할 수 있는 대목이었다.

한편 교역을 통한 양국의 외교정책 속에는 '상품수출'뿐만 아니라 '자

---

25 IWSM:HF 75:9; IWSM:TC, 5:14.

26 Sargent, op. cit. 188.

본투자' 부분도 자연스레 포함되어 있었다. 당시 영국의 중국 내 자본투자 부분을 보면 일반적으로 레반트 무역[27]이나 동인도 무역 지역 등에서 진행되는 투자 정도의 범위를 벗어나지 않고 있었다. 좀 더 살펴보면 영국민의 개인적 자본투자가 없었고, 심각히 고려하는 정부 차원의 자본투자도 거의 없었다. 그렇다고 영 정부의 자본투자의 시도가 전혀 없는 것은 아니었다. 기록들을 보면, 1863년 7월에 상하이 주재 영사가 교역이 빈번한 상하이와 쑤저우蘇州, Soochow 구간 사이의 철도 건설을 위해 주로 영국인들로 구성 되어있는 외국계 회사에게 부지를 할양[28]해줄 것을 중국 정부에 제안서로 올렸다. 그러나 이 제안서는 중국 정부로부터 가차없이 기각되었다.[29] 또 비슷한 사례로 북경 주재 영국 공사관이 지원했던 상하이-우창上海-武昌, Shanghai-Wuchang 간 철도부설건, 퍼거슨Sir Thomas Fergusson의 즈푸-지난푸煙臺-濟南, Chefoo-Tsinanfu 간 부설건도 기각되었다. 하지만 이런 기각들에 대해 영 정부가 중국 정부에 항의하는 자료들을 볼 수가 없었다.[30] 여기서 알 수 있는 것은 영 정부가 상품수출을 통한 이익추구에 더 관심이 있었기에 자본투자의 성립 유무에 크게 신경을 쓰지 않았다는 점이다. 결국 영국의 건설은 자본투자보다는 상품수출과 이를 지원해주는 원활한 시장 형성에 있었음이 확인된다.

하지만 1880년대 중반에 이르면 사정이 달라 보인다. 앞서 언급한 바

---

27 십자군전쟁 이후 레반트를 중심으로 행하였던 동서 간의 무역을 일컬으며 레반트는 그리스와 이집트 사이에 있는 동지중해 연안 지역을 통틀어 이르는 말이다.

28 영국을 포함한 유럽강국들이 중국에서 영토할양을 본격적으로 시도하였는데, 이는 절대왕정기 때처럼 무조건 점령하는 식민지와 달리 일정 금액을 주고 빌리는 대여(Loan) 방식을 취했다. 이 때문에 할양(割讓)이란 단어를 쓰게 된다.

29 P. H. Kent, *Railway Enterprise in China* (London: Edward Arnold, 1907), 2.

30 H. B. Morse and H. F. MacNair, *Far Eastern International Relations* (Boston: Houghton Mifflin Co., 1931), 412-13; N. A. Pelcovits, *Old China Hands and the Foreign Office* (New York: King's Crown Press, 1948), 135.

처럼 유럽 각국들의 상품이 질적으로 향상되어 영국과 큰 차이가 없어졌다. 그래서 유럽 내에선 서로 간의 구매력이 떨어지자 도미노처럼 생산력이 약화되고 궁극에는 각국의 경기침체로 치닫게 되었다. 특히 일차적으로 경기 체감을 느끼게 되는 각국의 노동자층들은 자신의 불만을 조직화된 항의와 필요시엔 사회주의 이념으로 뭉친 정치적 운동으로 표현하고 있었다.[31] 이즈음 영국과 중국의 관계는 어떠한가? 영국의 주요 무역국은 총 무역량의 80%에 이른 중국이었다. 그런데 유럽 내에서 위기위식을 느낀 여타 유럽 국가들, 독일 프랑스 등이 생존을 위한 중국 진출을 본격화하기 시작하자, 영국은 이전처럼 자유방임laissez-faire적 무역정책free trade Policy을 중국에서 고수하는 것에 거북함을 느꼈다.

1885년 9월 중국 내 영국공관에서 화이트William White가 솔즈베리 총리 겸 외무장관에게 보낸 전문에선 "유럽 강국들이 중국이 국제무역 및 시장의 최상지로 확인하고 이곳에 족적을 남기려 혈안이 되고 있습니다."[32] 며칠 후 공관에 머물던 모리어Sir William Morier도 전문을 보내었는데, "베이징, 상트페테스부르그, 콘스탄티노플, 이 세 도시가 미래의 핵심 키Key 역할을 할 것입니다. 그중 북경은 태양과 같은 행성planetary의 위치에 있으므로 정부가 중국시장 확보 및 보장security에 최선을 기울여야 할 것입니다."[33]라고 하였다.

영국 사업가들도 영국무역을 촉진시켜주는 해외시장들과 무역의 확대가 좀 더 필요하다는 것을 인식하고 있었다. 1886년 1월 27일에 영국 철강무역 협회의 회장이던 벨Sir Lowthian Bell이 왕립위원회에 무역 침체의

---

31 김현수, 앞의 책, 1997a, 199-200.

32 H. Sutherland Edwards, *Sir William White, his life and correspondence*, London: John Murray, 11.

33 *Ibid.* 12-13.

벨(Sir Lowthian Bell)   커즌(G. N. Curzon)

증거를 제시했는데, 그는 에스파냐에서의 차별관세와 보호무역 장벽이 영국무역의 침체를 불러온다고 지적했다. 그러면서 영국기업들의 미래는 좀 더 먼 거리에 있는 시장을 개척해야 하며 그곳이 '인도 보유지, 오스트레일리아 그리고 중국'이라고 보고했다.

그의 지적이 있은 지 몇 해 뒤에 하원의원이자 후에 인도 총독이 된 커즌G. N. Curzon은 영국의 해외무역지에서의 패권은 "우리제국을 보존하는 것은 물론 우리 국민을 먹여 살리는 일이 될 것이다. 그 대상은 아시아이고 특히 중국에서 우리의 상품을 소비할 시장을 만들어야하며 동시에 이를 보존해야한다"고 하였다.[34] 1880년대 중엽, 영국 정가와 경제계의 담론 속에는 상품판매를 통한 이익의 상태를 넘어서 그런 상품을 팔 수 있는 지역을 지키고 보존해야한다는 의지가 강하게 드러나고 있었음을 확인할 수 있다. 여러 강국들이 중국 정부에게 중국의 이권을 영국에 모두 주지 말아야 한다고 압력을 가하고 있는 동안 영국은 이런 상황을 좌시

---

34 G. N. Curzon, *Problems of the Far East* (London: Longmans, 1894), 421.

할 수 없는 입장으로 내몰리고 있었기 때문이다. 결국 영국정가에서도 점차 자유경쟁이 아닌 '나만의 독점 시장 획득'이란 보호무역적인 분위기가 가시적으로 드러나게 되었다.

이와 관련하여 몇 사례를 들어보면, '더 타임지The Times'는 1886년 1월 2일자 사설에서 중국에서의 영국 외교적 지원의 양상을 제고할 필요가 있다는 주제로 몇 가지 제안을 했다.[35] 그중 가장 눈에 띄는 것은 영국 외무부가 대對중국무역에 있어 자유방임적 자세보다는 간섭적interferential 자세가 필요한 시점이 '지금Right Moment이다'라고 언급한 부분이었다. 내용에 의하면 1870년대 들어서 유럽 전역에 진행되었던 인플레이션은 1880년대 중반에는 극적으로 무마되고 있지만 그렇다고 모든 상황이 좋아진 것은 아니라고 지적하였다. 그 증거로 산업 및 무역 공황the Depression of Trade and Industry에 대한 대처를 강구하던 왕립위원회the Royal Commission가 유럽 속 영국시장European home market은 모두 막혔고 중립시장neutral market이던 아시아, 특히 중국에서 여타 유럽국들과 경쟁을 해야 하는 새로운 환경이 되었다고 언급한 것을 제시했다.

사실 1월 2일자 '더 타임지' 내용이 실리기 전해인 1885년 8월 2일에 외무장관 솔즈베리도 이런 점을 간파하고 베이징 공사인 오코너Mr. O'Conor에게 중국에서의 상황을 보고해달라는 전문을 보내었다. 그 결과 1885년 12월 9일에 타이완 주재 영국 영사가 솔즈베리에게 보낸 보고를 통해 중국 정부를 향한 강국들의 압력의 모습을 알 수 있었다. 타이완 주재 영사는 당시 미국 외교관들이 철도부설권 관련하여 중국 정부와 계약을 맺는 속에 자국의 할양 지역을 지목하고 이에 압력을 가한다는 점을 보고했다. 그리고 독일 공사도 같은 조건을 중국에 요구하고 있다고 하였

---

35 *The Times*, 2. January 1886, 12a,b.

다. 그 즈음 '더 타임지' 중국 특파원의 보
고에서도 독일은 중국에서 3,500만 파운
드를 대출해주는 계약을 조건으로 중국
정부에게 철도부설지역 할양을 요구하고
있다고 하였다. 물론 특파원은 "영국 외교
관들과 영사들에 의해 독일 '케이스'가 사
업적으로 처리되지 않도록 조처를 시행하
고는 있다"고 하였다. 동시에 영 정부가 중
국 정부에 이런 일이 더 이상 발생하지 않
도록 중국 내 외교관들을 전폭 지원하는

로즈베리 경(Lord Rosebery)

어떤 방법을 재차 고려하여야 할 것이라 충고도 하였다.[36]

    1886년 2월 24일에, 외무장관 로즈베리 경 Archibald Philip Primrose, 5th
Earl of Rosebery은 베이징 공사에게 중국 정부가 유럽 강국들과 어떤 종류
의 계약이나 할양들을 맺을 때 즉시 외무부에 보고할 것을 주문하였다.[37]
27일에는 로즈베리가 정무차관Parliamentary undersecretary이던 브라이스
Mr. Bryce에게 서면으로 "개인 회사나 기업들의 합병에 따른 위기로 가
지 않는 선에서 외무부나 영사들에 의해 대외적으로 침체된 교역 분위기
를 끌어올리고 활성화시킬 방법은 없는지"를 물었다.[38] 브라이스의 대답
은 대외적으로 외무부에서의 새로운 외교정책을 세울 필요점에 도달했음
을 지적했다. 특히 '새롭게new'엔 자국민들의 무역으로 얻는 이익에 부담

---

36 No.18, *Correspondence respecting British Trade and Commerce in China*, Foreign
    Office Library; Confidential Print (F. O., C. P). 5471.

37 Nos. 36, 38, 39, Correspondence respecting Diplomatic Assistance to British
    Trade Abroad, Parliamentary Papers (P. P.) 1886 (c.4779) LX.

38 Rosebery to Bryce, 27 February 1886: Public record Office, London; Foreign Office
    papers (P.R.O., F.O.)/ 83/832.

을 가하는 여타 국가들의 외교적 압력에 대응할 수 있는 영국 외교관들의 '행동Act'이 필요하다는 의미가 담겨있다고 하였다.[39]

이상에서 분명한 것은 자유주의무역 외교정책이 유지되고는 있지만 1880년대에 이르면 더 이상 중국에서 영국의 위용과 무역에서의 독점을 유지할 수 없는 상황이 전개되고 있으며 유럽 각국들과는 외교적으로 충돌을 피할 수 없고 그 충돌을 어떤 방식으로든 풀어야 하는 새로운 외교정책이 영 정부의 숙제가 되고 있음을 확인할 수 있다.

보호무역정책으로의 전환기(1891~1914년)

시베리아 횡단철도(Trans-Siberian railway)사업

중국에 대한 유럽 국가들의 정치·외교적 흥미가 가중되기 시작한 때는 1890년대에 들어서면서부터이다. 중심에는 1891년에 첫 삽을 뜨기 시작

---

39 Platt, *op. cit.*, Appendix V.

한 러시아의 시베리아 횡단철도Trans-Siberian railway사업이 있었다. 그러나 보편적으로 강대국들이 중국에 대한 정치적인 흥미는 1차 중일전쟁the 1st Sino-Japanese War으로 학계에서 지목하고 있다. 관련사례로 조셉 박사Dr. Joshep의 언급을 들 수 있다.

> … 일본에 의해 중국이 약체임이 밝혀지자, 중국과 관련 짓고 있던 유
> 럽 국가들에게 외교정책적인 변화를 유발시켰다. 1894년 이전에는
> 정책이 주로 경제적이었는데 이제는 대다수가 정치적으로 되었다.[40]

덧붙여 그는 러시아나 프랑스의 경우엔 그들이 추구하는 정치적인 모습들이 제국주의 사고 안에서 나타나는 호전성을 그대로 보여주고 있다고 하였다. 하지만 당시까지도 영국의 외교적 모습은 전통적인 방식에 의거한 '만약 중국 내 영국이 유지하고 있는 자유무역주의정책의 균형을 이런 강국들이 훼손한다면 보상요구compensatory gains 등의 경제적인 방식을 통해서 조정하려는 정도'였다. 이는 1890년대엔 이미 정치적 세력균형 Balance of Power의 중심축이 동아시아, 특히 중국에 형성되어 있다는 사실을 영 정부가 제대로 인식하고 있지 못한 것으로 판단이 된다.

관련하여 펠코비츠Pelcovits는 1897년까지도 영국부가 중국에서 여전히 영국의 영향력이 '중심'에 놓여 있다고 생각하는 실수를 범하고 있다고 우려를 표했다. 그의 우려를 뒷받침해주는 한 예로 1897년 3월에 솔즈베리가 상공회의소 회의에 참석하여, "역사적으로 '홀로서기left alone'를 한 결과, 영국의 산업, 영국의 기업, 영국의 자원이 만족할 만하게 되었다. 어쩌면 현실은 만족한다는 생각 이상일 수도 있다. 왜냐하면 우리가 중국

---

40 Philip Joshep, *Foreign Diplomacy in China, 1894-1900* (London: G. Allen & Unwin, 1928), 186-7.

에 존재할 수 있는 우리의 적대국들을 현재로선 모두 제압하고 있기 때문이다."라고 자신 있게 표현하였던 내용을 들 수 있다.[41] 과연 솔즈베리 생각대로 그러했는가?

1894년 중일전쟁 이후 중국의 약화는 급속히 진행되고 있었고 얼마 뒤인 1898년엔 러시아의 세력이 시베리아로 확장되고 있었다. 이와 맞물려 펜손Professor Penson은 펠코비츠의 우려를 좀 더 구체적으로 표현했다. 그는 19세기를 통틀어 진행되어온 영러각축Russo-British Rivalry을 돌아볼 때, 러시아의 힘이 시베리아를 넘어 아시아로 옮겨온 시점이 바로 1898년이라 주장했다.[42] 사실 펜손의 지적보다 한 해 전인 1897년에 영 정부도 중국에서의 위기감을 감지한 사건이 있었다. 내용은 1897년 8월, 독일이 동아시아 항해를 위한 자국선들의 석탄 공급지로 자오저우膠州, Jiaozhou를 무력으로 장악하였으며,[43] 러시아는 독일의 점령을 허락하는 조건으로 포트아서Port Auther에 소함대의 체류를 받아들여달라고 협상하였던 것이다.[44] 결국 독일은 같은 해 11월에 러시아의 제안을 받아들였다. 이는 두 나라가 동아시아에서 서로의 이익을 위해 손을 잡은 것hand-in-hand이며 영 외무부가 독일의 동아시아 내 석탄 공급지 확대야망이나 러시아의 시베리아 횡단철도의 결말이 포트아서 점령을 통해 동아시아 내 부동항 획득에 있음을 간파하지 못했다는 의미가 되기도 한다.

국내의 우려와 중국 내에 이런 외교적 분위기가 감돌자 영 정부가 당황하였다. 이전처럼 중국 내 경제적 이익만을 목표로 하다간 이익은 고사

---

41 Pelcovits, *op. cit.*, 206-7.

42 L. M. Pension, 'The new course in British Foreign Policy, 1892-1902', *Transactions of the Royal Historical Society*, 4th ser. XXV(1943), 132.

43 *British Documents on the Origins of the War* (B. D. O. W.), I, 1(ed. Note).

44 B. D. O. W., I, 3(ed. Note), 25.

하고 그동안 공들인 중국에서의 모든 정치·경제·외교적 입지가 무너질 것이란 위기감을 갖게 되었다. 여기서 영국 정부가 취할 방법이란 옛 주적主敵이던 러시아 및 새로운 주적의 물망에 오른 독일과 새로운 각축, 즉 정치적 대항을 하는 것뿐이었다.

영국의 변화된 첫 움직임은 독일의 자오저우나, 러시아의 포트아서의 할양이 중국 정부와 진행되던 때와 맞물려 일어났다. 영국은 1898년 3월에 인근 지역인 웨이하이웨이威海衛, Wei-hai-wei 할양을 확실히 해두려 했다. 이는 독일과 러시아 사이에 있는 지역으로 북중국에서 둘을 견제할 수 있을 뿐 아니라 베이징을 영국의 활동범위에 놓고자 한 정치적 조처가 되기 때문이다.[45] 하지만 영국의 움직임은 프랑스에게도 자극이 되어서 도미노현상이 일어났다. 프랑스는 광저우만廣州灣, Kwangchow Wan의 할양을 시도하고 이후 광둥廣東, Kwangtung, 광시廣西, Kwangsi, 연남雲南, Yunnam에 관심을 보였다. 영국의 입장에선 남중국에도 경쟁자가 생긴 것이다. 이에 영 정부는 어쩔 수 없는 대응책으로 홍콩HongKong을 영국령으로 취하는 조처를 행했다.

자유무역을 고집하던 1880년대 초만해도 상상하지 못했던 '할양'이란 외교 방식이 이제는 중국 내에서 공공연해졌다. 그럼에도 불구하고 영국 정부는 중국 내 영국계 민간사업에 미칠 영향이 얼마 정도인지를 간파하지 못했기 때문에 유럽국들의 중국 내 움직임에 대해 본격적으로 개입하거나 간섭

미국 헤이(John Hay) 국무장관

45 Lord Ronaldshay, *The Life of Lord Curzon*, I. (London: Ernest Benn, 1928), 277, 284.

하지 않고 망설였다. 이런 주저함은 1899년 가을에 미국 헤이John Hay 국무장관이 표방한 중국에 대한 '문호개방선언Open Door policy' 때까지도 이어졌다. 당시 솔즈베리 총리가 "영국의 대對중국 외교정책의 중심에는 모든 나라에게 균등하게 열려있기에 이미 문호개방을 하고 있다"는[46] 전통적 영국 외교정책을 여전히 주장하고 있었음에서 알 수 있다.

그러면 언제 영국이 새로운 외교정책을 시행하였는가? 영 정부가 순수하게 경제적인 이익만을 추구하던 외교의 틀에 정치적인 요소를 가미시킨 새로운 정책이 필요함을 느끼게 한 결정적 사건으로는 1900년 의화단사건義和團事件을 들 수 있다. 이 사건 이후, 각국들의 중국에 대한 정치적 관여가 직접적이고 심화되었다. 때문에 영국은 중국에서 모든 국가들에게 기회균등을 허락한다는 정책으로 중국 내 영국이 확보하고 있던 특정 지역 경제적 우위권을 고수하기가 힘들 것이란 것을 알게 되었다. 결국 영국도 중국에서 자국의 경제적 이익을 추구하기 위해선 적극적으로 각국들의 외교정책에 정치적인 개입의 모습인 '간섭'을 시도해야 하게 되었다.

이렇듯 정치적 간섭을 시도한다는 외교정책엔 중국 내 영국이 보유하고 있는 특별한 지역을 중국 정부로부터 할양식으로 받아내고 할양된 지역의 무역거래는 영국의 관할하에 두는 방식이 가장 주된 내용이었다. 1900년부터 1914년 사이, 영국은 경제적 이익을 확보해줄 수 있는 특별지역인 양자강 유역을 할양하는 데 주력하였다. 이 지역에서의 영국의 정치적 움직임을 보여주는 한 사례를 들어보면, 1913년 후반, 영국의 핵심 보호 지역인 푸코우浦口, Pukow의 항구Habour 조성사업에 프랑스의 중국 공상은행Banque Industrielle de Chine이 자금을 투입했는데, 영 외무부는 프

---

46 Salisbury to Mr Joshep H. Choate, 29 September 1899: P. R. O., F. O. 405/90.

랑스 자본이 영국의 핵심 지역 내 들어오는 것을 방관할 수 없었다. 영 정부는 프랑스 보호영역Zone인 남연난Southern Yunnan 내 영국 철도부설지역 할양을 축소하는 조건으로 프랑스의 자본이 푸코우에서 나가길 프랑스 정부에 제안했다.[47]

조단(Sir John Newell Jordan) 공사

또 1914년 초에 베이징 공사이던 조단 Sir John Newell Jordan은 양자강 지역에서 영국의 경제적 이권을 지속하기 위해선 현재 맺고 있는 영일동맹에 대한 추가적 조처를 해야 한다고 에드워드 그레이 외무장관Sir Edward Grey에게 보고했다. 이미 시베리아 철도를 통해 동아시아로 부동항을 열려는 러시아의 시도는 러일전쟁으로 끝나고 동아시아의 패권을 일본이 잡았다. 그리고 이 일본이 언젠가 양자강의 이권에도 위협이 될 수 있음을 전제로 취한 추가조처 제안이었다. 조단은 영국이 양자강 지역을 확고히 하듯 만주 지역에는 일본에게 경제적 기회를 확고히 인정해 주는 상호 정치적 계약을 맺을 것을 요청하였다.[48] 이는 그레이에 의해 받아들여져 곧바로 도쿄 주재 영국공사인 그린Sir C. Greene을 통해 양국 간에 추가 조약이 사실상 맺어졌다.[49]

두 차례의 사례를 통해 보면 1914년에 이르러 영국의 대對중국외교는 경제보다도 정치논리가 우선되고 있음이 확실하게 증명되었을 뿐만 아니라 아담스미스의 자유방임laissez-faire 이론이 본격화되던 1780년대부터

---

47 Memorandum communicated to the French Embassy, 1 January 1914: P.R.O., 405/90.

48 Jordan to Gray, 27 February 1914: P.R.O., 405/90.

49 Gray to Greene, 28 February 1914: P.R.O., 405/90.

출발한 자유무역주의 뿌리가 여러 차례 굴곡을 겪다가 한계성이 확실하게 드러난 모습마저 느낄 수 있게 해준다.

에드워드 그레이(Sir Edward Grey) 외무장관

한편, 1900년에서 1914년 사이는 할양이란 주제가 영국의 자유무역정책 포기와 맞물리는데 이는 궁극엔 '제국주의'란 주제 Thema로 이동했음을 말해준다. 제국주의란 주제로 간다면, 당연히 영국 외교는 재정 부분과 밀접하게 얽히게 된다. 이에 대한 설명이 어떤 모습으로든 묘사될 필요가 있다. 결국 초점은 할양의 본체가 되는 '산업자본'과 관계있는 은행Bank의 변화에 귀결됨을 알 수 있다. 이는 산업자본과 은행자본의 융합에 의한 '제국주의 금융자본'의 성립을 의미한다.

1888년에 외무장관을 지냈던 로즈베리 경Lord Rosebery이 리즈상공회의소Leeds Camber of Commerce에 나와서 중국에서 활동하고 있는 회사들에 대한 특별한 지원이 필요하다는 점을 피력했다. 중국에는 영국을 대표하여 산업의 현장을 뛰는 회사들이 많지만 다른 유럽 국가들처럼 경제적 이익을 얻을 수 있는 특별한 회사에게 독점적인 자본지원을 해주고 있지 못하다고 지적하였다. 자국으로부터 독점적인 자본지원을 받은 유럽계 회사들은 영국처럼 개개인으로 흩어져 있는 회사들을 공격적으로 밀어내고 심지어 영역을 잠식하고 있다고 했다.[50]

---

50 Rosebery, Lord, "Address to the leeds Chamber of Commerce, 11 October 1888", *Lord Rosebery's Speeches, 1874-1896* (London: N. Beeman,1896), 48-49.

동아시아에서 외국계 은행들이 중국과 직접적으로 연결되기 시작한 것은 1898년인데, 프랑스 The Banque de l'Indo-china, 러시아the Russo-Chinese Bank, 독일the Duchsche Asiatische Bank이 이에 해당된다. 영국은 1895년에 홍콩/상하이은행 Hong-Kong/Shanghai Bank

자딘매더슨

이 있지만 이곳은 독일자본과 합작한 경우로서 '2차대출보장the second Indemnity Loan'의 역할을 하는 정도였으며 영국이 독점하는 은행이 아니었다. 독점은행이 아니란 말은 특정 영국계 회사가 중국과 무역을 할 때 전폭적으로 지원할 수 없다는 의미가 된다. 1898년 그해에 베이징 공사인 맥도날드Sir Claude MacDonald가 홍콩/상하이은행을 활용하여 영중기업이나 중국에 진출해있는 대표적 회사로 부상浮上 중인 자딘매더슨 사英商怡和洋行, Jardine, Matheson & Co[51]에게 독점적 자금지원을 해주려했으나 불발되었다. 이유는 은행의 상당한 지분을 갖고 있는 독일은행the Duchsche Asiatische Bank이 이미 일본에게 차관을 해준 상태였기 때문이다.

이런 상황 속에서 1900년 3월에 국무장관 브로드릭St. John Brodrick은 하원에서 국가의 이익이 되는 어떤 종류의 할양도 중국 정부로부터 받아내기엔 불가능하다는 점을 의원들에게 설명하였다.

---

51 자딘매더슨 사는 베이징 신디케이트 광산 기업을 흡수하여 영국의 독점 기업으로 크고자 했기 때문에 영국의 외교적 지원 속에 재정적 독점이 절실했던 차였다.

광산이나 철도부설 등의 확대는 대가를 지불하지 않고는 불가능하다는 것을 여러분들도 잘 알겁니다. 현장에 있는 영국회사들이나 외교관들은 정부의 재정지원을 간절하게 기다리고 있습니다. 이미 국가적 재정지원을 탄탄히 받고 있는 타국회사들은 중국 정부와 원만한 협상하면서 영국이 보유한 영역에까지 일부 침범하기 시작했습니다. 이런 상황 하에 영국 외교관들은 재정적인 투자 없이 중국외무부 Yamen만을 압박하여 무조건 영국보호 지역에 들어오는 타국 회사들을 몰아내달라고 부탁하는 것은 이제 불가능하다는 점을 염두에 두시기 바랍니다.[52]

그의 표현은 외교적으로 국가가 주도하는 사업에 독점적 지원이 병행해야 한다는 점을 지적한 내용이었다.

사실 그간 영국의 투자 대상은 철도부설을 위한 부지획득에 초점이 가 있었다. 1898년 맥도널드 공사의 보고에 의하면 영국이 확보하고 있던 철도부지가 2,800마일에 이른다고 하였다. 그로부터 10년이 지난 시점인 1907년 켄트P.H. Kent는 94.5마일의 영국 단독 철도선과 588마일의 영중 철도선이 건설되었고, 앞으로 300마일 정도가 건설 예정하에 있다고 하였다. 이는 건설 부지를 확보하고 있지만 투자가 원만하지 못해 철도부설이 더디다는 의미가 된다. 이런 표현과 함께 그는 당시 철도건설에 공격적인 투자를 하는 독일이나 러시아에 위협당할 수도 있다고 주장했다.[53] 켄트의 주장이 영 정부를 제대로 설득시켰다. 켄트의 언급이 있던 그해, 영 정부는 '5% 중국제국철도부설 투자설명서the Prospectus of the

---

52 81 Parliamentary Debates (Par. Deb.) 4s.883-4 (30 March 1900).

53 1898년 맥도널드 보고에 의하면 당시까지 러시아는 1530마일, 독일은 720마일의 철도 부지를 획득하고 있다고 하였다.

Chinese Imperial Railway 5 per cent'에 집중투자 부분을 명확히 기입하였다. 홍콩/상하이은행에 금 대출Gold Loan(£2,300,000)을 하기로 한 것이다. 그리고 이를 중국과 영국 단독으로 맺는 것임을 계약서에 분명히 기입할 것도 조단 공사Sir John Jordan에게 훈령하였다.[54] 중국 정부는 영 정부의 계약서를 공식적으로 받아들였다.[55] 이때가 영국이 정부가 총력적으로 지원하는 은행의 독점자본, 즉 산업자본과 은행자본의 융합에 의한 독점금융자본의 성립이란 제국주의 궤도에 들어갔음을 보여준 가시적 시점이 되었다.

위안스카이(袁世凱, Yuan Shih-kai)

이어서 1909년에도 영 정부가 영국계 철도부설 회사들인 'Messars. Paulings'와 'Messrs. Samulel & Co'를 지원하기 위해 이미 독점 자본투

---

54 Referred to in Baron Erlanger's Memorandum to the Foreign office of 4 June 1907: P.R. O., F. O. 405/180.

55 Kent, *op. cit.*, Appendices A-F.

자를 하고 있던 프랑스 및 독일은행들과 동일한 입장에서 중국에 집중적 공략을 시도하도록 홍콩/상하이은행에 조처하였다. 또한 타 국가들과 공동으로 행한 자본투자도 있는데 1912년 6자(영국, 프랑스, 독일 일본, 러시아, 미국)협정Sextuple Agreement이 그것이다. 이 협정이 성립된 것은 중국제국이 몰락한 1912년 위안스카이袁世凱, Yuan Shih-kai가 대총통이 된 후 중국에 진출해 있는 국가들에게 새로운 중국건설의 재정지원을 요청했을 때이다. 영 정부가 처음에는 재정적 집중투자를 통한 자국의 이익을 생각했지만 중국의 미래가 보이지 않자 지원을 줄여나갔고 결국 1913년 9월에 이르면 협정 자체마저 거의 유명무실해졌다.

이렇듯 중국 내 영국은행의 집중투자정책과 관련된 위 사례들은 1차 세계대전 발발 이전까지 제국주의의 한 특징인 '독점금융자본'의 형성이란 키워드에 걸맞은 분명한 흔적으로 남게 되었다. 이는 영국이 19세기란 한 세기를 지켜오던 자유주의 무역정책을 다음 세기(20세기)로 넘어가자마자 외교정책 차원에서 거의 소멸시켰음을 의미한다고 보아도 무방할 것이다. 이는 영 정부의 외교가 보호무역정책으로 분명히 돌아섰음을 말해주는 중요한 사례였다.

참고문헌

1차 사료

Aberdeen Papers.

Annual Register, 1948.

BIS(Business Innovation, & Skills), The Board of Trade 1621-1970.

BL(British Library). Add., 73508.

BL(British Library). Add., MS 34445 f, 40455 ff, 41544 ff, 43231 ff.

BL(British Library). MS 43061, 43238.

BPP(British Parliamentary papers), 1831(337), 1830-31(437), BPP, 1837 (162), 1850(611).

B.M. Add., MS 32866, MSS. 43189. MSS. 44529, 43242.

British Documents on the Origins of the War(B.D.O.W.), I.

Broadlands Papers.

Canning MSS Bundle.

Chatham Papers, P.R.O. 30/8/140.

Clarendon Papers, dep. C.14, f.598, dep, c31, dep. c.103, f.132, dep. c.103, f.456.

C.S.C.(Civil Service Commission), 2/5. 2/35.

CSL·TTW(C'ing t'ai-tsung wen-huang-ti shih-lu 靑太宗文皇帝實錄), Man-chou-kuo, 1937.

C.T.B.(Calendar of Treasury Books), xiii.

Dusan Encyclopaedia.

Emoluments in Public office, 1856.

F.O., 27/197, 27/437, 83/16, 95/359, 95/592, 98, 366/247, 366/313, 366/386, 366/390, 366/405, 366/406, 366/499, 366/525 (Chief Clerk's Department Archives), 366/669-72, 368.

Foreign Office Library; Confidential Print(F.O., C.P). 5471.

Gladstone papers, XLVIII, B.M. Add. MSS. 44133, B.M. Add. MSS. 44134.

Hardwicke Papers, Add. MS 35525.

Harrowby MSS. vol. 13.

Hansard's Parliamentary Debates, vol. 61, Third Series, 1852, CXXXVIII, CX, cols 1016-17.

HC(House of Commons) 116 Deb., 5s, 493-4 (21 May 1919).

HC 387 Deb., 5s, 1361-2 (18 March 1943).

Her Majesty's Stationery Office, 1969.

H.M.C.(Historical Manuscripts Commission) Bath Mss, vol. 2, vol. 3.

H.M.C. Fortescue, vol. 3, vol. 6, vol. 8.

H.M.C. Report XII, App.9 (Aitken MSS).

H.M.V. Portland, Mss. v.

IWSM:HF(Hsien-feng-ch'o-pan i-wu shih-mo 咸豊朝籌辨夷務始末), Peking, 1930.

Leeds Papers. Eg. MS 3498 Bundle 5.

Leeds Papers, Add. MS 28063.

Li-tai chih-kuan Piao 歷代職官表, Canton, 1896.

Memoranda on the Peerage by the second earl of Oxford in Notes and Queries, 2nd
    series, I.

Minutes of Evidence, *Report of the Select Committee appointed to inquire into the Con-
    stitution of the Consular Service:* Foreign Office, Confidential Print 7973.

Minutes of Evidence, *Report of the Select Committee on Consular Establishment*,
    1835(499) VI, Q 1125.

Minutes of Evidence, *Report from the Select Committee on Consular Service and Ap-
    pointments*, 1857-58 (482) VIII, Q 270 & QQ 579, 738, 4046-51, 5139/1864 (493)
    VII, QQ 946-7/1872 (314) VII, Q. 1135.

Minutes of Evidence, *Second Report of the Select Committee on Diplomatic and Con-
    sular Services*, 1871(386) VII, QQ1 565, 1579, 1682.

Minutes of Evidence, 5th *Report of the Royal Commission on the Civil Service*, 1914-16
    (Cd 7749) XI, QQ 37,356-8:41,575-6.

Mss(Manuscript sources service), vol. 6 171

NLs(National Library service), MS. 5541, 5545.

Ogg, England in the reigns of James II and William III, London, n.d.

Parliament Papers, 1854-55, 1886, 1900, 1914-16 Cmnd, 7749,10.

Peel Papers, B. M. Add. Mss. 40347.

P.R.O(Public Record Office), F.O. 30/29/7/12, 30/29/8/7 ff, 30/29/423, 83/832,
    369/971, 369/1830, 405/90; 405/180, HO 36/29, SP. 92/34.

Public Record Office, *the Records of Foreign Office, 1782-1939*, Handbooks no. 13,
    London.

RA (Research Archives), CP. 43/144.

Report of the Select Committee appointed to Enquire into the Diplomatic Service, *British Parliamentary Papers*, 1861, (459), VI, 476, Appendix no. 2, (23).

Reports relative to British Consulate Establishments, 1858 and 1871, Part II, 1872 (confidential print, 501) LX.

Return of Consuls restricted from trading and of Appointments other than Consular held by such Consuls, 1872 (confidential print, 472) IXI.

Select Committee of House of Commons on Civil Government charges, 333.

S. P. (State Papers Foreign at P.R.O.). 110/83.

Statutes of the Realm, vol. 7: 1695–1701 (1820).

the Heatley Collection of Edinburgh University Library.

the Select Committee on Diplomatic Salaries House of Common Session 1861, vol. vi passim.

The Times, 16 March 1842, 5a.

Treasury Board Papers, TI 2349.

Wallesley Papers, Add. MS 37296ff.

Weng T'ung-ho 옹동화(翁同龢), Weng-wen-kung jih-chi 翁文恭公日記, Shanghai, 1925.

Woburn Abbey with an Introduction by Lord John Russell, vol. 1, London, 1842–6.

Vyner Papers 1184.

단행본

Alcock, Sir Rutherford, *The Capital of the Tycoon: a narrative of three years' residence in Japan* II, New York: Bradley Co., 1863.

Aspinall, Arthur, *Later Corresp. George III*, vol. 2, London, 1952.

Auerbach, Jeffrey A., *The Great Exhibition of 1851*, New Haven: Yale University Press, 1999.

Banno, Masataka, *China and West, 1858–1861*, Cambridge, Mass., 1964.

Beales, Derek, "Canning, George(1770-1827)," *Oxford Dictionary of National Biography*, Oxford University Press, 2004.

Bindoff, S. T., *The Unreformed Diplomatic Service, 1812–60*, in Trans. R. Hist. Soc., 4th series, xviii.

Bindoff, S. T. & Smith, E. F. Malcolm and Webster, C. K. (eds), *British Diplomatic repre-*

sentatives, 1789-1852, Camden Third Series, 15. London, 1974.

Bisset, Andrew, ed., *Memoirs and papers of Sir Andrew Mitchell, K. B.* vol. 2, London: Champman and Hall, 1850.

Black, Jeremy, *British Diplomats and Diplomacy, 1688-1800*, Liverpool: Liverpool University Press, 2001.

Bradley, A. W. & Ewing, K. D., *Constitutional and Administrative Law* (14th ed.), London: Longman, 2007.

Brazier, R., *Ministers of the Crown*, Oxford University Press, 1997.

Brock, William Ranulf, *Lord Liverpool and Liberal Toryism, 1820-1827*, London, 1967.

Brown, David, *Palmerston*, Yale, 2010.

Browning, W. R. F., "Proconsul", *A Dictionary of the Bible*, Oxford: Oxford University press, 2011.

Bryant, Arthur, *The Age of Elegance 1812-1822*, London: Collins, 1950.

Cavendish, R. W., *Society Politics and Diplomacy, 1820-1864*, London: Nabu, 1913.

Chapman, Richard A., *Civil Service Commission 1855-1991: A Bureau Biography*, London: Routledge, 2004.

Cohen, Emmeline W., *The Growth of the British Civil Service, 1780-1939*, London: Frank Cass & Co., 1965.

Cole, Christian, *Historical and Political Memoirs containing letters written by Sovereign princess, State ministers, Admirals, and general Officers etc. from almost all the Courts of Europe, 1697-1708*, London, 1735.

Collinge, J. M., *Office-Holders in Modern Britain: Foreign Officials 1782-1870*, vol. 8, Institute of Historical Research, 1979.

Collins, D., *Aspects of British politics*, Oxford: Pergamon Press, 1965.

Connell, Brian, ed., *Regina vs. Palmerston: The correspondence between Queen Victoria and Her Foreign and Prime Minister, 1837-1865*, London: Doubleday, 1962.

Coxe, William, *Memoirs of Horatio, Lord Walpole, selected from the Correspondence and Paper*, vol. 2 , London, 1808.

Cranston, Maurice, *John Locke*, London: Longmans, 1957.

Curtiss, John Shelton, *Russia's Crimean War*, Durham N.C., 1979.

Curzon, G. N., *Problems of the Far East*, London: Longmans, 1894.

David, John R., *The Great Exhibition*, London: Stutton, 1999.

Dickie, John, *The British Consul: Heir to a Great Tradition*, New York: Columbia University Press, 2008.

Dixon, Peter, *Canning. Politician and Statesman*, London: Weidenfeld and Nicolson, 1976.

Dodwell, Henry, *The Founder of Modern Egypt: A Study of Muhammad 'Ali.*, Cambridge: Cambridge University Press, 1967.

Donnelly, James S., *The Great Irish Potato Famine*, London: Sutton Publishing, 2005.

Duffy, Sir Charles G., *Four Years of Irish History 1845-1849*, London: Galpin & Co., 1888.

Dursteler, Eric R., "The Bailo in Constantinople: Crisis and Career in Venice's Early Modern Diplomatic Corps", *Mediterranean Historical Review* 16 no. 2, 2001.

Edwards, H. Sutherland, *Sir William White, his life and correspondence*, London: John Murray.

Escott, T.H.S., *The story of British diplomacy, London: T. Fisher Unwin, 1908.*

Festing, Gabrielle, John Hookham Frere and His Friends, London: J. Nisbet & Co., 1899.

Fisher, sir Godfrey, *'Our Old Consular Service. The Era of the Mercantile Consuls, 1485-1648'*, unpublished typescript.

Forsythe, Gary, *A Critical History of Early Rome: From Prehistory to the First Punic War*, California: University of California Press, 2005.

Fortescue, J. W., *British Statesmen of the Great War, 1793-1814*, Oxford, 1911.

Fortescure, John, ed., *George III Coresp.: The Correspondence of King George the Third from 1760 to December 1783*, Vol. 2, London, 1927~8.

Fuller Jr. William C., *Strategy and Power in Russia, 1600-1914*, New York: Free Press, 1992.

Gibbs-Smith, C. H., *The Great Exhibition of 1851*, London: HMSO, 1981 edn.

Goffman, Daniel & Aksan, Virginia H. "Negotiation With the Renaissance State: The Ottoman Empire and the New Diplomacy", *The Early Modern Ottomans: Remapping the Empire*, Cambridge: Cambridge University Press, 2007.

Goldfinch, Shaun & Wallis, Joe L. eds., *International Handbook of Public Management Reform*, London: Edward Elgar, 2009.

Gosses, F., *The Management of British Foreign Policy before the First World War*, Leiden, 1948.

Great Britain. Foreign Office, *The Foreign Office list and diplomatic and consular year book*, London: Harrison & sons, 1953.

Greene, Graham, *The Honorary Consul*, Vintage Classics, 2004.

Guttaman, W. L., *The British Political Elite*, London: MacGibbon & Kee, 1963.

Hall, S., *Sir Edward Hertslet and his work as Librarian and Keeper of the papers of the Foreign Office, 1857–1896*, London University, MA, 1958.

Hamilton, Keith & Langhorne, Richard, *The Practice of Diplomacy: its Evolution, Theory and Administration*, London: Routledge, 1995.

Haword, C., *Britain and Casus Belli*, London: Athlone press, 1974.

Harcourt, Rev. Leveson Vernon, ed., *Diaries and correspondences of George Rose*, 2 vols. London, 1860.

Hertslet, E., *Recollections of the Old Foreign Office*, London, 1901.

Hinde, Wendy, *George Canning*, London: Purnell Books Services, 1973.

Hobson, J. A., *Richard Cobden, International man*, London: T. Fisher Unwin, 1918.

Horn, D. B., *The Diplomatic service, 1689–1789*, Oxford: Clarendon press, 1961.

Howarth, David, *The Greek Adventure*, London: Collins, 1976.

Huch, Ronald K. & Ziegler, Paul R., *Joseph Hume, the People's M.P.,* Philadelphia: American philosophical society, 1985.

Hutton, James, ed., *Selections from the letters of Sir james Bland burges, Bart*, London, 1885.

Jackson, Gidlow, *Public Opinion and Administrative reform in Britain between 1848 and 1854*, M. A. thesis of A. D., London University, 1958.

Jennings, Louis J. ed., *The Correspondence and Diaries of John Wilson Croker*, London, 1884.

John, Charles, Fedorak, *Henry Addington, Prime Minister, 1801–1804: Peace, War and Parliamentary Politics*, Akron, Ohio: University of Akron Press, 2002.

Jones, Ray, *The Nineteenth Century Foreign Office*, London School of Economics Monographs 9, London: Weidenfeld and Nicolson, 1971.

Jones, Raymond A., *The British Diplomatic Service*, Ontario: Wilfrid Laurier University Press, 1983.

Joshep, Philip, *Foreign Diplomacy in China, 1894–1900*, London: G. Allen & Unwin, 1928.

Judd IV, Gerrit P., *Members of Parliament, 1773–1832*, "Yale Historical Publications" Miscellany 61: New Haven, 1955.

Kent, P. H., *Railway Enterprise in China*, London: Edward Arnold, 1907.

Kiernan, E. V. G., *British Diplomacy in China, 1880–1885*, Cambridge: Cambridge University Press, 1939.

Kingsley, J. Donald, *Representative Bureaucracy*, Ohio, 1944.

Kiste, John Van der, *George III's Children*, Stroud: Sutton Publishing Ltd., 1994.

Larpent, George, *Turkey; its History and Progress from the Journals and Correspondence of sir James Porter*, vol. 1, London, 1859.

Lascellers, Edward Charles Ponsonby, *The Life of Charles James Fox*, New York: Octagon Books, 1970.

Lane–Poole, Stanley, *The Life of Stratford Canning*, 1. London, 1888.

_____, *The Life of Sir Harry Parkes I, II*, London: Macmillan and Co., 1894.

Lee, Luke T. & Quigley, John, *Consular Law and Practice*, Oxford: Oxford University, 2008.

Lord Strang et al., *The Foreign Office*, London, 1955.

Lynch, John, *Bourbon Spain: 1700–1808*, London: Blackwell, 1989.

Malmesbury, Third Earl of, ed., *Malmesbury Diaries: Diaries and correspondence of James Harris, First Earl of malmesbury*, vol. 2, London, 1844.

_____, ed., *A Series of Letters of the First of Malmesbury*, London, 1870.

Mark, Jarrett, *The Congress of Vienna and its Legacy: War and Great Power Diplomacy after Napoleon*, London: I. B. Tauris & Company, Ltd., 2013.

Marshall, C. Dorothy, *The Rise of George Canning*, London: Longmans, Green and Co., 1938.

Matthew, H. C. G., *Gladstone. 1809–1874*, Oxford, 1986.

Mattingly, Garret, *Renaissance Diplomacy*, New York: Dover Publication, 1955.

Mayer, Annette, *The growth of Democracy in Britain*, London: Hodder & Stoughton, 1999.

Meier, M., *Die diplomatische Vertretung Englands in der Schweizim 18*. Jahrhundret, 11–12, Horn.

Melville, Lewis ed., *The Huskisson Papers*, London, 1931.

Meng, S. M., *The Tsungli Yamen: Its organization and Function*, Harvard: Harvard University Press, 1970.

Middleton, C. R., *The Administration of British Foreign Policy, 1782–1846*, Duke university press, 1977.

Morse H. B. and MacNair, H. F., *Far Eastern International Relations*, Boston: Houghton Mifflin Co., 1931.

New, G.E.C. ed., *The Complete Peerage of England, scotland, Ireland Great Britain and the United Kingdom, Extant, Extinct or Dormant*, vol. 6, London 1926.

Nichols, I. C., *The European Pentarchy and the Congress of Verona, 1822*, Springer, 1972.

Nicolson, H., *The Evolution of Diplomatic Method*, Oxford: Constable & Co., 1954.

O'Toole, B., *The Ideal of Public Service*, London: Routledge, 2006.

Parkinson, C. N., *Parkins Law: The Pursuit of Progress*, London: John Murray, 1958.

Parry, Clive, ed., *British Digest of International Law*, London: Stevens and Sons, 1965.

Penson, Lillian M. & Temperley, Harold, eds., *Foundations of British Foreign Policy from Pitt (1792) to Salisbury (1902); Or, Documents, Old and New*, University of Cambridge, 1938.

Pelcovits, N. A., *Old China Hands and the Foreign Office*, New York: King's Crown Press, 1948.

Pilkington, C., *The Civil Service in Britain Today*, Manchester: Manchester University Press, 1999.

Platt, D. C. M., *Finance, Trade, and Politics in British Foreign Policy, 1815–1914*, Oxford: Clarendon press, 1968.

_____, *The Cinderella Service*, London: Longman, 1971.

Reitan, E. A., *George III, Tyrant Or Constitutional Monarch?*, Boston: D. C. Heath and Company, 1964.

Ridley, Jasper, *Lord Palmerston*, London: Constable, 1970.

Ronaldshay, Lord, *The Life of Lord Curzon*, I. London: Ernest Benn, 1928.

Rosebery, Lord, "Address to the leeds Chamber of Commerce, 11 October 1888", *Lord Rosebery's Speeches, 1874–1896*, London: N. Beeman, 1896.

Rosenberg, Hans, "Political and Social Consequences of the Great Depression of 1873–1896 in Central Europe", *The Economic History Review*, 13. Blackwell Publishing, 1943.

Rothstein, A., *British Foreign Policy and its Critics, 1830–1950*, London: Lawlence and Wishart, 1969.

Rozakis, Christos L., *The Turkish Straits*, Martinus Nijhoff Publishers, 1987.

Russell Lord John, ed., *Memorials and Correspondence of Charles James Fox*, 4 vols.

London, 1853–57.

Sargent, A. J., *Anglo–Chinese Commerce and Diplomacy*, Oxford, the Clarendon press, 1907.

Satone–Watson, R. W., *Britain in Europe, 1789–1914*, vol. 1 & 2, Cambridge University Press, 1955.

Satow, Ernest Mason, *The Silesian Loan and Frederick the Great*, Oxford: Clarendon Press, 1915.

_____, *A guide to diplomatic practice*, London: Longmans, 2009.

Sedgwick, R. ed., *Hervey Memoirs: Some materials towards Memoirs of the Reign of King George II by John Lord Hervey...*, vol. 2, London, 1931.

Somerset, Anne, *The Life and Times of William IV*, London: Weidenfeld and Nicholson, 1980.

Southgate, Donald, *'The most English minister...': The Policies and Politics of Palmerston*, London: Macmillan, 1966.

Stack, J. Herbert, *Our Government Offices*, London, Ridgway, 1855.

Stapleton, Edward J., *Some Official Correspondence of George Canning, 1821–1827*, vol. 1, New York: Cornell University, 2009.

Steele, David, 'Temple, Henry John, third Viscount Palmerston (1784–1865)', *Oxford Dictionary of National Biography*, Oxford University Press, 2004.

Steiner, Zara, "The Last years of the Old Foreign Office, 1898–1905," *Historical Journal*, 11, 1963.

_____, *The Foreign Office and Foreign Policy, 1898–1914*, Cambridge University, 1969.

Sutherland, Gillian ed., *Studies in the Growth of Nineteenth–century Government*, London: Routledge, 1972.

Taylor, J. P., *The Troublemakers: Dissent over Foreign Policy, 1792–1939*, Bloomington: Indiana University Press, 1957.

Temperley, Harold, *England and the Near East: The Crimea*, London: Longman, 1936.

Temperley, H. and Pension, Lillian M., *Foundation of British Foreign Policy*, Cambridge University Press, 1938.

The Marquis of Lorne, *Viscount Palmerston, K.G.*, London: Sampson Low, Marston & Company, 1892.

Tilley, John Anthony Cecil & Gaselee, Stephen, *The Foreign office*, London: G. P. Putnam's sons ltd, 1933.

Trevelyan, George Maculy, *Lord Grey of the Reform Bill*, London 1929.

Tuson, E. W. A., *British Consul's Maual: being a practical guide for consuls*, London: Pa-
    ternoster-Row, 1856.

Webster, Sir Charles, *The foreign Policy of Castlereagh, 1815-1822*, London: G. Bell
    and Sons Ltd., 1963.

Webster, C. K., *The Foreign Policy of Castlereagh, 1812-1822*, vol. 1, London, 1951.

_____, *The Foreign policy of Palmerston*, vol. 1, London, 1951.

Wheatley, Henry Benjamin, ed., *The Historical and Posthumous of Sir Nathaniel Wraxall*,
    5 vols, London, 1884.

Whiteley, Peter, *Lord North: The Prime Minister who lost America*, Cambridge Univer-
    sity Press, 1996.

Ziegler, Philip, *Addington, A Life of Henry Addington, First Viscount Sidmouth*, New
    York: The John Day Company, c1965.

_____, *King William IV*, London: Collins, 1971.

김경창, 『동양외교사』, 집문당, 1995.

김광웅·강성남, 『비교행정론』, 서울: 박영사, 2004.

김기열, 「초기 한영교섭의 전개과정」, 『한국근현대사료문선집』 34, 대외.4, 삼귀문화사, 2000.

김기순, 『신념과 비전의 정치가: 글래드스턴』, 한울 아카데미, 2007.

김원모 편저, 『근대한국외교사년표』, 단국대학교 출판부, 1984.

김현수, 『영국사』, 서울: 대한교과서, 1997.

_____, 『대영제국의 동아시아 외교주역, 해리 파크스』, 단국대학교 출판부, 2011

왕소방, 『중국 외교사』, 한인희 옮김, 지영사, 1996.

이영석, 『역사가가 그린 근대의 풍경』, 푸른역사, 2003

르네 알브레히트-까리에, 『유럽외교사/상』, 김영식, 이봉철 옮김, 서울: 까치, 1990.

설혜심, 『그랜드투어』, 웅진 지식하우스, 2013.

최동희, 「1880년대 조선의 문제와 구미열강과의 외교관계」, 『한국외교사 I』, 집문당, 1996.

최문형, 「한영수교와 그 역사적 의의」, 『한영수교 100년사』, 한국사연구협의회, 1984.

해럴드 니콜슨, 『외교론』, 평민사, 1992.

논문

Annan, Noel, "The Intellectual Aristocracy", *Studies in Social History*, London, 1955: 247.

Aspinall, Arthur, "The Cabinet Council, 1783-1835," *Proceedings of the British Academy*, vol. 38, London, 1952.

Bamford, T. W., "Public Schools and Social Class, 1801-1850," *British Journal of Sociology* 12 (March, 1961), 224-35.

Bindoff, S. T., "Lord Palmerston and the Universities," *Bulletin of the Institute of Historical Research* 12 (1934), 1-80.

Cromwell, V., "The private member of the House of Commons and Foreign Policy in the nineteenth century," *The International Commission for the History of Representative and parliamentary Institutions* XXVII, Paris: Louvain, 1965: 202-5.

Cunningham, A. B., "'Dragomania': The Dragomans of the British Embassy in Turkey," *St Antony's papers* 11 (1961) 81-100.

Dursteler, Eric R., "The Bailo in Constantinople: Crisis and Career in Venice's Early Modern Diplomatic Corps", *Mediterranean Historical Review* 16, no. 2 (2001): 1-30.

Great Britain, Parliament, House of Commons, "Public Administration Select Committee, Truth to Power: How Civil Service Reform Can Succeed," *Eighth Report of Session 2013-14*, 1, TSO, 2014.

Herkless, J. L., "Stratford, the Cabinet and the Outbreak of the Crimean War", *The historical journal*, Vol. 18, No. 3, Cambridge: Cambridge Univ. Press, 1975.

Hughes, "Edward Civil Service Reform 1853-5 History, June 1942" *Public Administration*, 32, Issue 1, March 1954: 17-51.

Jenkins, Hester and Jones, D. Caradog, "Social Class of Cambridge University Alumni of the Eighteenth and Nineteenth Centuries," *British Journal of Sociology* 1 (1950), 93-116.

Jones-Perry, E., "Under-secretaries of State for Foreign Affairs, 1782-1855", *Historical Review*, xiix, 1934.

Lawson-Tancred, Mary, "The Anti-League and the Corn Law Crisis of 1846." *Historical Journal* 3:2,1960.

Marx, Karl, "Palmerston: Fifth Article", *the Collected Works of Karl Marx and Frederick Engels*, vol. 12, New York :International Publishers, 1979.

Middleton, C. R., "John Backhouse and the origins of the Permanent Undersecretaryship for Foreign Affairs: 1828-1842", *Journal of British Studies*, xiii no.2, 1974.

Nichols, JR. C., "The Congress of Verona, 1822: A Reappraisal", *The Southwestern Social Science Quarterly* 46:4, 1966.

Nightingale, Robert, "The personnel of the British Foreign Office and Diplomatic Service, 1851-1929", *Fabian Tract*, No. 232, London: Fabian Society, 1929.

Pension, L. M., 'The new course in British Foreign Policy, 1892-1902', *Transactions of the Royal Historical Society*, 4th ser. XXV, 1943.

Puryear, Vernon J., "New Light on the Origins of the Crimean War," *Journal of Modern History*, Vol. 3, No. 2, Cambridge: Cambridge Univ. Press, 1931.

The Westminster and Foreign Quarterly Review, Vol. XLVI, London: Trubner & Co., 1947.

Wong, J. Y., "Harry Parkes and the 'Arrow War' in China," *Modern Asian Studies* 9:3, 1975.

김기순, 「19세기 말 영국의 상원개혁론: 1880-1895년 잡지 논설 분석」, 『영국연구』 32, 영국사학회, 2014.

김현수, 「18세기 영국외무부서의 정치적·행정적 입지변화」, 『영국연구』 22, 영국사학회, 2009.

_____, 「영국외무부의 대내외 입지분석, 1872-1822」, 『영국연구』 24, 영국사학회, 2010.

_____, 「영제국 외무부의 내적 성장, 1822-1841」, 『영국연구』 27, 영국사학회, 2012.

_____, 「1840~60년대의 영국외무부, 내적도약 가능했나?」, 『서양사론』 115, 서양사학회, 2012.

_____, 「1825년 영사법(Consular Advances Act) 제정 전후를 중심으로」, 『영국연구』 29, 영국사학회, 2013.

_____, 「영국 외교관의 대내외 입지분석, 1815-1865」, 『영국연구』 31, 영국사학회, 2014.

_____, 「영제국 외무부 정체성 분석, 1854-1911 ―노스코트-트레빌리안 보고서 적용 이후의 변화―」, 『영국연구』 33, 영국사학회, 2015.

_____, 「영제국 외무부 내 영사의 지위, 1855-1914」, 『영국연구』 35, 영국사학회, 2016.

_____, 「영국 외교정책의 변화추이, 1860~1914 ― 대(對)중국 외교정책 중심으로 ―」, 『동양학』 67, 단국대학교 동양학연구원, 2017.

이영석, 「빅토리아 시대의 교육문제-시험에 관한 담론」, 『서양사론』 74, 서양사학회, 2002.

설혜심, 「역사를 왜, 어떻게 배워야 하는가?: 근대 초 영국의 교육담론 분석」, 『영국연구』 21, 영국사학회, 2009.

한승훈, 「영국의 거문도 점령 과정에 대한 재검토: 갑신정변 직후 영국의 간섭정책을 중심으로」, 『영국연구』 36, 영국사학회, 2016.

웹 사이트

http://archive.org/stream/whitleysysteminc00macriala/whitleysysteminc00macriala_djvu.txt.

http://discovery.nationalarchives.gov.uk/details/r/C7682.

http://en.wikipedia.org/wiki/List_of_Ambassadors_of_the_United_Kingdom_to_Austria

http://en.wikipedia.org/wiki/List_of_ambassadors_from_the_Kingdom_of_England_to_France

http://en.wikipedia.org/wiki/List_of_diplomats_of_the_United_Kingdom_to_the_Netherlands

http://en.wikipedia.org/wiki/List_of_ambassadors_of_the_United_Kingdom_to_Spain

http://en.wikipedia.org/wiki/List_of_ambassadors_of_Great_Britain_to_Russia.

http://en.wikipedia.org/wiki/Vienna_Convention_on_Consular_Relations.

http://webarchive.nationalarchives.gov.uk/20090609003228.

http://www.berr.gov.uk/aboutus/corporate/history/outlines/BT-1621-1970/page13919.html.

http://www.civilservant.org.uk/northcotetrevelyan.pdf.

http://untreaty.un.org/ilc/texts/instruments/english/conventions/9_2_1963.pdf.

http://www.royal.gov.uk/HistoryoftheMonarchy/KingsandQueensoftheUnitedKingdom/TheHanoverians/GeorgeIII.aspx.

찾아보기